国家社会科学基金重大项目（12&ZD206）成果

服务外包模式下组织知识共享的关键影响因素及其与外包绩效的关系研究

——以对日软件外包企业为例

吴志新 ◎ 著

Research on the Influence Mechanism
of Organizational Knowledge Sharing Capabilities
to the Outsourcing Performance
in the Model of Service Outsource

ZHEJIANG UNIVERSITY PRESS
浙江大学出版社

图书在版编目（CIP）数据

服务外包模式下组织知识共享的关键影响因素及其与
外包绩效的关系研究：以对日软件外包企业为例 / 吴志新著.
—杭州:浙江大学出版社,2014.3
ISBN 978-7-308-12984-8

Ⅰ.①服… Ⅱ.①吴… Ⅲ.①服务业－对外承包－研
究 Ⅳ.①F719

中国版本图书馆 CIP 数据核字（2014）第 043615 号

服务外包模式下组织知识共享的关键影响因素及其与
外包绩效的关系研究——以对日软件外包企业为例

吴志新 著

责任编辑	葛 娟
文字编辑	赵博雅
封面设计	续设计
出版发行	浙江大学出版社
	（杭州市天目山路 148 号 邮政编码 310007）
	（网址:http://www.zjupress.com）
排 版	杭州中大图文设计有限公司
印 刷	杭州杭新印务有限公司
开 本	710mm×1000mm 1/16
印 张	17.75
字 数	330 千
版 印 次	2014 年 3 月第 1 版 2014 年 3 月第 1 次印刷
书 号	ISBN 978-7-308-12984-8
定 价	52.00 元

浙江大学出版社发行部联系方式:0571－88925591;http://zjdxcbs.tmall.com

前　言

目前,学术上关于服务外包问题的研究,更多地停留在人力资源外包、IT外包以及物流外包等领域,研究方法以案例研究为主,对服务外包领域的实证研究相对较少。该专著所研究的服务外包中,影响知识共享能力的关键因素及其影响机制具有理论意义和现实意义。

该专著在对掌握的现有文献进行详细分析的基础上,根据承接方与发包方之间的研究情境,对服务外包关系在本研究中的各维度进行了提炼,构建了一个适合用于分析承接方与发包方间关系对知识共享能力和外包绩效影响的理论模型。该研究框架由自变量(服务外包关系的各维度)、中介变量(组织的知识共享能力)、调节变量(企业间的信任)、结果变量(外包绩效)及控制变量(企业规模、交往时间、CMM认证水平)五类变量和相应的路径关系组成。该研究将服务外包提炼为6个维度,分别是承接方与发包方间的合作关系质量、承接方与发包方间外包合同的完善性、跨文化沟通能力、领导的支持、信息技术能力和企业文化特征等。

该专著的经验分析主要分四个阶段进行:第一阶段主要是文献分析:通过文献综述分析得出本研究的理论模型与框架(第二章与第三章);第二阶段是案例研究(第四章),通过杭州H软件服务外包公司内知识共享的实施情况来分析影响知识共享能力与外包绩效的关键因素;第三阶段是探索性分析(第五章),通过效度及信度分析来筛选量表题目并形成最终问卷;第四阶段是验证性分析(第六章和第七章），主要是利用结构方程建模对概念模型和相关假设进行分析。通过对 278 份有效问卷的数据进行验证性分析，并得出研究结论。

　　无论从研究方法还是内容上看，该专著都具有很高的学术价值，为企业开展知识管理提供了很好的建议和意见，该专著是一本值得大家阅读的好书。

　　　　　　日本神户大学经济学研究科　池永辉之教授

　　　　　　　　　　（吴志新译）

　　　　　　2013 年 4 月

自　序

　　本书重点分析了对日软件外包企业的知识共享管理以及知识共享的关键影响因素，并在此基础上提出了知识共享的具体对策和建议。软件外包业具有无污染、低能耗、高附加值及可提供大量就业岗位等特点，符合当前我国产业升级和转型的需要。近年来中国软件外包发展较快，但依然处于较低层次。受不同地域和文化的影响，我国软件外包业中来自不同地区的软件发包量是不均衡的，日本占据着向我国发包的第一大国的地位。

　　本书在文献研究的基础上，将知识共享能力分为隐性共享知识能力与显性共享知识能力两个维度，结合现有成熟量表和企业实地访谈设计了调研问卷，利用各种渠道，对部分国内（以浙江为主）企业及日本对华软件外包企业进行了问卷调研，并且取得了大量宝贵的一手数据。使用 SPSS 13.0（中文版）统计分析工具对数据进行描述性统计分析、相关分析、探索性因子分析等，并通过 AMOS 17.0 软件开展验证性因子分析、结构方程建模比较等研究。本书的研究内容及内容创新点如下。

　　第一，构建并验证了服务外包关系下，组织通过知识共享能力的中介传导作用影响外包绩效的理论模型。首先通过描述性统计分析、探索性因子分析和偏相关分析等对控制变量和知识共享能力的中介作用进行了验证。然后对本研究提出的概念模型进行了分析和比较，通过结构方程建模对服务外包各维度与知识共享能力以及知识共享能力与外包绩效之间的关系进行了验证。结果表明该模型具有良好的效度和信度。如企业间的合作关系质量、企业文化特征等对企业的知识共享能力有显著的正影响关系，知识共享能力对外包绩效也有显著的正影响关系。总体验证了理论模型的科学性和有效性。

第二，通过研究样本的分组比较，不仅验证了信任在服务外包—知识共享能力—外包绩效关系中的调节机制，而且说明了服务外包的各维度在信任程度不同的情境下对知识共享能力的不同影响。依据对企业间信任测量的指标，运用 SPSS 13.0 分析软件，采用聚类分析中的快速聚类法，将 278 个样本分为高、低信任程度两组，高信任组企业有 168 个，低信任组企业有 110 个。采用结构方程的多样本比较模型，对高、低信任企业组别之间的系数进行了比较并对相关假设进行了验证，得到了一些有价值的研究结论。

第三，从检验结果来看，企业规模和企业与客户间的往来时间等控制变量对中介变量和因变量都没有显著性影响，其中可能的原因之一是本研究在做调查问卷时，已经排除了一些极端情况，所以分析的结果仅仅是对样本企业而言，并不意味着这几个控制变量在其他情况下对知识共享能力和外包绩效没有影响。

第四，从案例角度分析了服务外包关系中的跨文化沟通能力、合作关系质量、企业文化特征、领导的支持、信息技术水平及外包合同完善性对知识共享能力及外包绩效的影响机制，并通过杭州 H 软件公司的知识管理实践案例——××项目的开发，把知识共享模型（SECI 模型）与 QFD 工具相结合，分析了知识共享能力及外包绩效的关键因素及影响机制。

最后，本书系统地归纳了研究的主要理论进展和实践意义，以及研究中存在的不足和后续研究建议。

在该专著完成之际，谨向撰写专著期间所有关心、帮助我的老师、朋友表示衷心的谢意！特别要感谢我在日本留学期间的恩师池永辉之教授、荻大陆教授的指导，在撰写专著期间，他们给予我很多专业方面的建议和帮助。有了他们的支持，我才会在以后的人生路上走得坚定！我还要感谢我导师的恩师新藤久和教授，新藤教授对我的论文的构思提出了中肯的修改意见，并在邮件中给予了耐心指导，使我的论文得以完善。

在这里更要感谢给予我的访谈工作很多帮助的杭州 H 软件有限公司的相关领导和员工，他们的帮助为我的论文提供了很多素材。在这里我向他们表示深深的谢意！感谢吕响亮部长对我在问卷和访谈方面的支持。

感谢我的妻子和我的岳父、岳母。他们每天辛苦地工作，还为我的论文写作提供了很多鼓励和支持。可以说，他们的帮助是我论文写作的动力。谢谢你们在我论文写作过程中的关心和帮助！

另外感谢我的女儿苗苗，她的诞生给我带来了很多乐趣和灵感，是她的微笑让我忘记了撰写博士论文的艰辛和疲劳，她总在我学习和写作最疲劳的时候让我开心，她深夜酣睡的可爱样子激发我更加努力！

吴志新

2013 年 4 月于杭州

目　录

图目录

表目录

第一章 绪 论

本部分首先说明本书研究问题的提出,其次说明研究现状、意义、内容和范围,最后介绍本书的研究方法、技术路线、研究流程和结构安排。

第一节 研究背景与研究问题的提出

一、服务外包的兴起与面临的困境

外包是指企业将生产或经营过程中的某一个或几个环节交给其他(专门)公司完成。简单来说,外包(outsourcing)是"使用外部资源"。外包是相对于企业内给(insourcing)而言。企业通过外部的资源,为本企业创造更多的价值。在全球化、专业化日益深化的今天,受到人们的广泛关注。

进入 21 世纪以来,服务产业已经成为现代技术竞争的焦点。低成本的智力密集型产业以及信息服务产业向亚太地区转移已经显现。"保留自己擅长的,其余外包"已经成为现代企业重要的发展战略。我国政府支持服务产业发展,为此创造了良好的环境,为我们在对日及对欧美的外包领域里把握机遇打下了基础。我国企业应该如何迎接对日及对欧美的服务外包这股热潮?通过什么样的管理模式才能使我国的服务外包行业走向成功?这些问题都是国内外学者关注的焦点。

目前,全球服务外包(尤其是软件)的发包市场主要集中在北美、西欧和日本等国家,美国占 40%,日本占 10%。其中,美国外包市场被印度垄断,欧洲外包市场被爱尔兰垄断,日本外包市场被中国垄断。

随着信息技术的高速发展和广泛应用,信息产业已经成为国民经济发展的动力和增强综合国力的基础。软件产业作为我国信息产业最重要的组成部分,在国家资金等方面的扶持下已经取得了很大的发展,但在管理、技术、资金和人员方面仍然存在很多问题,导致我国软件开发的工程化、规范化程度低,使软件产品的质量得不到保证,这已经成为我国软件产业发展的巨大障碍。

现在大多数软件出口型企业存在各种各样的经营困境,这些困境主要是软件外包的利润空间有限。由于规模较小,造成了国内软件企业的抗风险能力较弱,以至形成了追求短期利益的趋向:即对有市场机遇的软件产品蜂拥而上,而对有开发或市场开拓难度的软件产品退避三舍。其他方面的经营困境还有人才的缺乏、知识产权保护不到位。软件开发项目失败的症状一般还包括:无法准确地了解使用者(顾客)的需要;无法有效地处理顾客的变更(动态)需求;太晚发现项目中的严重问题,如软件难以维护或扩充,软件质量及性能无法接受等。其失败的主要原因是:模棱两可与不精确的需求;无法控制变更所衍生的问题;无法及早解决风险问题和不够客观的项目状态评估;复杂性难以处理及软件框架扩充上无弹性;不完整的测试及自动化程度等。

针对这些困境,国内外的学者认为这是由于文化差异与沟通障碍、企业资源及规模、信息技术水平、组织文化、组织结构、经营理念、合作双方的信任程度等几大因素造成的。尤其是管理中的文化差异与沟通对软件外包行业的成败起了关键的作用。有关文献研究和企业实际运作表明,软件离岸外包项目的成功受许多因素影响,包括所在地区宏观上的电信基础设施、政府支持力度和人力资源成本,微观层面的合同完善程度、项目管理能力、跨文化沟通水平等(王梅源,鲁耀斌,张金隆,2005)。

离岸软件外包合作双方在沟通语言、文化背景、商业习惯、价值观念等方面存在显著差异,外包合作双方如何在合同关系基础上开展组织间的知识共享管理,是解决离岸外包项目需求变更频繁问题、提高外包项目成功率、实现长期战略共赢的关键。

二、问题的提出

Quinn,Anderson 和 Finkelstein(1996)认为,组织知识管理的核心是知识共享,通过知识共享可构造组织知识优势,知识若经过共享,双方所获得的信息和经验都会呈线性成长,若再继续与他人共享知识,并将问题回馈、引申,则将会得到指数成长的信息和经验。对一个组织而言,这种指数成长的策略自然成为一种核心能力。Krauss 和 Fussel(1982)的研究也说明知识共享会对组织的生产力有很大的贡献。随着对知识共享问题的深入研究,知识共享对于高水平的知识创新所起到的关键作用已经得到广泛承认,促进知识共享成为知识管理的关键部分(Alavi & Leidner,2001)。

目前大多学者都认为企业只有通过不断地自行发展或吸收外部知识才能保持竞争优势,因此如何增加企业的知识流入、开发和应用就成了维持竞争优势的重要课题。Leonard Barton(1992),Von Hipple(1988)等学者认为,大多数企业增加知识储量的途径主要有如下几种:企业内部的研发机构、供应商、竞争者、客户、公共部门。Leonard Barton(1992)等学者同时指出,大多数公司的绩效都需要借助外界的知识,因此,一个企业如何有效地吸收与共享外界知识对其成功来说是很重要的。

在影响企业从外部获取、吸收与共享知识的因素研究方面,很多学者都从不同角度进行了研究。例如 Boari 和 Fratoeehi(2007),Tsang 和 Inkpen(2005),MeEvily 和 Mareus(2005),Moran(2005),Presutti 等学者从服务外包角度;Lane 和 Lyles(2001),Dhanaraj(2004)等从知识特点的角度;Steven 和 Bruton(1999)从战略定位的角度;宝贡敏(2007)从组织氛围的角度;胡婉丽(2004),汪应洛(2006),汤建影(2004),庄亚明(2004)等学者从战略联盟的角度;王烷尘(2006),宣国良(2004),赵篙正(2004)等学者从转移障碍、组织行为、转移动机等角度对影响知识获取、共享的因素进行了研究。而 Cohen 和 Levinthal(1990),Scott(2003),Park 和 Park(2004)等学者则从吸收能力的角度分析了知识获取、知识整合与共享与组织绩效之间的关系。

本研究拟从服务外包和企业间信任的角度来研究知识共享与外包绩效之间的关系。关于研究服务外包与知识共享和外包绩效的研究虽然已经较多,但是很多问题还有待更深入的研究。在影响企业外包绩效的诸多外部知识来源中,本研究主要从承接方的角度进行分析。服务外包企业大多是知识高度密集、高度信息化、知识和信息快速流动的知识型企业,对一个国家和地区的经济起着重要的拉动作用。尤其是软件外包企业的外包项目开发团队作为该企业的核心组织机构,是知识共享发生最为频繁和典型的组织之一。

这里的知识共享不仅是组织内部的知识共享,更多的是组织间的知识共享。组织间的知识共享是指软件项目开发团队要不断地与发包方或用户(客户)进行全方位、多渠道地沟通,不断地获取、吸收用户的动态需求,并将其转换为自己的知识,这是与用户开展知识共享的过程,最终的目的是提高组织绩效。软件企业的资本、人才、知识密集,这些知识通过一定的研发流程形成软件产品,这实际上就是一个知识转换与共享的过程。从软件研发到销售,直至最终用户,本质上是一个知识转换的过程。以上各个过程都有相关的管理体系去保证,但其中最核心的就是知识共享管理。

目前对服务外包模式下影响组织间知识共享的影响因素及对绩效的影响机制的研究相对较少,仅有的一些研究更多的是从宏观角度进行案例研究,通过实证研究的方式识别哪些因素会对服务外包模型下的知识共享管理与绩效产生显著影响、这些因素及知识共享水平是否会对服务外包的绩效带来影响,具有很好的理论和现实意义。

综上所述,客户在外包绩效中的重要作用、服务外包与知识共享和绩效关系研究中的诸多问题、企业间信任对知识共享和外包绩效的重要作用,这些如何影响企业与客户间的知识共享活动正是作者从理论和经验角度进行更为深入研究的目的所在。

因此本研究提出以下几个研究问题:研究服务外包模式下组织间知识共享的关键因素有哪些? 其影响机制如何? 组织间知识共享的形式有哪些? 这些知识共享形式受哪些因素的影响? 知识共享水平对组织的绩效的影响情况如何? 本研究正是从我国服务外包组织面临的知识共享的实际问题出发,分析、探讨知识共享的关键要素及对绩效的影响机制,以期给相关企业以指导、借鉴。

第二节　研究现状和意义

一、研究现状

关于服务外包、知识共享及绩效的研究很多,为了解相关文献关于该问题的研究现状,本研究对国内外文献进行了检索,国内文献以中国期刊全文数据库为代表,从核心期刊中查找,文献时间范围为 1979—2010 年。国外文献以 EBSCO 数据库和 Elsevier Science(面简称 ES)数据库及日本的 CiNii(日本国立情报学研究所)为代表进行搜索,这四大数据库均具有一定的代表性。检索方法一般按照篇名(Tl 或叫题目)关键词进行检索。具体检索结果如表 1-1 所示。

表 1-1　国内外代表性数据库检索结果

数据来源 ＼ 关键词	服务外包	服务外包＋知识(转移、吸收、共享或转化)	服务外包＋绩效(外包绩效或合作绩效)	信任(知识共享＋合作绩效)
EBSCO 数据库	629 篇	23(6)篇	38(5)篇	67(6)篇
ES 数据库	288 篇	12(0)篇	21(2)篇	16(3)篇
中国期刊全文数据库	961 篇	54(3)篇 其中实证性论文 4 篇	34(1)篇 其中实证性论文 2 篇	84(3)篇 其中实证性论文 10 篇
CiNii(日本国立情报学研究所)	548 篇	8(2)篇	12(0)篇	24(6)篇

注:资料来源如不标注都为本研究整理。

对以上数据的搜索过程,首次检索和二次检索均以篇名关键词进行,EB-SCO 数据库无时间限制,Elsevier Science 数据库的检索时间范围是 1997—2010 年,中国期刊全文数据库的检索时间范围是 1979—2010 年,该数据库的期刊仅限于核心期刊分库。检索的基本情况如下,以"服务外包"为篇名关键词进行检索,四个数据库的检索结果如下:EBSCO 数据库有文献 629 篇,Elsevier Science 数据库有文献 288 篇,中国期刊全文数据库有文献 961 篇,CiNii(日本国立情报学研究所)548 篇。但以"服务外包+知识(转移、吸收、共享或转化)"为篇名关键词进行二次检索,发现相关的研究就少得多,四大数据库分别仅有 23(6)篇,12(0)篇,54(3)篇,8(2)篇。以"服务外包+绩效(外包绩效或合作绩效)"为篇名关键词进行二次检索,四大数据库分别仅有 38(5)篇,21(2)篇,34(1)篇,12(0)。以信任(知识共享+合作绩效)为篇名关键词进行检索的结果是,四大数据库分别仅有 67(6)篇,16(3)篇,84(3)篇,24(6)篇。其中进行了经验分析的实证性论文更少。需要说明的是,两大外文数据库中检索到的文献部分存在交叉计算,此外由于服务外包和信任的研究范围可以涉及宏观、中观和微观的不同层次,上面关于服务外包和信任的文献总数远大于本书限定于企业(组织)层面研究的文献,但是通过几大数据库的检索,基本可以看出本研究主题的研究现状。

通过检索发现,国内外学者关于信任及其延伸研究虽然很多,但是聚焦于信任知识(共享或转移)+绩效的研究相对较少。而从企业与客户角度对以上主题进行的研究更少,在作者查阅的文献中,只有 Yli-Renko,Autio 和 SaPienza (2001),Presutti,Boari 和 Fratoeehi(2007)等学者进行了较具体的研究。此外,国内研究与国外研究的一个不同在于,目前国内学者关于服务外包与知识共享和绩效关系的研究多数侧重于理论方面的跟踪、阐释和综述,经验研究成果则相对较少。

二、研究的理论意义

知识共享作为知识管理的一部分,是研究的重点和难点。一直以来,国内外众多专家学者对知识共享问题进行了深入研究。国外对知识共享的研究有大量的案例分析,实证数据相对详实;国内对知识共享的研究主要还是在借鉴国外学者的理论研究,缺少相应的实证分析和个案调查。但是近年来,也有学者已经从微观上进行知识共享的实证分析,目前研究视角逐渐拓展到虚拟企业等领域。现有的国内外关于知识共享的文献中,从研究范围来看,主要如图 1-1 所示。本研究的范围主要以组织间的知识共享为主,研究对象聚焦在联盟组织(或企业间),在本研究的实证分析中将以服务外包模式下发包方与承接方之间的知识共享及绩效为对象开展研究。本研究的理论意义可以概括为以下四点：

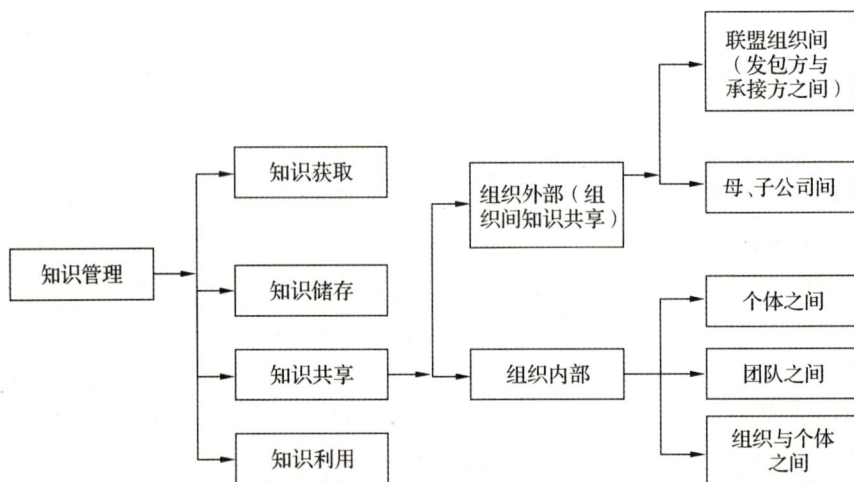

（1）在现有的相关理论和经验分析的基础上，构建基于企业与客户之间服务外包视角的知识共享和外包绩效的整体理论框架。从组织（企业）层面对服务外包与知识共享和外包绩效的关系进行理论和经验研究，更有利于揭示服务外包模式下影响知识共享和外包绩效的内在机制。此外，对于信任与知识共享和外包绩效之间的关系研究，学者们因文化和研究目的的差异，而得出了很多不同的结论。那么在中国和日本文化背景下，信任与知识共享和外包绩效之间的关系如何？信任在不同企业间的知识共享中具有重要作用（Collins & Michael，2006），知识共享首先是一种社会过程，所以知识共享对于企业的长期成功至关重要（Kogut & Zander，2006）。尽管从服务外包角度研究服务外包各要素与知识共享、转移和外包绩效的研究较多，但还有不少问题值得深入探讨。从本书对该领域的文献整理来看，由于研究的角度不同，服务外包各要素与知识共享之间关系的研究结论存在很大的不同。这些研究大多是在西方文化背景下得出的，而这些结论是否可以应用于中国及日本的文化背景下企业的实际情况中，还有待更深入的研究。

（2）客户在企业的绩效管理中具有重要的作用，企业与客户之间的外包管理如何影响企业与客户之间的知识交流、共享，并进而影响企业的绩效？从服务外包模式角度去分析可以得到一些有意义的结论。

很多经验和理论研究都肯定了客户在企业知识共享和创新过程中的重要作用。如 DeJong 和 Marsili（2004）根据荷兰中小企业的经验研究，分析了企业创新知识的四种来源：企业内部的研发过程；观察学习，通过对外部组织的观察和监督来获取的创新来源；通过与企业外部的组织之间的关系而获取的创新信息来源；通过与企业外部的其他组织，如用户、供应商、竞争者或者研究机构等的合作过程中的互动学习而获取创新的来源。并指出自 20 世纪 80 年代以来，客户作为信息来源在产品和流程创新中的重要作用已经得到很多学者的认可。

Ikenaga Teruyuki(2008)通过对日本软件开发企业的研究表明，软件开发流程改善的创新主要来自发包方的合作，而软件新产品的创新的主要来源则是客户。他认为客户对知识创新的作用主要表现在客户在使用产品的过程中可以发现和定义新的需求，帮助发现并解决企业产品在使用过程中出现的问题，为企业提供知识创新的参考信息。而其他的创新信息来源，如管理机构、零配件供应商、研究和培训机构、竞争对手和分销商等从另外的角度为企业的知识创新提供信息来源。

客户知识对服务外包企业提升外包绩效的影响机制方面，国内的研究较少。本研究尝试从企业与客户之间的服务外包角度研究客户对企业提升绩效的重要作用，此外，该领域的多数研究没有对客户如何影响企业绩效的内在机制进行分析。服务外包为研究企业与客户之间的关系如何影响企业的绩效提供了一种有效的分析工具，可以更深入地剖析企业与客户之间的服务外包模式如何影响企业与客户之间的知识交流、共享，客户通过什么样的方式来影响企业的知识共享和外包绩效。

（3）企业间的信任通过什么机制影响企业与客户间知识共享和绩效之间的关系？十多年来，信任已被学者们普遍接受并得到了广泛应用（Ogitairiku，2006），国内外学者对吸收与共享能力的研究涉及了多个方面，从宏观到微观的研究，从组织内个体之间的信任到组织间的信任。从作者现在掌握的文献资料来看，国内外多数研究把信任作为自变量来处理，关于信任如何影响知识共享或转移的研究还不多。而国内学者从企业层面研究信任的经验分析则相对较少。信任在知识共享和创新过程中的内在机制仍需要深入地探讨。因此，企业间的信任除了对知识共享的直接影响之外，其程度的高低对企业与客户间知识共享和绩效之间的关系有何调节作用是本研究拟深入探讨的问题。

将企业间的信任作为调节变量，根据信任程度的高低把研究样本分群，采用结构方程中的多样本分析方法进一步比较分析，可以更深入地探索本框架中各变量之间的关系，会发现企业与客户间不同的信任水平与知识共享和绩效之间的关系，在不同的情景因素作用下会有不同的结论。

（4）在现有外包理论和经验分析的基础上，研究企业与客户间的信任及外包的各个维度对知识共享和绩效的影响，与先前的研究相比可能更为深入。服务外包和信任本身是具有极强的文化特色的概念。在中国文化背景下,在对诸多变量关系的验证过程中,可能会得出一些不同于在其他文化背景下的新结论,从而丰富现有的研究内容。

目前还没有知识共享理论运用在服务外包企业中的研究,因此本研究可以说是一种新的尝试。本研究结合服务外包项目团队成员的个体沟通能力、信任等,探讨其知识共享的影响因素,开展系统的实证研究。因此,从这个角度出发研究知识共享的影响因素及由此产生的共享效果,对知识共享问题的理论研究具有一定意义,可以说是拓展了知识共享的研究内容和研究角度,实现了组织行为学、数理统计学和管理学等跨学科的衔接。

三、研究的实践意义

随着知识经济的兴起,服务外包尤其是软件外包项目团队正成为许多软件外包企业打造核心竞争力的手段,它是企业知识的聚集地,而有效挖掘项目团队成员的知识,实现个人知识在项目团队内部的分享,又是提升外包项目完成度的关键,更快的技术开发通常能够取得更好的初始市场绩效。

现实情况是服务外包项目团队大多由一批拥有高学历、高知识水平的人才组成,团队是他们身份和地位的象征,他们自身具备了强大的知识资本,掌握着大量的专业技术和经验诀窍,这是他们在团队中立足的重要砝码。但是,人人都担心一旦自己的知识财富被其他成员占有,就失去了自己在团队中的权力和地位,因此大多倾向于隐藏知识。然而,现实需要项目团队具备快速的市场回击能力,提高工作效率,充分发挥成员间优势互补的作用,进行及时的产品开发和技术创新。

因此,服务外包企业对项目团队的高期望和团队成员间的心理争斗,成为项目团队发挥作用的一大障碍。在这个矛盾中,个体沟通能力是非常重要的变量,因此研究服务外包项目团队成员知识共享影响因素与共享形式及效果之间的关系具有重要的现实意义。这为服务外包企业进行针对性激励机制的制定和实施提供了有效途径,以便更好地进行知识共享,提高团队工作绩效,这也是知识经济条件下企业竞争制胜的关键。

服务外包企业是"靠知识赚得利润"的企业,而服务外包项目开发人员是"靠知识糊口"的工作。因此,知识对于劳资双方来讲是比其他都重要的资源。但是在现实中暴露的一些问题却说明了知识"太抽象","不好管"。有专家认为,人类掌握的知识中,有的知识是看不见的知识,是属于隐性知识,而剩下的知识是显性知识。而且在隐性知识中,只有小部分能够转化为显性知识,其余多半只能够以隐性的状态存在。如软件开发企业中的显性知识无非是正在操作的代码、代码组成的程序、阶段性文档和项目方案等,而软件设计框架的由来,代码之间的关系、程序的运作、方案的形成等是形成这些显性知识的"源泉",是显性知识的支撑。如何对潜藏在开发人员头脑中的隐性知识加以管理,使之有效配置和利用,是当前软件开发企业的隐性知识管理的重点。本书从知识共享的角度出发,对软件开发企业的隐性知识进行了深入研究,将会对软件开发企业具有实质的指导意义。

综合以上分析可以看出,研究新经济和技术环境下软件外包企业中影响知识共享的关键因素及其影响机制,探讨知识共享对外包项目成功的影响情况,会对我国软件外包产业运营模式的发展及新型发展战略的制定有重要的参考价值和实践意义,也为软件外包企业与发包方建立、发展知识共享管理提供一些参考。

第三节　研究内容

本研究在关于服务外包一般研究的基础上,从企业与客户间关系的角度,结合企业间信任理论、知识共享和绩效的相关研究成果,探讨外包模式和信任对知识共享和绩效的影响机制,主要的研究内容如下:

(1)本研究拟在中国文化背景下,根据企业与客户间(本研究是指承接方与发包方之间)的关系,将外包模式提炼为企业与客户间的契约(本研究叫合同)的完善性、企业与客户间的合作关系质量和跨文化沟通能力等维度,构建企业与客户间的外包模式、信任、知识共享和绩效四者之间关系的整体理论框架。

(2)构建并实证从企业与客户间关系角度提炼出的服务外包的几个维度及其对知识共享的影响。

(3)探讨信任对知识共享和绩效的影响。对影响企业知识共享和绩效的信任的分析侧重分组比较,比较信任程度的高低对服务外包各维度对知识共享和绩效之间关系的不同影响。

(4)对本书的理论和经验分析结果与国内外学者的研究结果进行比较,以期从文化等角度对研究结果的差异进行较为合理的阐释。知识共享是一个企业竞争优势的源泉,而知识共享来源于知识的获取、吸收和累积。信任是影响知识共享和绩效的重要因素。本书将在理论和经验分析的基础上,通过研究外包模式及信任影响知识共享和绩效的内在机制,为企业在实践过程中提高知识共享水平和绩效提供有益的借鉴。

第四节 研究范围

经验分析对企业范围的选择,本书重点选择软件外包企业,主要基于两点:一是本书在对相关文献进行整理的基础上,确定主要研究外包企业的绩效,与其他行业相比,软件企业的绩效相对明显和容易测量;二是有关绩效的绝大多数研究都集中在工业品领域,软件服务业领域的研究则相对较少(池永辉之,2008)。因此本书以软件企业为研究对象,也是为了便于跟相关的研究进行比较分析。

本书对所研究的客户的界定。Autio 和 Sienza(2001),Fratocehi(2007)在相关的研究中采取了关键客户(keycustomers)的方法。他们对关键客户的界定是指在企业的销售收入中占最大份额的客户。本书主要是研究软件外包企业(承接方)在与客户(发包方)往来过程中的知识获取、共享,因此书文在经验研究中所指的客户主要是指与所调查的企业往来比较频繁,交往时间较长的客户、外包业务较多的客户。

研究层次的确定。无论是信任还是知识共享的研究都可以从组织间和组织内的各个层面来分析,本研究聚焦于企业层面而不是个体和群体层面。Lane 和 Batkin(1995),Autio 和 Sapienza(2001)等学者在相关研究中也采用了类似的方法,同时也为本书的研究奠定了理论基础。

尽管在企业与客户交往的过程中,双方交流的知识内容很多,但是本书从研究的目的和内容出发,本书在研究中主要分析(软件外包类)企业在与客户往来过程中产品开发方面的知识共享与绩效之间的关系。本书在对相关文献进行分析的基础上,结合实地调研的情况,拟从产品功能的知识、产品设计的知识、产品开发流程的知识、产品开发技术的知识、产品功能改进的知识、产品开发概念的知识、产品生命周期管理的知识等 7 个方面对本书所研究的知识进行测量和调查。

此外,本研究通过对涉及"知识共享"这一变量测量的几篇较具代表性的文献进行分析发现,大多数的研究所说的知识共享都是指显性知识与隐性知识之间的互相转换,也就是 Nakano,Takeuti(2006)等学者关于知识转化的理论。本书对知识共享的分析对隐性与显性知识共享两方进行测量和验证。

第五节　本研究的主要创新点

本书在对国内外相关文献进行分析的基础上,从企业与客户间关系的角度分析服务外包模式下,信任对知识共享和绩效的影响机制,并研究企业间的信任对知识共享与绩效之间关系的调节作用。本书试图探索服务外包模式下组织间知识共享的关键因素及知识共享对绩效的影响机制等,这对项目团队内部及组织间进行知识共享具有一定的借鉴作用和现实意义。通过理论研究和实证分析,探讨组织间知识共享的影响因素和知识共享与绩效之间的关系,提出激发组织间进行知识共享的动机,提高知识共享的激励措施,为企业适应知识经济大环境及其成长提供借鉴。同时,进行深入的实地调研,了解组织内部及组织间开展知识共享的实际情况,并进行问题的总结和对策研究,为项目团队更好地进行知识共享提供合理依据。本研究相比此前的研究,主要创新点可以概括为以下三个方面。

第一,构建并验证了服务外包各维度(作为自变量)、信任(作为调节变量)、知识共享(作为中介变量)和外包绩效(作为因变量)四者关系的整体模型关于信任对知识共享和绩效的影响,Moran(2005),Christiana(2007),Fratoeehi(2007)等学者都从不同的角度进行了研究,并得出了很多有价值的结论。众多学者的研究为本书的深入研究奠定了理论基础。本书在借鉴众多学者研究成果的基础上,构建了基于外包模式下信任对知识共享和外包绩效之间关系的整体模型,根据278份企业调查数据,利用结构方程建模,验证了信任对知识共享和外包绩效的重要作用以及所构建的理论模型的合理性,得出了一些有价值的结论。从研究内容上看,对企业间知识共享的障碍和影响因素,尤其是多因素研究知识共享的内容进行了比较详实的研究。这在理论上是一种创新,把心理学、组织行为学和管理学问题进行了一定程度的嫁接。把研究对象定为软件外包项目开发团队,进行实地调查,这在现有文献中要数少数。最后,比较不同企业规模、合作年限等组织属性在知识共享影响因素各层面和知识共享维度上的差异,以更加全面、深入地了解实际情况。

第二,提炼并验证服务外包各维度及其对知识共享的影响。关于服务外包与知识共享外包绩效关系的研究很多,本研究在总结前人研究的基础上,根据软件外包企业与客户间的特定研究情境,将服务外包在本研究中提炼为合作关系质量、契约(外包合同)的完善性、跨文化沟通等6个维度。从研究方法上看,将实地调研和调查统计两种分析方法相结合,综合运用社会科学统计软件包和结构方程模型软件,通过因子分析、信度分析、相关分析、回归分析、方差分析、交互作用分析和结构方程模型分析等方法验证了组织间知识共享能力与外包绩效之间的关系,探讨两者的相关关系,检验共享维度和共享效果(外包绩效)之间的因果关系。

第三,通过分组比较对企业间信任的调节作用进行了经验分析,发现了服务外包各维度在信任不同的情况下对知识共享的影响。对于信任影响知识共享和外包绩效的内在机制,根据作者掌握的文献,大多数的研究集中于信任的直接作用机制。本书借鉴前人研究,建立了信任在服务外包—知识共享—外包绩效关系中的调节作用机制,提出了基于信任调节作用的四组假设,分别是关系质量—知识共享、企业文化特征—知识共享、契约的完善性—知识共享以及知识共享—外包绩效等。借鉴 Simonin(1999),温忠麟、侯杰泰和张雷(2005)等学者的研究方法,运用 SPSS 15.0 中聚类分析中的快速聚类法(Kmeans Cluster),依据对企业间信任测量的几个指标,对 278 份调查数据进行分类。

本研究采用结构方程的多样本比较模型,对高、低信任度的模型分别进行了验证,通过高、低信任企业组别之间的路径系数比较,对相关假设进行了验证,得到了一些有价值的研究结论,不仅验证了信任在服务外包—知识共享—外包绩效关系中的调节作用机制,而且说明了服务外包各维度在信任不同的情境下对知识共享的不同影响。

第六节　研究方法、技术路线和结构安排

一、研究方法

在整个研究中,本书采用了规范研究与实证研究相结合的办法,遵循"文献阅读与访谈—提出假设—形成问卷和调查数据—实证分析(证实或者证伪假设)—结合案例研究—形成结论"的研究思路,具体如下:

(1)理论研究。

本阶段主要包括 4 个方面的工作:①在确定研究问题的基础上,系统地查阅、整理国内外与本研究相关的文献,在对其进行深入、系统研究的基础上,找准本研究的切入点和拟解决的主要问题。②结合本书的研究主题,在对相关文献进行研究的基础上,通过逻辑推理和理论分析,建立相应的理论框架,并提出一系列待检验的假设。③通过文献阅读进行资料收集。为了在总体上把握和了解对目前国内外关于软件外包企业中知识共享的关键影响因素及其对外包

项目成功度的关键影响因素研究的进展,笔者通过浙江大学图书馆电子数据库、浙江经贸职业技术学院、日文网站等渠道查阅了大量的国内外文献,从而为研究的构思设计打下了理论基础;④对比分析分别以横向和纵向比较国内外各类研究和应用事例的特点,对相关的各种方法和实际背景进行比较分析。

(2)经验研究。

在总结前人研究的基础上,设计合适的调查问卷。为了确保研究变量测量的信度和效度,研究量表在设计时充分借鉴前人的研究成果,并听取相关专家以及调研企业人员的建议。通过小规模预调研验证量表的质量,小规模的问卷分析主要通过纠正条款的总相关系数(Correeted Item Total Correlation,CITC)和探索性因子分析进行。

将通过问卷调研方式获取的第一手资料进行数据分析,首先从样本的正态分布性、调研方式和共同变异方法等方面评估样本数据的质量;然后采用验证性因子分析、聚类分析、结构方程建模、多样本比较等分析方法,对本书的理论框架和相应假设进行检验。在大量的文献资料阅读和企业调研基础上,秉承实证研究的传统,本书通过实地访谈和问卷调查的方式来获取相关信息和数据,进而进行实证分析。

(3)企业调研与问卷试调查。

在结合现有成熟量表基础上,通过对浙江地区从事对日软件外包的软件公司进行实地访谈,笔者设计了初步的调查问卷,并对杭州 H 公司等企业进行了问卷的试调查。通过对获得的试调查数据进行初步分析,对问卷的测量题项进行了删减,对语法语义进行了再修改,形成了最终的调查问卷。

对于最终版的调查问卷,通过 H 日本株式会社、杭州 H 软件公司、中日软件合作交流会、日本项目管理研究院(PM Academy)、日本爱知学院、日本软件外包大学等渠道进行调研问卷的发放和回收,对位于日本东京、神户、大阪、京都等地的从事对中国软件发包的 NEC、富士通、日立科技等企业进行了问卷调研,从而了解对日软件外包企业中知识共享的关键因素和影响机制,以及外包软件企业中知识共享对外包项目成功(本研究是指外包绩效)的影响情况。

(4)定量方法的应用。

本研究用 SPSS 统计软件进行回归分析。利用统计工具 SPSS 15.0 对数据进行了因子分析、信度效度检验、相关分析、回归分析和方差分析,对本研究的假设进行了验证。本研究还运用 AMOS 软件开展结构方程建模及检验,模型适配度检验,验证性因子分析,路径分析,潜在变量路径分析,模型修正等。

(5)定性与定量结合、规范研究与实证研究结合,提出相关理论模型。

(6)专家咨询。

及时将研究成果向国内外有关专家、学者及企业界人士进行咨询。

(7)有效性的论证。

结合实例研究进行有效性的论证。

二、技术路线

技术路线是本书的总体研究规划,是引导本书从研究选题、构思一直到得出科学结论的总体性研究规划。技术路线提供了为达到研究目的,科学合理地解决研究中提出的研究问题的指导性框架。在整个研究构思和分析过程中,本研究的技术路线如图 1-2 所示。

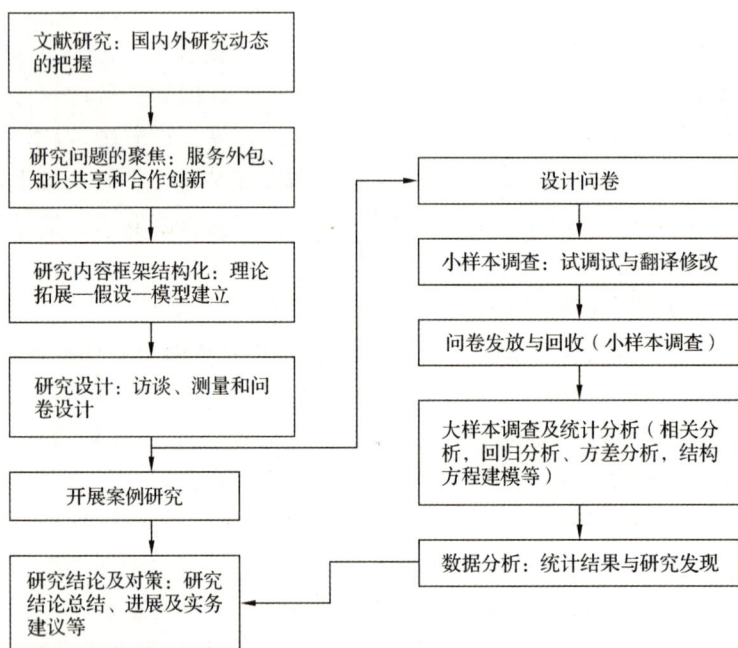

图 1-2　研究流程

其中,选定研究主题,资料收集与文献阅读,研究方法设计为构思阶段;设计问卷,试调查及问卷调试与翻译为规划阶段;问卷发放与回收,统计分析为执行阶段;分析统计结果与研究发现,开展案例研究为分析阶段;研究结论与对策为撰写阶段。

三、研究结构与流程

本书共分为 8 章,其总体结构安排和各个章节的具体内容安排如图 1-3 所示。

全书各章逻辑关系（研究流程）	各章所要完成任务

第一章：绪论（根据文献确定研究问题与对象 → 说明研究问题、现状、意义、内容、范围、主要创新点、方法、技术路线和结构安排等

第二章：文献综述（基础理论与相关文献分析） → 综述信任、外包、知识共享、合作绩效理论等

第三章：理论拓展、假设提出与模型构建 → 提出本研究的理论基础及出发点，提出本研究的假设及模型构建等

第四章：外包软件企业知识共享的案例研究 → 以杭州H软件公司与发包方之间的知识共享、信任及合作绩效的影响机制为案例开展研究

第五章：变量定义、测量与小样本测试（问卷设计与小样本调查） → 开展问卷设计、定义、测量变量、小样本数据的收集和分析

第六章：大样本调查与数据质量评估 → 样本数据的收集、描述、结构方程的验证性因子分析、变量的验证性因子分析，控制变量的影响分析、中介变量的验证等

第七章：假设检验与结果分析 → 结构方程建模分析、二阶因子整体模型的检验、信任调节作用的模型与检验等

第八章：研究不足与后续研究建议 → 总结研究结论及对企业的实务提出建议、提出研究不足之处及后续研究的建议等

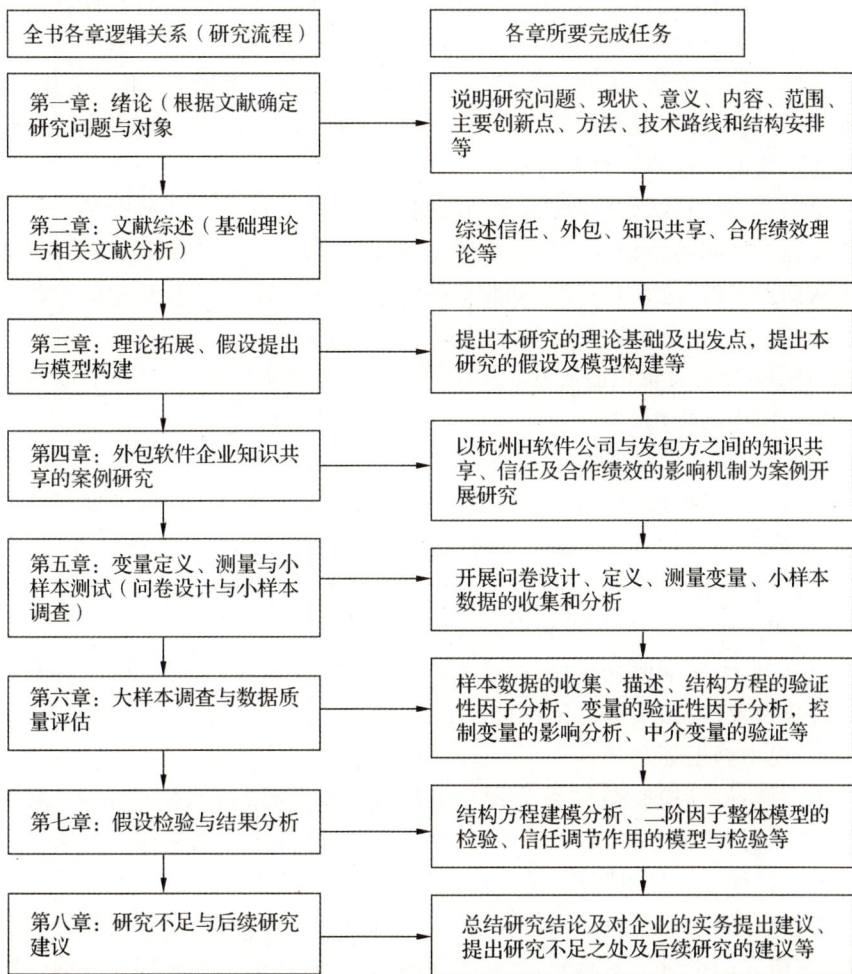

图 1-3　本研究的内容及框架

　　第一章：绪论。本章主要阐述了本书研究的问题的实践背景和理论背景，提出了本研究的背景、意义、研究目的和研究的主要内容等，并且简要介绍了研究方法和技术路线，以及文章的整体框架结构。

　　第二章：文献综述。本章主要对国内外关于外包理论和知识管理尤其是知识共享的相关研究进行了系统性的梳理。首先对外包的定义及外包研究的主要理论进行了综述。主要包括基于企业资源理论的分析，基于交易成本理论的分析，基于核心能力理论的分析等。其次，对涉及知识共享及知识管理的定义、维度及影响因素等问题的文献进行了重点考察。最后，综述了信任的相关理论，研究企业间信任对知识共享及外包绩效的影响机制。

第三章：理论拓展、假设提出与模型构建。本章主要对影响外包软件企业知识共享的关键因素进行分析。结合国内外大量的文献，综合分析对知识共享起决定性作用的因素，主要是信任及沟通程度、信息技术能力、组织文化、组织结构、领导的支持程度等。通过这些因素的文献研究和分析，初步构建理论模型。为下章的实证研究打下基础。

第四章：外包软件企业知识共享的案例研究。本章主要以杭州 H 公司实施的与发包方之间的知识共享管理为例，开展案例研究。主要分析 H 内部开展的基于认知差异的"过程共有"的知识共享过程，以"开发手顺"，开发流程共享等为主，分析公司内部知识共享对外包项目成功的重要意义。本章还通过知识共享模型（SECI）与质量机能展开（QFD）方法结合运用的案例，分析知识管理在软件质量控制中的作用。

第五章：定义变量、测量与小样本测试。本章主要对第三章提出的模型中的变量进行可操作性定义，对问卷进行初步设计和小样本测试，主要涉及了变量测度、信度与效度检验、变量生成、最终问卷确定等。本章节将采用 SPSS 统计软件进行回归分析。利用统计工具 SPSS 15.0 对数据进行因子分析、信度效度检验、相关分析、回归分析和方差分析，对本研究的假设进行了验证。

第六章：大样本调查、数据质量评估。本研究还将运用 AMOS 软件开展结构方程建模及检验、模型适配度检验、验证性因子分析、路径分析、潜在变量路径分析、模型修正等。

第七章：假设检验与结果分析。本章通过描述性统计、信度分析、因子分析、方差分析、相关分析、多元线性回归分析等方法得出的结果对第三章提出的假设进行验证，并对实证分析结果进行理论分析和解释。

第八章：研究不足与后续研究建议。本章主要是对研究结论进行归纳和总结，说明研究结论对学术研究、企业实践的意义，并且指出本研究存在的一些不足，并且展望今后进一步研究的问题与方向。

第七节　本章小结

本章从知识经济条件下，知识共享对组织和项目团队重要性的角度出发，指出了本研究的背景，然后通过分析本研究的现实意义和理论意义，提出了本书的研究问题——项目团队成员知识共享影响因素与共享维度及共享效果（外包完成度）之间的关系。同时指出了本书研究的方法和工具、技术路线以及主要创新点，明确了本书的重点在于实证调查与分析。

第二章　文献综述

第一节　服务外包与绩效的相关研究

一、服务外包的定义与分析层面

"Outsourcing"一词最早出现在学者 Gary Hamel 和 C. K. Prahaoad 于 1990 年发表在《哈佛商业评论》上的《企业的核心竞争力》一文中,被称为"外部寻源",简称为"外包"。其认为外包是指企业将一些非核心的、次要的或辅助性的功能或业务外包给企业外部的专业服务组织,利用他们的专长和优势来提高企业的整体效率及竞争力,而自身仅仅专注于企业最具核心竞争力的功能和业务(Gary & Prahaoad,1990)。

关于外包的定义,目前还没有形成一个比较准确和统一的说法。简单来说,外包是指特定产品生产的某个或若干个工序、环节、区段转移到企业的外部完成。从广义上讲,外包是企业在以知识为基础的竞争环境中所采取的一种组织形式的调整。现代企业在加速发展的全球化进程中,传统的地理、资金和技术特权正日益消失,外包就是企业决策者对"新竞争环境"的一种解决途径。表2-1 总结了外包的一些常见定义。

表 2-1　外包的常见定义

作者(年份)	定义
Harrigan(1985)	组织为了获取生产商品和服务所必需的物料及服务供应的一系列"制造或生产"决策。
Loh,Venkatraman(1992)	外部供应商使用组织的 IT 基础设施所提供的实物或人力资源。
Kotabe(1992)	由全球独立供应商向跨国公司提供的产品和由独立供应商向企业提供零部件和成品的程度。

作者(年份)	定　义
Quinn, Hilmer(1994)	外部活动的获取,包括那些传统上被认为是企业一部分的,作为组织的非核心的能力。
Willcocks 等(1995)	为获得预期结果,把组织的部分或全部 IT 和相关服务交给第三方管理。
Ventura(1995)	与独立企业的交易关系,通过这些关系使得合作协议得以建立。
Lei, Hitt(1995)	在确定的产品部件制造及其他增值活动上,对外部能力和技能的信任实践(通常是资本密集型的)。
Rothery, Roberson(1996)	将以前在组织内部执行的业务活动转向外部组织。将这些活动的计划、管理、发展转移到独立的第三方。
Grovef(1996)	把组织的部分或全部 IT 职能交给外包服务商来完成。
Casani(1996)	在某些对于组织而言非核心的活动或业务上与专业组织的长期联系,而这些专业组织会成为战略性伙伴。
Blumberg(1998)	关于运作组织部分业务上与第三方组织签订合同的过程。
Sacristán(1999)	为了获取特定目标不同类型企业之间的协助协议,其中一家企业在技术上具有专业性且在某一确定时期通过实物提供或者人力资源服务对另一方起到显著帮助。
Greaver(1999)	组织通过合约定期将内部活动和决策制定转移到外部供应商的实践。
Richard L. Dunn(1999)	特指把企业内部能完成的某些活动通过长期合约的形式交给外部组织。
Gilley, Rasheed(2000)	过去由企业自己完成的事务变成由外部组织所替代,这也是对内部完成事务的放弃。
Ulli Arnold(2000)	创造性地提出内部的外包(internal outsourcing)和外部的外包(external outsourcing)的概念。内部外包是指有一定程度的层级控制,如通过建立独立的利润中心来代替层级部门,或者通过几个独立公司之间的水平合作来进行外包。外部外包指市场上的现货交易或者与外部供应商的长期合作关系。
Campos(2001)	过去由组织内部执行的事务,甚至一些新的事务通过合同交由外部供应商完成。
Mahnake(2002)	由外部供应商来完成原来在企业内部进行的价值链活动。

从以上这些外包定义中可以看出,大多数学者认为外包是指企业走出组织去获取那些不在内部实现的业务和职能。然而这些定义大多是各个学者基于自己所研究的领域和角度所提出的,因此存在一定的局限性。本研究将这些外包定义分为三类,分别为:

(1)这类定义认为外包包含了一个长期稳定的协作协议(契约),其中供应商在与企业发生交易关系的同时也成为企业的战略合作伙伴(Mol,2005;Quélin,Duhamel,2003;Sacristán,1999);

（2）这类定义指出了哪些类型的活动或服务是能够被外包出去的，比如那些对于企业而言非战略性的活动或服务（Casani,1996；Lei,Hitt,1995；Quinn,Hilmer,1994）；

（3）这类定义认为外包是通过合同（契约）将计划、职责、知识以及业务的管理任务进行转移的一种行为（Blumberg,1998；Greaver,1999；Mc Carthy,Anagnostou,2004；Rothery,Roberson,1996）。

Tomás(2006)在自己的研究中提出了外包的完整定义。Tomás 认为外包是企业为了提高竞争优势和绩效，对于组织制造产品或提供服务所必需的非战略性活动和业务流程，通过与具有高成熟度的企业签订协议或契约（本研究是指合同）的形式来完成和实现的战略性决策。这一定义包括了三个主要特征，首先外包是一种战略性决策，且是企业整体战略的一部分，而且外包必须要以获取和保持竞争优势和绩效为目的；其次是企业必须判断哪些活动或业务流程是能够被外包替代，并且这些业务或流程必须通过能力领先于企业自身的供应商来完成；第三特征包含了业务流程的概念，因为企业自身的资源已经不能成为获取竞争优势的资源（Ray,2004；Stalk,1992）。

服务外包的分析层面主要集中在服务外包的本质，服务外包模式及绩效作用等方面。王燕妮、李华(2007)认为，服务外包的本质是使企业以价值链管理为基础，将非核心业务通过合同方式外包、分包或转包给本企业以外的服务提供者，以提高生产要素和资源配置效率的生产组织模式。冯之浚、于丽英(2008)认为，服务外包是企业以资源互补和配置的方法为自己的发展降低成本，提高效率。何骏(2008)认为我国的服务外包应集聚在两个领域：外向型服务外包和内需型服务外包，外包服务应该覆盖国际公认的 18 个行业大类。鄂丽丽(2008)从竞争力影响因素分析了我国的外包业。袁航(2008)研究了服务外包和供应链管理的关系。

二、服务外包的理论基础

有关外包的理论来源很多，除了最常见的核心竞争力理论和劳动分工理论，资源基础理论（Resource Based Theory）、资源依赖理论（Resource Dependence Theory）、代理成本理论（Agency Cost Theory）和交易成本理论（Transaction Cost Theory）等也常用于与外包有关的研究。

1. 交易成本理论

交易成本理论为外包研究提供了一个良好的分析架构，其观点可以用来解释服务外包的现象与问题。就服务外包业务而言，外包交易成本的发生原因包括：寻找可信赖的供应商的搜寻成本、协商与执行合同的成本以及在合同执行期间协调个体交换的协调成本。如果因为供应商的投机行为或高不确定性等因素造成市场失灵的情况,外包的交易成本要比组织内部执行高,从交易成本的观点分析,外包决策旨在比较不同管理结构的交易成本,分析拥有不同交易特性的外包功能所产生的交易成本变化,进而选择更加有效率的组织结构。其中,交易成本随着资产专用性与不确定性的水平而增加,而经常性的交易可能减少交易成本。

2.资源基础理论

该理论强调以资源作为企业决策的中心,企业可以利用其独特的资源来获取竞争优势。资源基础理论是在 20 世纪 80 年代中期,由学者 Wemerfelt,Gromt 和 Barney 等通过对企业资源进行研究而促成的战略管理理论新流派。该理论强调企业(或组织)应该更多地关注自身资源,而不是仅仅分析企业所处的竞争环境。资源基础理论强调"企业的竞争地位是由一系列独一无二的资源和关系决定的"。依据资源基础理论,企业的竞争优势只发生在其拥有异质性资源和固定资源的情况下(Barney,1991;Williams,1992)。Barney(1991)认为资源基础理论所谈的资源均为异质性与固定的,并且满足价值、稀少、不可模仿与不可替代等要求,在此情形下企业必须确保拥有此类属性的资源以维持竞争优势。Quinn(1990)认为企业在高度竞争的环境下,应该策略性地专注于产生竞争优势的资源,对竞争优势无关的资源,企业应该尽量以外包方式加以考虑。

Cheon,Grove 和 Teng(1996)运用资源基础理论和资源依存理论从战略管理的角度对外包进行了解释。资源基础理论认为,公司在本行业要赢得竞争优势和高于行业平均水平的利润就必须具备卓越的产品或较低的成本,而这些优势的取得又取决于资源的卓越性,以及公司配置它们的方式。而实现战略目标所需的资源与组织自有资源之间存在一定的缺口,通过外包可以填补资源缺口。如果外包能充实并扩展公司现有的资源基础,那么外包的应用就可收到良好的效果。当现有信息技术的资源和能力不能满足公司竞争战略的需要时,外包就是一个可供开发利用的选择。资源依存理论认为一个公司与其周边环境中的其他公司密切相关,公司的成功和生存有赖于周边别的公司向其提供的必要资源,但对其他公司的依赖存在不确定性。如果公司间建立相互依存关系,那么就可以在一定程度上减少这种不确定性。外包就是这样一种通过建立依存关系以获取所需资源的方法。资源依赖理论是强调公司与外部环境的关系,并认为所有公司对外部环境的资源均有不同程度的依赖,这种依赖是由于部分资源如土地、人力、资本、特殊的产品或服务等受外部环境控制所致(Kotter,1979)。资源依赖理论认为企业是处于一种和其他组织互动的网络关系当中,在这个网络当中,有的组织能够提供给企业一些必要的资源,使得企业能够生存下来并且取得成功(Kotter,1979)。

因此,资源依赖理论主张当组织内部拙于产生所需的资源或能力时,组织通常与外部环境中的其他组织发生交易关系。该主张也使得资源依赖理论有助于解释如组织内部资源或能力产生缺口时,组织有由外部取得关键资源的策略倾向(Teng,1995)。如此组织将能经由外包机制自外部环境取得重要资源,以强化组织长期存活的能力。用资源依赖理论来研究外包,一个组织的环境(任务集中性、任务开放性等)会决定组织的资源维度(重要性、审慎分配和选择性)。

3. 代理成本理论

代理成本理论研究的是如何建立基于行为或基于结果的有效合同来管理委托人与代理人之间的关系,而选择基于行为的合同还是选择基于结果的合同,这取决于代理成本。Eisenhardt(1988)认为,在代理关系的选择中,是选择行为契约(如层级干预、内包)还是结构契约(如市场干预、外包)取决于代理费用。在其随后的研究中,Eisenhardt又探讨了代理费用及其构成要素与外包合同之间的关系,认为外包关系越是不确定、需要规避的风险越高、事先界定代理人行为的程度越低、结果的可测度性越差和关系越长,则代理费用就越高。

代理成本理论主要观点是使用最有效率的合约对委托者(发包方)及代理者(承接方)之间的关系进行管理(Eisenhardt,1988)。代理成本的产生是由发包方与承接方之间的目标差异造成的,因此代理成本包括以下几项,委托者的监控成本(monitoring cost),代理者的束缚成本(bonding cost)以及委托者的剩余成本(residual cost)。Eisenhart(1989)认为以代理成本理论的视角去看待外包业务,组织的外包决策主要是受到代理成本的影响,而决定外包代理成本的主要因素有以下五项,包括结果的不确定性(outcome uncertainty)、风险规避(risk aversion)、可计划性(programmability)、结果可衡量性(outcome measurability)以及代理关系时间长度(length of agency relationship)。

4. 核心竞争力理论

Christopher(1992)指出企业竞争优势的获得越来越取决于整个供应链的竞争优势,而不是单个企业的竞争优势。Jacques H. Trienekens(2001)从价值链的角度探讨了跨企业之间供应链管理的必要性,强化整个供应链的价值增值,提高供应链的竞争优势。Kern 和 Willcocks(2000)认为仅从交易费用经济的角度研究服务外包,忽略了人与人之间、企业与企业之间的相互联系与影响,这样难以揭示服务外包的机理并指导企业的实践。卢峰(2002)从产品内分工视角来分析服务外包,研究了服务外包的经济利益源泉、经济成本约束问题,并提出了我国承接国际服务外包的相对落后的根源和政策调整。

三、服务外包的其他分析理论

1.劳动分工理论

亚当·斯密因在其《国富论》中创立古典学派而成为自由市场经济之父,他还详细阐述了劳动分工对提高生产率的好处:劳动分工使每个劳动者的熟练程度提高,节省工作转换时间,发明许多机械,简化和减少了劳动的复杂性。服务外包也是社会分工、产业化运作的延伸,公司将自己不擅长的劳动交由熟练的其他承包商,简化管理的复杂性,从而有助于提高承包商专业化的生产率。

2.价值链理论

麦克尔·波特提出的价值链理论认为,企业创造价值的过程可以分解为一系列互不相同但又相互关联的增值活动,从而构成了所谓的"价值体系"。价值链中,作为价值链的组成环节,每一项经营管理活动都是相互联系、互相影响的。一个环节运作的质量将直接影响到其他环节,并对价值链整体造成致命损伤,甚至对价值体系产生重大影响。因此企业可以把某个薄弱环节外包给专业企业来做,从而提高价值链活动的质量,使整条价值链增值,使价值体系免受薄弱环节的负面影响。

3.比较优势理论

大卫·李嘉图以英国和葡萄牙间的贸易为例,提出了著名的国际分工和贸易理论——比较优势理论。他认为如果A国与B国相比具有相对优势,那么无论A国与其他国家相比是否具有绝对优势,A国总是可以通过与B国的贸易往来从B国那里获利。如果在该理论中以企业取代国家作为贸易主体,那么就可以用于解释服务外包。企业A与企业B相比分别在X和Y业务(或职能)上具有比较优势,如果A企业把Y业务外包给B企业,B企业把X业务外包给A企业,A和B分别实行专业化生产,那么双方都可以通过外包交易获利。

4.木桶理论

木桶理论指出木桶的最大盛水量不是由组成木桶最长的桶板决定的,也不是由木桶板的平均长度决定的,而是由最短的桶板决定的。要增加木桶盛水量必须将短木板加长。企业竞争优势的决定也符合该原理。企业竞争能力的大小是由所有生产要素中最薄弱的要素决定的,企业要将每个薄弱要素都做到最好是不太可能的。此时外包就是一种很好的解决方案,它将企业这个桶打散,将那些短板抽出。通过外部承包方之间的成本比较后,企业选择最合适的"合作伙伴",即外部的长木板,来替代自己的短木板。企业将自己的长木板和外部提供的长木板捆绑在一起,木桶的容量就增大了。根据这个原理,企业外包自己的弱势业务,就可以提升企业的整体能力。

四、服务外包与软件外包关系

1. 服务外包与软件外包的关系

与服务外包概念相关的其他外包形式包括了 IT 外包（IT outsourcing）和软件外包（service outsourcing），因为本研究是以软件外包为例开展实证研究的，因此，有必要对软件外包与服务外包的区别与联系进行梳理。

软件外包和传统意义上的 IT 外包及服务外包在业务范围和外包动机上既有相同之处又有所差别。IT 外包指的是组织将其使用的 IT 系统的运作或开发以整体或部分的形式通过合同的形式委托给外部 IT 技术服务供应商的外包形式。IT 外包的动机主要包括将自己非核心、不擅长、不廉价的 IT 服务外包给外部专业公司，目的主要是满足组织自身对 IT 专业服务的需求。表 2-2 说明了软件外包和 IT 外包及服务离岸外包的异同情况。

表 2-2　服务离岸外包与 IT 外包及软件外包的比较

类　型	服务离岸外包	IT 外包	软件外包
定义	组织通过合同将服务外包给外包服务提供商	企业通过合同将 IT 系统的研发和运作外包给外部 IT 企业	组织通过合同将软件业务外包给外部供应商
开始时期	1970s—1980s	1960s—1970s	1970s
内容	服务过程	IT 硬件	软件研发
核心	服务技能	技术管理	过程管理
模式	离岸	本土和离岸	本土和离岸
客户、发包方	跨国公司	直接使用 IT 服务的组织	IT 组织和传统的非 IT 组织
承接方	所有服务过程相关的软件企业及其他企业	所有 IT 相关的研发和实施企业	软件研发企业
动机	将企业内部非核心的劳力密集型服务流程外包给专业的供应商	为了获取专业的 IT 服务而将非核心和非擅长的低值 IT 服务外包	将自己非核心和非擅长的低值 IT 软件业务外包给外部专业软件商

资料来源：Gan，Gan，2002。

1989 年柯达与 IBM 签订的 IT 外包协议被认为是 IT 外包的起源（Loh，Venkatraman，1992）。IT 外包的范围较广，几乎涵盖了所有的信息技术活动和功能领域，主要包括数据中心、应用程序开发、数据网络、技术支持、声频网络、应用程序维护等，软件类 IT 外包是 IT 外包的重要组成部分。IT 外包的发包方主要是直接使用信息技术服务的组织，承接方主要是 IT 相关技术的应用和开发类专业公司。

软件外包的范围也包括专业的 IT 技术公司,服务商主要是软件技术开发公司,因此软件外包是指卖方为软件公司的外包。传统组织软件外包的动机和目的与 IT 外包相同,但 IT 类技术公司软件外包的动机主要是将本公司已经成熟掌握或者即将淘汰的技术的相关业务外包给外部具有成本优势资源的专业软件公司,目的是为自己的客户提供 IT 技术服务或产品。

软件外包是一项合作关系复杂,创新性、唯一性、不确定性程度高,投资数额大,科技含量高、受多种因素制约并受发包方严格要求的高风险项目。日益加剧的竞争,更加挑剔的顾客,技术开发和其他变革速度的加快,商业机会的复杂性和新奇性日益增加,都对管理的不确定性和项目风险系统的成功提出了更高的要求。

与一般的软件开发项目(即有的开发工作只在同一地点进行)相比,软件外包项目通常涉及两个或两个以上主体(发包方、承包方或监理方),主体各方可能分属不同的区域或国家。面对不同的语言、政治制度和文化环境,除了面临软件项目通常可能遇到的风险(如工期拖延、预算超支、质量不高等)之外,还会遇到许多软件外包项目特有的比一般软件开发项目大得多的风险(如外汇波动、合同缺陷、沟通不畅等)。因此,对软件外包项目来说,如何针对这种跨组织、跨地域特点的项目组织形式和团队协作状态,建立全面、系统的协同工作机制和有效的项目全过程风险管理体系,以识别出全过程中来自外包主体各方的风险,准确评价出各风险发生的可能性和危害程度,选择出合理的综合应对策略,在各方协同工作机制的作用下将软件外包风险降至最低,是软件外包是否成功的重要课题。国内外学者对软件外包项目风险管理,特别是对风险的识别方法已做过很多研究,但多数是按照项目不同的阶段或不同的管理属性对其风险进行识别和分析,对项目各阶段之间、各个风险之间的关系,特别是导致软件外包项目不成功的综合风险框架未能进行系统分析和研究。

2. 软件外包的内涵

软件外包的定义是企业将一个软件系统全部或者部分地交由其他软件企业进行开发,以及由开发方对所开发的软件提供相应维护服务的软件开发形式(IT 产业发展研究所,2004)。国际软件外包是基于全球化的市场环境和现代网络、电信技术环境下产生的跨国界的软件业务外包(IT 产业发展研究所,2004)。

软件外包的另外一种定义是,某软件企业(简称业主,Client)通过与外部其他软件企业(简称承包方,Vendor)签订合同,将一些本来由企业内部完成的软件项目包给专业、高效的其他软件企业的经营模式,这种定义更加强调外包的双方通过协议(合同)方式达成外包业务关系。软件外包最早出现在 20 世纪 80 年代后期,早期主要是企业信息系统的外包,从那时开始软件外包就逐渐成为一种极具生命力和竞争力的商业趋势之一（Lee，2003；Hendry，1995；Kern，Willcocks，2000）。

在软件外包的分类上，既包括低端的初级编码外包、测试业务外包，也包括了高端的软件需求研究、总体设计、咨询以及详细设计的外包。Asundi(2001)以印度软件产业为例研究了外包软件的开发问题。Asundi 指出软件开发涉及几个主要阶段，包括概念化、需求分析、顶层设计、底层设计、代码编写、软件测试和后续维护等。这几个阶段与 Royce(1970)提出的软件开发瀑布模型中所描述的阶段是相似的。对于软件外包的过程，Kliem 认为软件项目外包主要包括 7 个过程：①外包决策；②寻找承包方；③外包商的选择和评价；④与承包方进行谈判；⑤签订外包合同；⑥外包合同的执行和管理；⑦产品及过程验收。

软件外包业务在 20 世纪 90 年代后期获得了快速的增长，尤其是离岸软件外包业务。目前中国和印度在软件外包领域的发展十分迅速，印度在对欧美软件外包和中国对日本软件外包领域拥有各自的优势，但是软件外包的出口大多是软件服务而非产品，并且多为底层的软件设计、代码编写和维护服务，这些都处于软件服务价值链的底端。依靠廉价劳动力的低附加值软件"代工"正是软件外包在国内备受争议的原因之一。

五、本节小结

资源基础理论关注的是内部的资源和能力，而资源依存理论关注的是外部环境。但是，这两种理论的缺陷在于，它们都没有从组织与外包商之间的关系进行考虑，它们更多的是从成本效益的角度考虑外包问题，而忽视了其他重要的结构和战略问题对组织的影响，尤其忽略了正在进行的一些优先合作关系对外包决策的影响，没有对组织间重复进行的交易情况进行考虑。

马丁·汉克斯和雷·哈克尼(1990)提出了核心竞争力、交易成本、代理和伙伴关系理论的分析框架。他们认为对核心竞争力的关注可能成为组织外包的动力，组织应该将非核心职能外包出去，将更多的资源和精力集中用于组织的核心竞争力上。交易成本理论通过对有形成本和无形成本的分析，可以发现外包规模经济所带来的好处可能会被有形成本和无形成本的增加所抵消。利用代理理论的分析框架可以了解客户和外包商之间的分歧，通过有效的合同条款规范双方的关系。伙伴关系理论认为，可以通过安排伙伴关系来超越分歧，实现共同目标。

马丁·汉克斯和雷·哈克尼的核心竞争力理论和伙伴关系理论分析框架是对 Cheon，Grove 和 Teng 的外包理论分析框架的有益补充。但是，关于核心竞争力理论对外包的解释现在还存在争议，因为有一些组织，如银行，已经将某些被视为核心竞争力的职能外包出去。伙伴关系理论主要可以用来对一些持续时间较长、涉及金额较大并且双方共担风险、共享利润的外包关系进行解释。但是,伙伴关系理论的适用范围仅限于 IT 外包的某些特定情况,并不是服务外包的一般理论。本部分服务外包的各种理论基础的主要内容可以通过图 2-1 表示。

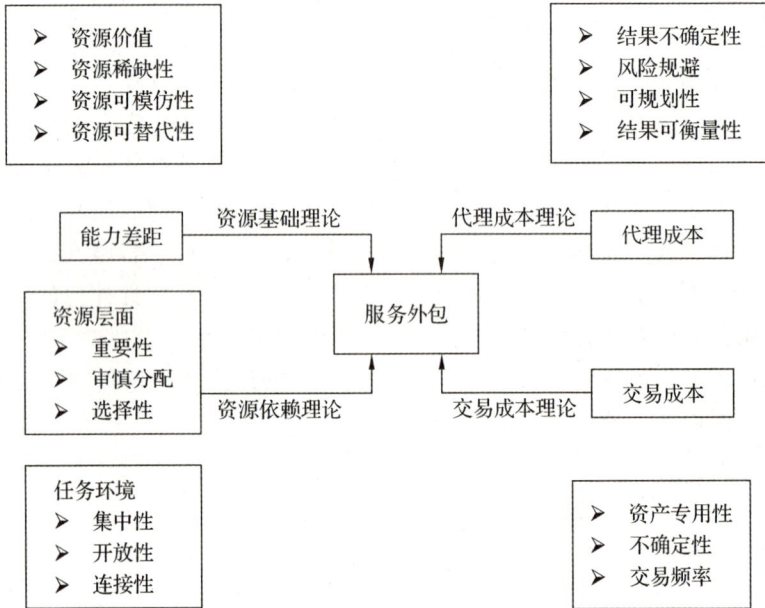

图 2-1　软件外包研究的理论视角框架

资料来源:Cheon,Grover & Teng,1995。

Hui 和 Beath(2002)对应用于外包领域的有关研究进行了总结。对于服务外包的研究,过去主要的研究视角是交易成本理论。过去的研究主要是基于买方角度,聚焦于企业层面。而近来从资源基础理论(Resource-Based Theory)角度及社会交换理论(Social Exchange Theory)来对外包决策和外包收益进行研究成为热点。

上述理论探讨可简单归纳如下:资源基础理论认为组织应该专注于生产能够给组织带来竞争优势的资源,对于与形成竞争优势无关的作业,应该进行外包。资源依赖理论主张,组织对于自己较为不擅长的作业,应以外包的方式交予擅长该作业的外部组织代为执行,即"取长补短"。而交易成本理论则主张如自行生产某项作业的成本高于从市场直接取得时,该项作业应该由市场购买方式取得,即进行外包。

第二节　服务外包模式下企业知识共享的相关研究

服务外包模式下的企业,尤其是软件外包企业中,由于外包项目本身的知识密集型特征,使得该类企业中的知识共享管理成为管理的重点。

一、知识共享的内涵

知识共享管理是知识管理的一个方面,知识共享(Knowledge Sharing),就字面意思而言,即分享知识,是一种交换的活动,通过彼此之间的互动、对谈及交流来分享知识(Hendriks,1999),共同达到组织的目标。对于知识分享,尽管学术界目前并没有统一的定义,但是很多学者从不同的角度对其进行了解释和描述,如 Hendriks(1999)以"沟通"的观点来描述知识共享的过程;Senge(1998)以"学习"的观点来解释知识共享的结果;Nonaka 和 Takeuchi(1995)以"知识互动"的观点来分析知识共享的过程;Davenport 和 Prusak(1998)则以"市场"的观点来阐述知识市场中的知识共享。本研究整理的国内外学者对于知识共享定义的研究如表 2-3 所示。

表 2-3　知识共享定义汇总

学者	年份	主要观点
Bostorm	1989	团队人与人之间的相互尊重与理解。
Nonaka	1995	通过社会化、外化、综合化、内化的互动过程,使成员间的知识得以共享并间接促成成员与组织共享知识。
Wijnhoven	1998	借由资讯媒介进行知识转移,知识接受者对新知识进行阐述或彼此互动的过程。
Davenport Prusak	1999	知识共享＝转移＋吸收,知识从需要的一方以适当的形式转移到另一方,另一方需要有足够的能力吸收转移的知识。
Nansy	2000	知识就是使人知晓,将知识分给他人,并共有该知识。
Dixon	2001	当分享我的知识的时候,意味着将它公布出去,与他人共享该知识。
Krogh	2002	知识双方彼此互动,调整信念及行动。
Barol Srivastava	2002	个人与他人分享资讯、观念或经验与建议。
Ikenaga	2003	将个人学到的知识转移给组织其他人的行为。
魏江,王艳	2004	员工个人的知识通过各种方式为组织中其他成员所共同分享,从而转变为组织的知识财富的过程。
李长玲	2005	个体和组织知识通过各种手段为组织成员共享,通过知识创新,实现知识的增值。

为了提高知识共享理论的现实指导性和可操作性,有必要建立具有较高信度和效度的知识共享程度评估体系,只有对其过程进行有效的测量,才能对其活动进行有效的测量,进而科学地指导企业管理活动。然而,目前国内外关于知识共享程度测量方面的研究还很少。联合国经合组织(DECD)从认识论的角度将知识分为显性知识和隐性知识。显性知识指能够用语言表达的,并能够以数据、科学公式、说明书、手册等进行分享的知识。隐性知识有两种,一种是技术维度的,指个人的专有技能,即"know-how",另一种是认知维度的,包括个人的信念、理想、价值观和信仰。隐性知识是高度个人化的,很难文件化,隐性知识植根于个人的行为和经验之中,难与其他人沟通和共享。本研究中知识共享能力也因此分为隐性知识共享与显性知识共享两大类。

谭贤楚、肖昂(2000)认为,知识共享过程有 5 个环节,即个体知识、知识的阐明、知识的交流、知识的理解以及组织知识创新。前 3 个环节主要是个体行为,后两个环节则依赖于组织工作。宋建元、张钢(2001)将企业的知识链分成 4 类活动,即知识获取、知识选择、知识创造和知识内化,通过互相依存的这 4 类活动,企业逐步实现从个体知识向群体知识、组织知识的扩展,并形成具有持续竞争优势的组织能力,从而实现知识的不断增值。

波尼拉认为知识可以分为隐性知识和显性知识两大类,其中,隐性知识的转换主要有三种方式,即模仿、识别和边干边学。通过这三种方式可实现隐性知识与隐性知识之间的转换,但显然这个描述没有将显性知识的转换纳入其中,甚至没有包括隐性知识向显性知识的转换。

野中郁次郎(Nonaka)与竹内弘高(2001)提出了著名的显性知识和隐性知识转化模型(SECI 模型)——知识螺旋理论(knowledge spiral)。他们认为企业的知识是透过内隐和外显知识的彼此互动和四个知识转换模式(knowledge conversion)所形成的,即社会化(socialization)、外部化(externalization)、组合化(combination)与内部化(internalization)。这是一个知识螺旋模式,它比较准确地概括了不同知识形态间的转换,揭示了人类知识的创造规律符合螺旋上升的真实过程。Nonaka 和 Takcuchi 将知识在主体间分为 4 个层次,即个体、团体、组织与组织间。因此,知识的转移也就相应地在上述 4 个层次间发生,即个体与团队、个体与组织、团队与组织、组织与组织之间的知识转移。Szulnnski等(1998)用交流模型来研究组织内的知识转移,认为知识转移是在一定的情境中,从知识的源单元到接受单元的信息传播过程,并将知识转移分为 4 个阶段:识别阶段、实施阶段、调整阶段、整合阶段。

哈耶克等(1995)在企业知识联盟的理论中,对组织间知识的共享进行了阐述。知识联盟的理论认为:企业的知识一方面来自企业的内部,即企业自己投入资源生产的知识;另一方面来自企业外部,这包括市场交易、合并与收购其他企业、战略联盟。而依靠自力更生策略则需要花费较长的时间和较多的资源。因此,企业可以采用知识联盟的手段,共享其他企业的知识。这样知识联盟可以协助一家企业从其他企业那里学习到专业化的能力,协助一家企业和其他企业合作创造新的潜藏性知识。

以上是与知识共享管理相关研究的综述,其中,Nonaka 和 Takeuchi 的理论对于服务外包项目开发团队的知识共享管理理论具有直接的指导意义。

二、知识共享的影响因素研究

目前很多文献对知识共享的影响因素主要提出了包括企业文化、企业组织结构、企业外部环境、信任机制 4 个情境维度。唐炎华(1998)、石金涛(2001)在综述国外知识转移相关理论的基础上,提出了个体关系特征、组织关系特征、组织的学习文化、社会网络特征、目标任务特征 5 个知识转移的情境因素。Guptn 和 Govindarajan(1991)在分析跨国公司内的知识流动时,从任务环境、结构特性、行为要求(组织文化)3 个方面来界定主要的情境变量,研究这 3 类情境变量与知识流动之间的关系。徐金发(2005)、许强(1998)、顾惊宙(2003)提出企业知识的 5 个情境维度,包括文化、战略、组织结构和过程、环境、技术和运营。从上述对知识转移与共享情境因素的研究可以看出,有关知识转移与共享情境因素的研究目前主要集中在文化、组织结构与组织技能、外部环境 3 个方面。

国外学者通过对 24 个分属于制造业、石油、银行、软件和咨询业的 31 项知识共享计划的调研发现,影响知识共享计划成功的至关重要的因素有 8 个:沟通(包括跨文化沟通);组织与技术基础设施;标准、弹性知识结构;知识友好文化(包括企业文化);明确的目标与语言;激励机制的变化;知识的多渠道传递;高层管理者的支持。

李长玲(2006)通过对知识共享机制的分析,指出知识提供方对知识的判断性、知识接受方的情绪抵触、知识提供方与接受方之间缺乏信用及组织体制等因素均在一定程度上阻碍了隐性知识的共享。钟耕深(2007)、赵前(2008)通过分析指出,团队组织中知识共享的风险及障碍因素主要来自于以下 4 个方面:传统保守思想的阻力、激烈竞争的压力、人员层次差异和观念差异、缺乏知识共享的渠道和技术支持。Nonaka(1995)认为影响知识共享的因素包括企业文化、企业组织结构、企业外部环境、信任机制等。Nonaka 与竹内弘高(2001)提出了著名的显性知识和隐性知识转化模型(SECI 模型)——知识螺旋理论(knowledge spiral),他们认为社会化、外部化、组合化与内部化分别受到各种因素的影响,具体如表 2-4 所示。

表 2-4　SECI 知识螺旋模型的程度要素与机理要素

程度要素	机理要素
社会化程度	知识特性、共享意愿、激励机制、沟通、编码解码能力、信息技术能力等。
外部化程度	解码能力、激励机制、企业文化、企业组织结构、企业信息系统建设等。
组合化程度	企业文化、企业组织结构、企业管理制度、企业信息系统建设等。
内部化程度	吸收能力、保持能力、创新能力等。

Mohamed Zairi(2006)认为知识共享的影响因素可以大致分为三类：社会类影响因素、技术类影响因素、知识特征类因素。其中社会类影响因素主要由知识共享活动所处的环境中的各类社会环境要素组成,该类因素通过对人类心理及行为的影响对知识共享活动及其绩效产生影响。技术类影响因素主要由知识共享活动所处环境的各类技术环境要素组成。具体如表 2-5 所示。

表 2-5　知识共享活动的影响因素

影响因素类型	常见影响因素内容
社会影响因素	国家和行业的特征、结构、文化、规模、战略等。
技术影响因素	IT、企业技术资源等。
知识特征因素	知识的结构特征、知识源、知识接收者、知识特征、协助经验等。

Mutiran Allazmi(2006)认为,知识共享活动的目的是创造一个知识管理所需的环境,在适合的环境下,使得组织能够通过不断地创造知识、保持现有知识资源、发展知识管理的各种活动,最终拥有核心竞争力。对知识共享活动的关键成功因素的研究,Davenport 等、Trussler、Finneran、Liebowitz、Manasco、Chai 都进行了有意义的研究。

Axmbrechttlo 等(2005)对 19 家国际领先的研发公司作了充分的研究之后,发现在影响知识管理的因素中,主要包括文化要素、组织要素和 IT 要素。A. H. Gold 等(1999)从组织能力的观点对知识共享管理及企业绩效方面进行了考察。A. H. Gold 等认为,组织基于知识共享管理的竞争力决定于组织的知识管理设施能力和知识过程能力。组织的知识管理设施能力由技术、结构、文化三个方面的能力构成。他们将项目的文化特征、项目的组织能力、项目的 IT 能力、项目的战略管理能力作为知识共享管理的四个主要影响因素,并通过实证分析鉴别出项目文化特征和项目的 IT 能力对知识共享均有影响作用。Liebowitz(2003)认为在复杂产品系统环境下,文化、技术、战略、高层领导支持等对知识共享有影响作用。

　　Wei Zhang(2002)对战略、文化、结构、知识管理能力(知识获取、知识共享、知识应用)与绩效的关系进行了研究。其结果表明,对知识共享能力的影响,文化最强,战略次之,而结构的影响很弱;战略、文化、结构与知识共享能力一起,对绩效产生了一定的影响。张波(2006)认为,知识共享是指缩小个体或组织之间的知识差距的所有活动和过程,包括知识传播、知识扩散和知识转移。并且知识共享的状况和程度,最终通过知识转移的效果显示出来,知识共享能够提高组织竞争力。

　　张旭梅(2008)认为,知识共享的本质是一种知识交易,知识共享就是不同主体之间知识资源的交易活动,参与知识交易的每一方都必须具有自身的独特优势,比如技术优势、制造优势、资金优势、市场优势或管理模式上的优势等,作为知识交易的筹码,这是知识共享的基础。张旭梅还从经济学的角度论证了供应链中知识市场存在的可能性,以及供应链中知识市场的构成和知识共享过程分析,包括知识在不同企业之间的转移,以及显性知识和隐性知识的相互转化。她认为,知识市场主要有知识买方、知识卖方、知识市场管理方(知识共享联盟)、知识交易环境,并且提出了知识交易模型。

　　对于知识共享的研究,还有下面的学者。达文波特(Davenport,1998)在 *Working Knowledge* 一书中首次提出了企业内部"知识市场"概念,强调知识流动很大程度上是在市场的作用下进行的,在企业内部存在一个"知识市场",这个市场与有形商品的市场一样,有买方和卖方,他们讨价还价以寻求双方满意的价格,这个市场中还有尽量促成交易的中介者,市场机制像作用于有形商品一样推动着知识市场的运行。Bell 等(2002)从实证的角度研究了知识市场与知识社区(knowledge communities),在实现企业间知识共享中的区别与联系。Kafentzis 等(2004)构建了便于组织间进行知识交换和交易的公共平台——电子知识市场(electronic knowledge marketplaces),并对这个交易平台的战略问题、商业模式、作用、过程及收入模式进行了分析。Mentzas(2006)根据知识的特性和交流的特性将跨企业的网络组织间的知识网络分为知识社区、知识链(knowledge chains)、知识供给(knowledge supplies)和知识市场四种类型,分析了每一种知识网络的显著特点和有关的例子,并探讨了将四种知识网络联合起来研究的挑战。汤建英(2005)认为,研发联盟企业间知识共享受到以下四个因素的影响:技术资源强度、组织学习能力、技术壁垒属性、伙伴间相容性关系。这四个因素与知识共享的主观绩效和客观绩效有着直接的关系。并且它通过验证证明了,伙伴技术资源强度、学习能力和相容性水平与知识共享的客观绩效正相关,技术壁垒与知识共享的客观绩效反相关。

　　梁建英等(2007)认为,根据 Polanyi 对知识的分类,服务外包中的知识可分为显性知识和隐性知识两类。根据知识主体来划分,服务外包中的知识又可分为个人的知识、团队的知识和组织的知识。在日常的流程中,知识又可分为管理领域的知识和业务领域的知识。服务外包企业尤其是软件外包企业作为一个典型的知识型组织,知识应该具有独有性、共享性、任务性、层次性、创新性和广义性。服务外包项目开发中的知识,大部分是隐性知识,所以要注重隐性知识的开发和利用。并且他们还认为,联盟间如承接方与发包方之间影响知识转移成功的因素有:知识转移渠道、联盟成员的特性、联盟环境的特性和伙伴间关系特性等(Ikenaga,2008)。

通过国内外的研究发现,服务外包和知识共享的理论研究特别多,而关于服务项目技术知识共享的文章少之又少。我国的服务外包市场有着巨大的潜力承接国外的服务外包和内部的服务外包,在服务外包的过程中除了经济利益的考虑外,更多的应该关注知识,因为知识是组织的主要竞争力。服务外包中会形成一串多级关联的供应链,而供应链中知识市场的存在,又给知识共享提供新的视角,通过知识共享就可以增加组织内部知识的储备,从而提高竞争力。

有些学者从关系情景角度来研究知识共享的关键影响因素。如 Szulanski(1996)认为,知识源和知识目标之间的关系是影响知识转移与共享的重要因素。他们参照社会资本的研究学者对个体社会资本进行划分。Cummings 和 Teng(2003)研究组织内部和组织间知识转移时对关系情境(relational context)的划分,提出度量知识共享双方关系的三个维度,即关系距离、物理距离和知识距离。其中,关系距离是指共享双方在一起工作的时间和质量(Cummings & Teng,2003)。关系距离来源于三个方面,即共享双方的社会相似度、战略相似度和 Szulanski(1996)提出的关系疏远度(arduousness relationship)。隐性知识的交流必须依赖广泛的社会性接触(Simonin,1999)。Hansen(2002)认为知识尤其是复杂知识(隐性的、编码化程度低的、系统嵌套的知识)的共享不是一劳永逸的通信过程,需要多次的交互,因此对共享双方的关系亲密程度、渠道的便利程度有着严重的依赖。

邝宁华等(2003)认为复杂知识在传递方面涉及知识源表达知识的困难和接收方接收、理解的困难,在整合方面又涉及接收方根据自身理解进行整合时对知识源的反馈,寻求进一步的帮助,从而进入下一轮的知识传递和知识整合,即知识源对复杂知识全面准确的表述和接收方正确的理解、整合是多轮的过程,也是知识在共享过程中螺旋上升的过程。因此,双方的共同知识和相互理解以及双方交流活动的频度和广度都相当重要。强联系(strong social ties)的部门(个体)间有更多的共享机会,知识转移的难度更小,虽然维持强联系的成本较高,这种联系更有利于知识的共享,而弱联系(weak social ties)对于复杂知识的共享是非常不利的。

组织在增进员工关系距离方面有着巨大的促进作用。Wiig(1999)认为,组织可以建立"knowledge cafe"这样的非正式网络,为员工提供讨论的场所和自由宽松的学习环境,引导员工进行知识共享。物理距离是指共享对象之间为了能够在一起交流而克服时间、空间和交流代价上的限制。共享双方的物理距离会影响其沟通的有效性,因此也构成了影响共享水平的重要因素。接近(proximity)和邻居效应(neighborhood effect)(Darr & Kurtzberg,2000)能够增加接触和交流,因此有利于知识的传播。Davenport 和 Prusak(1993)指出,有时只有当人们相互碰面时,知识共享才会发生,没有东西可以代替直接接触,身体上的接近有助于参与者共享语言和奠定相互尊重的基础,建立和睦的关系。面对面的交流对于隐性知识的共享最有效,因为知识提供方能够在信息发出后迅速得到反馈,从而有利于其共享对象更加明晰地理解共享的意图,从而保证隐性知识传递和转移的有效性和准确性。

Yli-Renko,Autio 和 Tontti(2002)的经验研究认为,企业内部不同部门之间、企业与外部组织间的互动能提高企业的知识共享。Yli-Renko 等(2001)关于社会互动与知识共享之间的经验研究结果也表明了社会互动与知识共享之间的正相关关系(社会互动与知识共享之间的路径系数为 0.19,$p<0.10$,Z 统计值为 1.99)。De Clercq 和 Sapienza(2006)根据风险投资企业的经验研究表明,社会互动与组织绩效之间正相关(路径系数为 0.14,$p<0.00$)。社会互动不仅促进知识的获取与共享,而且能够提高企业辨别和评估外部知识的能力。社会互动还能为企业提供理解客户的专门机制和结构的机会,从而使企业能够更好地理解客户的企业运作,寻求更有效的沟通方式,因此也有利于企业的知识共享。

Williamson 和 Gibson(1990)指出,互动强度反映出销售人员对保持沟通管道畅通所做的努力。Lagace Dahlstorm 和 Gassenheimer(1991)指出,频繁的互动可以促进交易方之间的关系。企业与客户之间的互动质量则是指双方进行知识共享是否及时和可靠。互动强度则是指企业与客户之间利用不同方式进行密切沟通的程度。总体来看,在企业与客户往来的过程中双方互动越频繁,彼此之间的知识共享效果与组织绩效也会越高。

Heeseok Lee 和 Byounggu Choi(2003)的研究从系统思考的观点出发,探索了知识共享的影响因素、知识共享与组织绩效之间的关系。从人的观点出发,知识管理的支持因素包括了文化、结构和人员。从技术的观点出发,知识共享的支持因素包括了信息技术。该研究中的知识共享过程主要考虑了知识创造对组织的重要意义,引自 Nonaka 的模型,包括了内部化、外部化、社会化和组合化四个过程。为了能更好地解释知识共享过程与组织绩效间的关系,该研究还引入了一个中介变量,即对组织创造性进行探索。通过实证研究,证明知识管理的支持因素通过影响知识过程的关键过程进而影响组织绩效。不同的知识管理的支持因素对不同的知识管理过程有显著的影响。

Sung-Ho Yu 等(2004)辨别了一些帮助发展组织知识管理能力的关键因素以及它们与知识管理绩效之间的关系。基于企业的资源观和组织能力理论,该研究从组织、技术以及管理三个方面总结了一些发展知识管理能力的关键因素,并考虑了不同知识管理阶段的影响,以探讨这些因素与知识管理绩效之间的关系。值得注意的是,该研究采用了与 Gold 等的研究不同的知识管理绩效指标:知识质量与知识使用者的满意程度。该研究中的关键因素包括:组织学习导向、交流、有目的的知识分享、组织结构的灵活性、知识管理系统的质量、功能、高层管理者的支持、知识管理的激励系统、知识管理的团队行为。研究结果表明,不同的知识管理绩效与不同的因素有直接且显著的关系。

马小勇等(2001)从不同角度研究了企业知识管理能力与竞争力之间存在的数量关系。该研究将知识管理能力分为四类:推动知识活动,建立知识基础设施,建立知识资产与知识合作,知识学习。研究表明,除推动知识活动能力不对任何竞争力指标产生显著影响之外,企业知识管理能力与竞争力存在显著的正相关性并显著作用于竞争力,且竞争力强的企业在推动知识活动、建立知识基础设施、知识资产与知识合作三方面的能力均明显强于竞争力弱的企业。研究结果证实了企业知识管理能力是企业获取竞争力的重要内在能力基础的理论假设,表明它们之间确实存在着明显的因果关系。

刘常勇、傅青富、李书政(2002)的研究探索了知识管理的内涵、架构以及知识管理能力对企业经营绩效的影响。由于知识经济时代组织经营的重心是在创新上,因此该研究以新软件产品开发绩效作为企业经营绩效的一种代表。该研究将知识管理能力分为:知识管理流程的效率,组织环境对知识管理的支持能力。通过实证研究发现,知识管理能力对新软件产品开发绩效有显著的影响。

综合上述文献分析,根据影响知识共享成功的重要因素,本研究给出了知识共享能力的关键影响要素。具体如表 2-6 所示。

表 2-6　知识共享影响因素汇总

作者	年份	主要知识管理影响因素
Armbrecht	2001	文化;组织结构;IT 技术。
Gold	2001	知识管理设施能力:技术、组织结构、文化 知识过程能力:知识获取、传递、应用、保护。

作者	年份	主要知识管理影响因素
Davenport 等	1998	与绩效密切相关：技术和组织结构，标准的、柔性的知识结构；友好的文化；清楚的目的性和清楚的语言、多渠道进行知识传递、高层领导。
Liebowiza	1999	高层支持的知识管理战略、首席知识执行官、技术、鼓励员工分享知识、支持知识管理的文化。
Manasco	2000	知识社团、创造性的环境、技术支持、知识创造和共享。
Choi	2000	员工培训、员工参与、团队、授权、高层的领导和责任、组织约束、信息技术、知识结构。
Skyrme	2000	高层领导的支持、清晰的战略、系统化的知识流程、信息技术（含软件和硬件）、创造性的文化。
Trussler	2001	组织结构、领导与战略、文化、技术。
Davenport 等	2002	文化、高层领导支持、技术、知识特性、培训、分享、转换。
Wei Zhang	2002	战略、文化、结构、物质与精神激励等。
Liebowitz	2003	文化、技术、战略、高层领导支持。
罗志勇	2003	组织特性、个体特性、组织特性和环境特性。
汤建英	2005	技术资源强度、组织学习能力、技术壁垒属性、伙伴间相容性关系。
池永辉之	2008	共享型的企业文化、组织的激励制度、领导的支持、项目经历的学习能力、团队的协作、信息技术能力等。
Trussler	1999	合适的组织结构、领导和战略、鼓励创新、发现正确的人和数据、文化、技术、合作者的可获得性、培训和学习。
Finneran	1999	创造性的文化、分享知识和信息、创造性的知识、知识共享。
Davenport Prusak	1998	技术、知识创造和分发、知识分享、电子知识仓库、培训、文化和领导、信任、知识结构。

三、本节小结

本节主要从知识共享的定义与内涵分析了知识共享的各种定义，并通过多种文献的检索与归纳，从关系情景、知识共享的主题等角度分析了知识共享的影响因素。从知识共享的关键因素的文献综述可以看出信息技术能力、沟通能力、外包合同的完善性、领导的支持、企业文化和合作关系质量等都对知识共享能力有影响，而这些因素正好也是服务外包关系（模式）下企业的固有特征。如承接方与发包方之间的外包关系中离不开外包合同的签约，离不开信息技术设施的支撑，领导的支持和跨文化沟通能力等都是外包关系企业成功的影响因素。

第三节　服务外包关系中外包绩效的相关研究

一、外包绩效的定义与测量

1. 外包绩效的定义

对绩效的研究已经有很长一段历史了，在经济学、社会学和组织行为学中，都对绩效作过研究（Lynch，1998），绩效研究是管理学术中分支最多的一个主题。学术和管理实践中的绩效评价是指对某一特定时期内企业经营中各个方面总体水平的综合评述。

从供应商（或发包方）角度来看，外包绩效主要反映在获取离岸服务外包项目的成功方面。从承接方角度来看，外包绩效主要反映在如何高质量地（如按质、按时）完成服务外包项目。通过对多位资深管理人员的访谈，本研究发现，项目质量和成本控制是项目成功的两个关键指标。项目质量与项目成功直接相关，与维持良好的外包合作关系息息相关，而成本控制（主要指人员投入）反映了服务外包尤其是软件外包企业最为关心的成本问题。由于供应商对项目质量和进度几乎没有什么弹性，因此严格的成本控制是获取利润的主要来源。这两个指标涵盖了客户与供应商双方的利益，能较好地度量项目层面的外包绩效。

本研究中的外包绩效主要通过外包成功度来测量。其中，国外对于外包成功的定义，主要有以下几个方面：Grover，Teng 和 Gheon（1996）研究中提出外包成功可由企业是否获得战略利益、经济利益及技术利益来评价，其评价的方式为发包商对外包商在战略、经济及技术三方面的满意程度；Jae-Nam Lee（1999）认为外包成功，是外包的结果能达成客户的需求，研究通过组织及使用者的观点评估外包的成功，在组织观点上将外包是否达成组织战略、经济及技术利益作为评价标准，从使用者观点来看认为外包商是否提供良好的服务质量是评价外包是否成功的标准。

本研究中的绩效主要是指技术创新、外包项目的完成度等方面的内容。Itami 和 Numagami（1992）认为技术创新的效率是知识经济时代对企业技术创新的又一要求，为了增加效率，创新的一般方式是采用新的方法组合原有的知识系统（Schumpeter，1934），这种新的组合意味着对公司输入的再思考，因此，重新认识现有的知识对于技术创新来说至关重要（Galunic & Rodan，1998）。另一方面，新的知识要被组织成员吸收和共享，才能成为组织整体的一部分

(Nonaka & Takeuchi,1995),也要求新知识和原有知识的相互作用与共享,改变公司整体的知识储存结构(Van den Bosch *et al*.,1999)。同时,创新必须要打破现有的知识结构(Crossan *et al*.,1999),所以新知识的产生基础需要新的路径和新的智力模式。

2.外包绩效的测量

国外学者关于外包的研究对外包的成功给出了不同的定义,Grover 和Teng 等(1996)提出外包成功可由企业是否获得战略利益、经济利益及技术利益来测量。其测量与评价方式为发包商对外包商在战略、经济及技术三方面的满意程度。Lee(1999)认为外包成功,是外包的结果能达成客户的需求,研究通过组织及使用者的观点,来评估外包的成功。从使用者观点来看认为外包商是否提供良好的服务质量是评价外包是否成功的标准。Kim(2003)研究中定义评价外包成功的因素为满意程度:发包商对外包商(承接方)感觉满意的程度,感觉受益:发包商认知由外包关系中所获得的利益。

目前关于外包项目成功的研究主要集中在企业进行业务外包对企业绩效的影响上,即外包绩效(outsourcing performance)或外包企业绩效的影响因素研究。其主要出发点是企业通过对 IT 系统、人力资源等业务流程活动的外包,来获取在战略、经济和技术方面的绩效。而对于软件外包项目成功的定义,可以通过外包承接方是否按照合同要求按时提供了符合质量要求的软件系统来衡量。传统意义上对于外包项目成功的衡量很多是基于结果导向,而在项目实施过程中合作双方在沟通过程中的顺畅程度以及冲突解决情况同样是衡量项目成功与否的关键要素,决定了客户最终的满意度和未来双方是否继续合作。

Sung Kim(2003)在研究中定义评价外包成功的因素为满意程度:发包商对外包商感觉满意的程度。感觉受益:发包商认知由外包关系中所获得的利益。

综上所述,我们将外包成功定义为:发包商认为外包达成了组织的利益,且满意外包商所提供的服务。

对“绩效”进行定义,现有文献主要是从企业经济表现来刻画绩效,(Lee,1995;Krishnan,1997)。首先是财务绩效,这方面的指标很多,White(1998)将其分为两个大类,即规模(scale)和效率(efficiency)。规模主要涉及的是企业的产出,它包括的指标有产量(output)、销售额(sales)和利润(profit);效率是除了考虑产出外,还需要考虑投入,因而它是一个投入产出的概念,包括产出收益率(return of output)、销售额收益率(return of sales)和利润收益率(retain of profit)。其次是非财务的指标,主要包括产品质量、企业创新水平和企业的竞争力等(Gilley,2000)。

长期以来,判断一个企业的优胜劣败主要依靠财务指标和比较其与竞争对手间的获利能力及市场占有率。但是在经济全球化、贸易自由化以及信息网络化的知识经济时代和后工业社会,顾客需求瞬息万变,技术创新不断涌现,产品生命周期不断缩短,市场竞争日趋激烈,更加强调速度、成本和个性化。因此,企业间的竞争重点已逐渐转变成谁能以最快的速度、最低廉的成本将定制化的产品送交到当前顾客手上。所以,企业必须从以成本为中心转变为以多样化的顾客需求为中心,企业绩效考核体系也要同步转变,加大非财务指标的比重,重视对产品质量、顾客服务及满意程度的关注已成为现代企业绩效控制改革的方向。

目前,有关绩效测量最为广泛的研究应当是 Venkatraman 和 Ramanujam (1986)的研究。他们从战略研究的角度,强调了将指标分为两类,并提出了 10 种测量绩效的不同方法。一类是财务性的指标和运营性的指标,第二类是主要非财务性的指标和补充型指标(primary and secondary)。他们认为财务指标的测量(例如资产净值的回报、投资回报),运营性指标的测量(例如市场占有率、销售增长、利润增长),都应该用在绩效测量中。绩效本意是说明一项行为或活动的好坏,绩效水平必须要有一个比较的对象,且绩效和产出或结果多少有一定关系(Carroll and Schneier,1982)。Kast(1985)认为绩效应包括效果、效率及组织成员满意度。除此之外,Mary(1979)认为还应包括创新及减少冲突。

服务外包关系中的企业对信息系统及服务外包的预期效益大多集中于财务环节、企业再造、技术及效率提升等方面(Villcocks & Fitzerald,1993)。外包绩效的提高代表了服务外包项目的成功完成。也代表实现外包利益,提高组织成员的满意度,这些终将表现为外包绩效。Ikenaga(2008)认为外包绩效的测量其实上就是服务外包项目完成度的测量,包括顾客满意度,服务外包项目按时、按质完成等方面的内容。服务外包不仅影响服务外包项目开发部门本身的运作,也将影响整个组织的运作。服务外包项目的成功,即外包后该项目系统本身的绩效表现,可成功改变组织作业流程、提升作业效率、有效达成作业目标、降低成本、提高组织成员满意度及减少冲突等,将使得整个组织的绩效水平提升。Grover(1993)以企业核心竞争力、能力、人员、经济、成本及科技等七个方面,衡量服务信息系统外包后组织所增加的利益。Grover(1996)探讨外包程度与外包成功之间的关系,以外包成功代表已实现的外包绩效。研究结果发现,系统操作、通讯管理与维护的外包程度与外包成功高度相关,供应商的服务质量及伙伴关系对外包成功有重要影响。

台湾学者徐绮忆(2007)定义外包绩效为针对特定的信息系统外包项目,企业在策略、经济、科技及行政四方面所获得的外包利益。同时,满意度也是绩效衡量的重要指标之一,顾客满意度决定于顾客所预期的产品利益的实现程度。

以信息系统外包而言,组织成员满意度是指组织成员对于外包信息系统所预期利益的实现程度,即预期和实际结果一致的程度。在信息系统外包中,加强组织信息科技能力,提升信息服务质量及满足信息需求变动,将提升组织成员的满意度,提高组织绩效,故应能弥补未直接将组织成员满意度作为衡量项目的不足。

Cooperass(2006)在其领导的 Project Newprod 研究中,从财务绩效、机会窗口和市场份额三个方面,分 10 个测度标准界定了产品创新成功的测度标准,并对各种影响因素与各绩效标准的关系进行了深入研究。陈劲、周永庆(2008)在 Cooperss 研究的基础上,对复杂产品系统创新成功的绩效测度进行了改进,把绩效分为三个维度:机会窗口、财务绩效和技术能力。

Willcocks 和 Hirschheim(1994)结合服务外包企业的研究对象的特点,将服务外包项目绩效分为机会绩效、财务绩效和技术绩效三个方面。其中,机会绩效指该产品或服务的研制能否为公司开拓新的产品范畴提供机会,提供宝贵的经验和支持。财务绩效是用来衡量服务外包成功最常用的指标,在早期的外包成败的影响因素的研究中,甚至只采用财务绩效作为唯一的成功测度标准。在这一测度标准上,Cooper(2006)用了 6 个具体的分指标,包括相对利润、相对销售额、销售额和目标销售额、利润及利润目标、盈利水平、投资回收期。但在服务外包产品系统中,由于其自身单件定制和小批量生产的特性,往往是一次性收回所有研发投入,投资回收期取决于项目的研制和交付周期。而不同的复杂产品系统项目之间不具有单纯的利润和销售额的可比性(Tones & Klepper,2008)。技术绩效(或能力)指服务外包项目是否获得成功也是测度产品创新的一个重要标准。众多的学者在研究外包绩效标准的时候,都考虑到技术因素。服务外包产品系统属于技术密集型高技术产品,因此技术能力作为衡量其成功标准显得尤为重要。

Lacity(2006)对研发合作企业间知识共享与合作绩效的考察主要从以下 6个方面进行:技术创新的速度、新产品投入市场的速度、新产品的种类、产品生产成本的降低幅度、合作满意度、合作目标达成程度。其中前 4 个属于客观绩效的测度指标,后两个属于主观绩效的测度指标。从时间和成本角度考虑,技术创新速度和新产品投入市场的速度属于时间柔性指标;新产品种类和产品成本降低幅度属于成本指标;合作满意度和合作目标达成程度属于质量指标。上述指标的选取改变了传统的企业绩效评价。传统的企业绩效评价只是对企业当期和过去绩效的评价,对于反映一个企业经济状况和发展前景的其他非财务指标未加考虑,在财务评价时间上是滞后的。本书所采取的评价方法可以从企业特性、动态的角度衡量企业的合作绩效状况,具有一定的科学合理性。

二、服务外包与外包绩效的关系研究

虽然企业界对服务外包的关注度越来越高,理论界对外包的研究越来越深入,但是在服务外包对企业绩效的影响研究方面,一般都集中在分析服务外包带来的利益和风险以及对企业业务层次绩效带来的影响上,而且比较分散、不系统,许多观点还有争议。不少学者认为,外围业务外包可以提高企业绩效(D'Aveni & Ravenscraft,1994;Ixi & Hitt,1995;Quinn,1992)。外围业务外包主要从三方面来提高绩效:一是减少企业的外围业务而集中精力于核心业务;二是外围业务外包可以极大地提高完成这些业务的质量;三是大大降低企业成本。也有部分研究表明,核心业务外包将会导致企业创新能力的降低(Teece,1987)和来自外包商的竞争(Bettis,1992;Prahalad & Hamel,1990),最终使企业绩效下降(Prahalad & Hamel,1990)。服务外包带来的成本节约和潜在收益使其成为一项颇具吸引力的选择,然而企业创新能力的下降和来自供应商的竞争,使得服务外包收益受到质疑,可见服务外包对企业绩效的影响是服务外包能否顺利进行的关键。这方面的研究受到学者们越来越多的关注。这是研究的重点。

以下是一些学者对服务外包与绩效之间关系所做过的研究及结论。如Gilley 和 Rasheed(2000)将核心业务外包强度和周边业务外包强度作为自变量,将企业绩效作为因变量,将战略、差异化战略和环境动态性作为控制变量。研究模型如图 2-2 所示,并提出四个假设:①周边业绩外包强度对企业绩效有积极作用;②业务外包强度对企业绩效有消极作用;③战略缓冲"外包—绩效"关系;④境动态性影响"外包—绩效"关系。

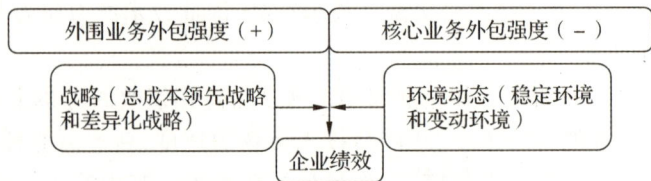

图 2-2　外包与绩效模型

Gilley 和 Rasheed 根据以上假设,通过实证研究得出的结论见表 2-7。

另外 Tornas F. Espino-Rodriguez 和 Victor Padron-Robaina 在《外包对运作目标和企业绩效影响研究》中以外包倾向度为自变量,以竞争优势和公司绩效作为因变量,提出五个假设:①管理者倾向于外包业务对运作目标"降低成本"有正面作用;②公司管理者倾向于外包公司业务对运作目标"提高质量"有正面作用;③公司管理者倾向于外包业务对运作目标"增加灵活性"有正面作用;④公司管理者倾向于外包业务对运作目标"发展服务"有正面作用;⑤公司组织绩效的提高与公司服务外包的程度成正比。此项研究确定了外包对减少成本的影响作用,但是没有证明出外包对其他战略目标的影响作用。他们认为这可能是当时外包程度还不够高的缘故。该研究还证明了外包对财务绩效有正面的影响作用。通过外包带来成本的降低,从而提高财务绩效,这与 Crilley 和 Rasheed 所得出的结论相一致。该研究模型如图 2-3 所示。

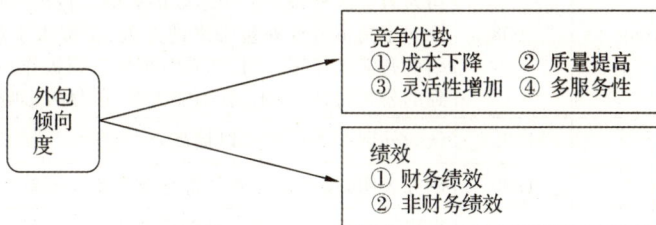

图 2-3　外包倾向度与绩效的关系模型

　　国内在这方面的研究刚刚起步,多为介绍性或阐述性文献,集中于外包的概念、特点、服务外包生成机理及服务外包实现形式等方面。同时,由于受中国经济发展特征的影响,服务外包在国内的实践才刚刚开始,缺少具体的案例,其研究对象多是国外的企业,很少涉及国内的实践现状。关于服务外包与外包绩效之间关系的国内外研究汇总如表 2-7 所示。

表 2-7　国内外关于服务外包与外包绩效之间关系的研究

作者	年份	外包成功的关键影响因素及主要观点
Quinn	1992	由于来自外包商的竞争,核心业务外包将会导致企业创新能力的降低,最终使企业绩效下降。
Tomas F. Espino-Rodriguez	2003	和 Victor Padron-Robaina 在《外包对运作目标和企业绩效影响研究》中证明了外包对企业减少成本的作用,证明了外包对财务绩效有正面的影响作用。认为通过外包,给企业带来了成本的降低,从而提高了财务绩效。
Gilley & Rasheed	2000	实证结果表明:核心外包和外围外包强度对公司总体绩效均无显著影响。以往的理论分析高估了两者的关系;外包强度与创新绩效无负相关;公司战略是外围外包、核心外包与经济绩效、创新绩效之间关系的干涉变量;环境动态性也是影响外包与绩效关系的干涉变量。
Grover, Cheon & Teng	1996	认为环境动态性是影响外包与绩效关系的干涉变量;稳定环境中利益相关者绩效与周边外包呈正相关;变动环境中利益相关者绩效与周边绩效呈负相关等结论。

续表

作者	年份	外包成功的关键影响因素及主要观点
Joong-Kun	2001	结论是物流外包对企业绩效不仅没有积极影响,而且物流外包的企业发现他们的绩效比没有外包的企业要低。同时,当物流外包作为控制变量的时候,对物流能力与企业绩效的关系有负面的影响。
Bernd Gorzig	2008	和 Andreas Stephan 通过对德国制造业的调查,研究了公司人力资源外包对公司绩效的影响。得出的结论是公司倾向于高估资源外包带来的好处;工资水平从短期看对绩效有消极作用,从长期看对绩效有积极作用;难以观察到的公司特征(技术、管理能力等)能显著影响绩效。
Bettis	1992	认为外围业务外包可以提高企业绩效。
Kotabe	1990	研究表明,核心业务外包将会导致企业创新能力的降低。
Gilley Rasheed	2000	得出了以下结论:核心外包强度与周边外包强度对总体企业绩效均无显著性影响;外包强度与创新绩效无负相关;战略是周边外包、核心外包与财务绩效、创新绩效的干涉变量;成本领先战略企业,外包强度与企业财务绩效呈正相关;非成本领先战略企业,外包强度与企业财务绩效呈负相关。差异化战略企业,外包强度与企业创新绩效呈正相关;非差异化战略企业,外包强度与企业创新绩效呈负相关。
李小卯、林则夫等	2005	对 IT 外包风险、他们的研究为深入研究 IT 外包管理提供了很好的启示,也提供了很好的研究范式。包括杨波、杨英、霍国庆、聂规划、吴锋(2001,2002,2004,2005)。
康飞	2007	研究了 IT 外包供应商的选择,构建了供应商选择的仿真模型。
Tornas F. Espino-Rodriguez	2005	认为外包使公司集中资源在核心能力上,从而提供更好的产品和服务,进而增加顾客的满意度;外包可以使公司更好地接触到知识技能更宽阔的视野,更多的创新,更高的质量和信度,以及更多的解决途径和价值增长。
樊治平、王岩等	2007	从不同角度,应用不同方法对 IT 外包决策进行研究,包括从供应链管理角度研究外包的决策与管理,从信息不对称与博弈论角度来研究定量化的决策与谈判依据;将定性与定量结合,解决 IT 外包决策中的不确定性和多因素难题等。包括马祖军、张翠华、吴锋、李怀祖、席代昭、范体军等(2003,2004,2005,2007)。
李小卯、杨波、胡浩等	2005	对 IT 外包概念、类型、意义、外包模式与条件等进行了较为全面的论述,为 IT 外包概念的引入和推介起到了较大作用,也为国内学者深入研究 IT 外包绩效奠定了概念基础。

续表

作者	年份	外包成功的关键影响因素及主要观点
朱晓驰、常丹	2005	对应用服务供应商（ASP）业务模式进行了研究，对推介ASP概念，加速企业ASP业务的发展及其与客户的合作提供了指导。
林建宗	2006	对ASP模式下的IT外包风险进行了研究，包括提供商、客户、交易关系与技术等风险因素，并提出了相应的风险缓解策略。
秦仪	2006	对IT外包服务商与客户之间的关系质量及其提升问题进行了研究。目前对银行业IT外包绩效影响因素及其管理问题研究较多。
曹青	2005	研究了中小银行IT外包的风险分析与策略；蒋丽（2005）研究了我国银行业IT外包的效应与趋势。
Lacity & Willcocks	2000	认为外包带来了满意度提高、外包商表现等绩效评价指标。
程杨	2006	对我国商业银行IT外包的适用性进行了分析。
李响	2007	认为IT外包已成为我国中小银行信息化的必由之路等。
黄婧	2006	研究了基于AHP方法的IT外包供应商选择方法。
Kern	1999	认为外包带来了战略、技术和经济三个方面的绩效。

三、外包绩效的影响因素研究

企业将服务外包，是希望通过服务外包达成企业利益。但并非所有的外包都能圆满达成目标，且外包过程常存在着不同的风险，所以，在进行外包时，有必要了解外包成功的关键因素，以降低外包的风险，提高外包的成功机会，使服务外包成为企业达成目标的工具。

对于外包绩效的研究，大多学者从外包理论出发。如徐绮忆（2007）以交易成本理论为基础，说明交易特性是信息系统外包绩效的影响因素，首先研究交易特性（资产专用性、不确定性与频率）对外包绩效的影响，然后研究合同完善程度对外包绩效的影响，信息系统外包已逐渐转变为信息的合作伙伴关系，商誉可能抑制供应商的投机行为，再加入伙伴质量与商誉。研究结果指出：信息系统外包项目的资产专用性越高，企业外包的绩效将越高；信息系统外包项目的不确定性越高，外包合同将越不完善；而外包项目的合同越完善，企业外包的绩效将越高；信息系统外包项目的合同越完善、信息系统供应商的商誉越佳，企业与供应商之间的伙伴质量将越好；而企业与供应商之间的伙伴质量越好，企业外包的绩效将越高。

但是，现有文献当中，对企业信息系统外包绩效的研究比较缺乏，企业对信息系统外包的预期效益大多集中于财务、企业再造、技术以及效率提升等方面(Lacity,Willcocks & Hirschheim,1994;Jones & Klepper,1998)。主要的研究集中在外包成功方面。外包成功代表实现外包利益,提高组织成员的满意度,最终表现于外包绩效。信息系统外包,不仅影响系统本身的运作,也影响企业的整个信息部门,甚至整个企业的运作。信息系统外包成功,即外包后该系统本身的绩效表现优秀。企业通过外包改变组织作业流程,提升组织效率,有效达成组织目标,降低成本,提高组织成员的满意度及减少冲突等,使整个组织的绩效水平提升。

Jae-Nam Lee(1999)在研究中提出,伙伴关系也是信息成功外包的关键因素。伙伴关系是由信任、了解、利益风险的分担、冲突及承诺等要素构成。而 Enrique Claver(2002)等提出影响外包成功的因素按照主次程度,如表 2-8 所示。

表 2-8　影响服务外包成功的关键影响因素

外包成功的关键影响因素	所占百分比(%)
外包商(承接方)必须了解发包商(发包方)的目标	74.3
高层主管的支持与参与	42.8
选择正确的发包商(发包方)	37.3
发包商(发包方)与外包商(承接方)之间频繁、高效的沟通与联系	37.1
外包商对发包商的问题非常关心、注意,重视	37.2
签订完善的外包合同(契约)	25.7
发包商要清楚地知道外包商打算要做什么	22.8
物超所值	22.7

Saunders,Carol(1997)研究提出信息外包成功的决定因素有外包功能形态、合作关系及合同本质三项。外包功能形态分为核心功能外包或非核心功能外包,合作关系分为合伙关系和客户厂商关系,合同本质分为严谨合同和松散合同。组织为确保外包成功,必须将各种因素综合考虑。研究结果显示:①综合考虑合作关系与合同本质,发现严谨的合同是外包成功的重要因素,伙伴关系较客户厂商关系容易达成外包成功的目标。②综合外包功能形态与合同本质发现,核心功能外包较成功,而非核心功能外包较失败,且此现象在签订松散合同时更明确,严谨的合同是外包成功的重要因素。③严谨的合同对发包商与外包商都是非常重要的。Groveretal(1993,1996)从企业核心、竞争力、能力、人员、经济、成本及科技等七个方面,衡量信息系统外包后组织所增加的利益,并研究了外包程度与外包绩效间的关系。以外包成功与否代表已实现的外包绩效的好坏。研究结果发现系统操作、通讯管理与维护的外包程度与外包绩效高

度相关,外包商的服务质量及伙伴关系对外包绩效有重要影响。

戴基峰(1997)研究交易成本、社会关系、合同模式、商誉及服务质量对软件外包满意度的影响。研究结果发现:①交易成本对外包满意度有部分影响,且交易成本的发生将促使企业与外包商维持较佳的社会关系;②企业所感受的服务质量,对外包满意度有正向的影响,同时也是社会关系对外包满意度正向影响的中介变量;③合同形式对于外包满意度有正面影响,但对投机行为却无显著的降低效果;④企业对外包商商誉的评估,是软件外包前的一项重要管理机制,因为商誉能够显著地影响外包双方的社会关系,降低外包商的投机主义,并提高企业感受的服务质量。

林奇莹(1999)以大型企业为例,将系统绩效分为信息系统外包利益及信息系统质量满意度两部分。研究结果发现:①信息系统外包程度、企业与信息系统外包商间的合作关系,与组织获益程度有显著正相关;②信息系统外包程度与外包信息系统的质量满意度并无显著的相关性;③企业与信息系统外包商间的关系与外包信息系统的质量满意度有显著的相关性。

综上所述,服务外包成功的关键因素主要可分为外包商因素(如信息技术能力,沟通能力,领导的支持等)、发包商因素(如信息技术能力,沟通能力等)、双方共同因素(外包合同的完善性,交流与沟通)及其他因素。总结各学者提出的次数及重要性区分,又以外包商因素、发包商因素、双方共同因素三项比较重要。所以通常服务外包的外包商(即承接方)应提升各项关键因素的能力,而信息外包的发包商应努力达成各项发包商的关键因素,签订严谨的合同并切实严格执行,加强双方合作关系,以达成组织目标并提升组织绩效。服务外包绩效的影响因素汇总如表 2-9 所示。

表 2-9 影响服务外包绩效的关键因素汇总

作者	年份	外包成功的关键影响因素及主要观点
姚亚萍、刘伟、付启敏	2009	验证了知识转移、伙伴关系、组织能力对信息系统外包成功的影响。
E-Nam Lee	2005	提出伙伴关系是成功信息系统外包的关键因素。
池永辉之	2006	主要因素包括外包合同内容、外包合作周期,良好的外包关系等,其中,外包合同是否明确了详尽的 IT 需求,是否包含激励性条款,是否明确了外包工作员工的数量、资质等,是否有保密条款,这些都将对 IT 外包中的知识转移产生直接影响。企业与 IT 供应商之间建立良好的外包关系能够促进两者间知识转移的顺利进行。在良好的外包关系下,企业与 IT 供应商之间的信任感增加,合作意愿增加。

作者	年份	外包成功的关键影响因素及主要观点
Somers	2008	认为高层主管的支持、项目推动者及顾问的协助、与供应商的关系、项目团队的组成、供应商的支援能力及服务品质等是影响信息系统外包的成功因素。
Enrique Claver	2006	提出了影响外包成功的因素:按照主次程度依次为供应商对外包企业的了解程度、高层主管的支持与参与、供应商的选择、供应商与外包企业的联系、签订完整的合约等。
汪克夷、陈占夺	1998	影响复杂产品系统研发绩效的因素主要包括战略管理能力、资源能力、组织能力、项目管理能力、政府支持五个方面。其中,资源层面包括 IT 因素、内部和外部知识源、内部和外部的人力资源、资金支持;组织层面包括高层领导的支持、合适的团队结构;项目管理层面包括知识管理、与杰出用户的合作、对供应商的管理能力等。
Roy & Aubert	2002	提出了影响外包成功的因素包括知识特性、任务特性、系统开发团队特性、组织特性、合作关系。
Grover	2007	证明了良好的合作关系质量是外包成功的重要影响因素。将合作关系维度定义为信任、合作、满意和沟通等维度(Anderson & Narus,2004)。
Lee	2005	指出合作关系质量是外包成功的必要条件。以信任、承诺、利益和风险共享作为合作关系质量的 5 个维度。
Goles	2006	认为合作关系质量是外包成功的重要条件。将关系维度划分为关系属性和过程,其中关系属性包含了承诺、一致、文化兼容、灵活性、相互依赖以及信任,关系过程包含了一些行为变量,沟通、冲突解决、协作、合作和集成。
Ikenaga	2009	指出合作关系质量是外包成功的重要影响因素,伙伴关系质量维度包含信任、承诺、利益和风险共享、业务理解、冲突、相互依赖等。
Leeetal	2007	研究了服务外包关系中信任的前因及其对外包成功的影响。
Mohr	2003	认为合作关系质量的维度为信任、沟通、承诺和冲突 4 个维度。
Qi Con	2006	研究了信任在成功的(2007)外包中的重要角色。
Crosby	2002	认为信任与满意通常是公认的关系质量结构的重要维度。以承诺、信任为关系质量的测量维度。它们是服务外包关系成功的重要影响因素。认为冲突会导致外包关系质量的恶化。
Mohr 等	2008	提出了成功伙伴关系的基本特征是承诺、合作、信任、沟通质量、参与及冲突的共同解决等。
Grover	2006	将信任、沟通、满意和合作等看作是合作关系的维度。

服务外包模式下组织知识共享的关键影响因素及其与外包绩效的关系研究

作者	年份	外包成功的关键影响因素及主要观点
Lane	2007	在 Lee 等(2005)的研究上进一步将伙伴关系质量的维度拓展为 6 个,即将冲突解决分为了建设性冲突和破坏性冲突 2 个。
Clark	2009	指出外包成功的关键要素总是与供应商治理联系在一起,即与供应商保持良好的合作关系,重视沟通与共享。
Rodden	2006	认为信息技术外包商和客户企业之间的文化相容性正向影响着双方的知识转移与共享及绩效。
Cooper	2000	认为沟通是外包绩效的关键因素。有效的沟通需要团队成员选择合适的信息交换媒介,促进外包绩效的提高(Dickson,Sherman,Bauer & La Ganke,2002)。
Mead	1990	认为沟通是外包绩效的关键因素。项目经理与客户间一对一的面对面交流是最不正式的。通过这种方式确定的问题要通过 e-mail 再次确定以便他们不被遗忘。
Baltes 等	2002	认为信息和沟通技术对外包绩效有重要的影响作用(J. Rodney Turner,Ralf Muller,2004;Muller,2003)。
Muller	2003	提出沟通内容和沟通媒介其实是联系在一起的。通过研究证实了沟通在项目中的关键作用,它能增进各参与人之间的联系,提高团队合作的绩效(Mc Grath & Holling shead,1993)。
Pinto JK	1987	证实了沟通的反馈机制和传递渠道在项目执行中的关键性作用。
CM Tam	2009	认为运用计算机、网络等沟通手段和渠道能够增加项目成员之间的协调性、便利性,提高沟通的有效性,最终提高绩效水平(Hu Ching Yang,Li-Jung Huang,2006;Johnson et al.,1994)。
Muller	2003	指出项目经理和客户将沟通频率区别为三种方式。持续的沟通每天一次,最少也要每周一次,这是适用于所有项目的沟通频率。
Turner	2009	提出项目经理通过各种媒介与客户沟通,可以提高绩效水平。
MI	2000	认为沟通是外包绩效的关键因素,包括正式的与非正式的沟通。
I-lutchins	2005	证明不论是高频率的沟通还是低频率的沟通都有可能降低团队的绩效,也就是说团队沟通和绩效之间存在的是曲线关系。这是因为太多的信息会使团队成员超载,从而降低绩效。同样,缺乏沟通又会导致关键信息的不足,也会降低绩效(Ralitza R. Patrashkova & Sara A. Mc Comb,2004)。
Teruyuki	2009	认为经验丰富的用户、优秀的合作伙伴(承接方或发包方)、良好的沟通能力、领导的支持等是外包绩效提高的关键因素。

服务外包模式下组织知识共享的关键影响因素及其与外包绩效的关系研究

作者	年份	外包成功的关键影响因素及主要观点
DiRomualdo & Gurbaxani	1998	对 IT 外包的战略内容进行了研究,并提出了建立外包关系的建议,即合同设计与战略意图的一致性、组织与外包商竞争力与技能的互补性、组织文化及工作实践与供应商的相融性、合同与关系设计的持续性。
Vandenberg & Rogers	2000	指出愿景、知识共享、信任、价值增长以及对过程的实施与监控是确保成功 IT 外包的关键因素。
Sung & Chung	2006	基于社会交易理论、沟通行为和交易成本理论等构建了实证研究模型,以提供一个持续选择与管理外包商的框架。
Lacity & Willcocks	1995	认为决策是影响 IT 外包绩效的一个重要环节。认为 IT 外包的最佳策略是使潜在的外包商与企业内部的 IT 部门在提供 IT 服务上不断竞争。
Ichael & Slie	2006	将外包风险类型划分为弱势管理的可能性、员工的经验欠缺、商业的不确定性、过期的技术、固有的不确定性、潜在的成本、组织失去学习能力、丧失变革能力、产生持续性"三角"关系的危险、技术的不可分割性和外包焦点的模糊性等(Willcocks & David,1996)。
Aubert	2001	与 Rivard 和 Patry(2001)采用"预期损失"的概念,将 IT 外包风险归纳为隐藏成本、契约成本、服务质量下降和组织竞争力的丧失,并且从代理人、委托人和交易三个方面研究了 IT 外包的风险因素,提出了 IT 外包风险的管理战略。
Muller	2007	分析了沟通频率与团队绩效之间的关系,他认为太过频繁的沟通不会带来高的绩效。一些研究者认为沟通频率与项目绩效之间存在的是一种线性关系(Patrashkova-Volzdoska *et al*.,2003;Katz & Tushman,1981;Ancona & Caldwell,1992)。
R. Cooperand E.	1999	认为非正式的沟通活动对项目成功来说是至关重要的。(Sommerville T. Rodden,1996)。Ware Myers(1999),Andy French,PaulLayzell(2002),Ian R. McChesney,Seamus Gallagher(2004)等专家也都在他们的研究中认为沟通活动与软件项目的成功有着密切的联系。
Sommervile	1998	将有效的沟通作为一种重要的关系规范是维系和有效执行日本商业文化等因素所造就的关系契约的必然要求。建议采取正式的和非正式的方法,鼓励员工之间的相互交流,使那些平常不在一起工作的员工能够分享各自的看法,建立相互信任的关系,最终提高绩效。
斋藤新	2010	主要因素包括与供应商之间的信任,合作意愿,与供应商的合作周期等。其中,外包合作周期是指企业与 IT 供应商的合作时间越长,越能够适应对方的工作习惯、交流方式等,协作水平越高,知识转移的效果会更好。

四、本节小结

本节首先从外包绩效的定义、内涵与测量内容进行了分析,然后通过大量的文献综述分析了服务外包与外包绩效之间的相关性研究。最后,论述了外包绩效的关键影响因素。通过本节的文献综述,基本上明确了服务外包模式下知识共享的关键影响因素。通过本节的文献综述可以得知,服务外包关系中合作关系质量、企业与客户间外包合同的完善性、领导的支持程度、企业文化特征、信息技术水平和跨文化沟通能力等 6 大要素对外包绩效有着正向的影响作用。这为本研究后面的统计分析提供了理论依据。

第四节 信任与知识共享和外包绩效之间关系的研究综述

一、信任的内涵

信任(trust)是一个跨学科(discipline)的研究概念,在诸如经济学、营销学、组织行为学、政治学、社会心理学等学科领域都有关于信任的研究出现(Rousseau *et al.*,1998)。关于信任的定义,并没有一个统一的规范,不同学者的观点也有所差异。Bradach 和 Eccles 对于信任的定义是,即使面临短期利益诱惑及长期利益的不确定性,交易伙伴也不持有投机行为的期望。Moorman(1992)等学者认为信任是指在交换关系中的一方愿意信赖有信用的交换对象。Mayer等学者对信任的定义是,在双方关系中,自愿处于一种可能受伤害的状态,原因是相信即使在缺乏控制与监督的情况下,对方仍会采取对其有利的且善意的行动。国内外关于信任的定义与内涵如表 2-10 所示。

表 2-10 信任的定义与内涵汇总

作者	年份	信任的定义与内涵
Chopra	2001	将供应链联盟中的信任定义为:每一个供应链节点企业都关心其他节点企业的福利程度;在尚未考虑他们行动对其他节点企业所产生的影响之前不会采取行动。
Riddles *et al.*	2002	将供应链信任定义为:在交易关系中,在面临风险和相互依靠的条件下,信任是一种信心,交易双方自愿地承担责任并且没有任何一方会利用对方的弱点。
殷茗、赵嵩正	2006	认为供应链协作信任就是在不完全监督条件下,成员企业认为供应链中他方能够完成其期望交易的主观信心。

续表

作者	年份	信任的定义与内涵
Bradach & Eccles	2007	即使面临短期利益诱惑及长期利益的不确定性,交易伙伴也不持有投机行为的期望。
Moorman	1992	认为信任是指在交换关系中的一方愿意信赖有信用的交换对象。
Mayer 等	1995	在双方关系中,自愿处于一种可能受伤害的状态,原因是相信即使在缺乏控制与监督的情况下,对方仍会采取对其有利的且善意的行动。
Sabherwa	1999	将信任定义为甲方拥有的关于乙方的行为会与甲方期望一致并且对甲方有利的信心。
Anderson 和 Narus	1990	认为信任是指企业 A 相信另一家企业 B 所采取的行动对于企业 A 会最终带来正面的影响,并且企业 B 不会采取最终导致负面影响的令人意外的行动。
Gefen	2003	在对各个学科有关信任研究的 43 篇文献进行分析研究后,归纳出在定义信任概念时所常用的几个关键属性,包括诚实、能力、关怀、公平等。
Mc Alloster	1995	为信任有两个主要概念,分别是对他人认知上的预期或情感上的心境以及冒险(risk-taking)的意愿或行为。
Ikenaga	2008	信任是指基于风险和相互依赖,合作双方相信另一方有能力且愿意去履行承诺,同时一方不会利用另一方的弱点去牟取私利的心理状态。

　　总的来说对于信任的概念,不同学科有着不同侧重点,包括制度因素、情感因素、情景因素和文化因素等(Barber,1983;Telser,1980)。但是几乎所有关于信任的定义中,正面期望(positive expectations)和甘愿处于易受伤害状态(willingness to be vulnerable)是其中两个最核心要素。正面期望是指 A 组织确信 B 组织的行为将会与 A 组织的利益一致(Zucker,1986)。而甘愿处于易受伤害状态被认为是潜在损失的风险,以及信任者愿意冒险让自己的利益掌握在别人的手中(Mayer,Davis,Schoorman,1995)。

　　组织信任和个体信任是信任的两种类型,Gilbert(1998)认为组织信任是员工对主管及高层经理或者企业的信任。Doney 和 Cannon(1997)等学者认为组织信任是发生在组织层面上的信任。Zaheer 等(1998)认为组织信任是组织成员共同拥有的对伙伴公司的信任导向的程度,主要表现为企业间的信任。信任被认为是个多维度的概念,许多学者都对信任进行了不同维度的划分(Lewicki,Bunker,1996;McAllister,1995)。Zucker(1986)认为信任有三种主要形式,分别是①制度型信任(institutional-based trust,IBT),即来自于以对不法行为进行惩治为特征的法律及金融体制;②过程型信任(process-based trust,PBT),

这种信任来源于过去双方的交往和声誉；③特质型信任（characteristic-based trust，CBT），特质型信任主要来源于种族及家庭关系；相对于 Zucker 提出的制度型信任、过程型信任和特质型信任，McAllister（1995）提出了另外两种类型的信任，包括：①认知型信任（cognitive-based trust），这种信任主要是基于对另一方能力的信任；②情感型信任（affective-based trust），其主要来源于社会心理上的契合。基于 Shapiro，Sheppard 和 Cheraskin（1992）等学者早期研究的基础，Lewicki 和 Bunker（1996）提出了信任的三种维度，分别是：①计算型（calculus）信任，主要来自于对可能的利益和损失的理性计算和平衡；②了解型信任（knowledge），来源于对另一方在某些方面具体信息的掌握；③认同型信任（identification），来源于对另一方的认同和认可。信任演进过程如图 2-4 所示。

图 2-4　信任演进过程

其中，计算型信任强调双方都会理性和务实地去考虑各自利益，因为在合作关系中有相应的惩罚和奖励制度去确保双方都遵守相关的约定。Shapiro（1992）最初将这种信任称为威慑型信任（deterrence based trust），随后其他学者将这一概念进行了扩展，因为计算型信任不仅仅源自于对违约行为所导致惩罚的忧虑，也来自对遵守合约所带来收益的预期（Lewicki，Bunker，1996）。计算型信任的对象是制度而非对方，因此有的学者也称之为"弱化了的信任"（Koehn，1997）。

了解型信任主要来源于在过去交往中积累的关于对方的有关信息，频繁的接触和沟通能够加深双方在需求、偏好和问题解决方式上的了解，它使得对方在未来的行为更易预测（Lewicki，Bunker，1996）。了解型信任与 Zucker（1986）提出的过程型信任及 McAllister（1995）提出的认知信任在某种程度上有些相似。在双方相互了解、信息对称、行为可预测的基础上，会产生基于了解的信任（Lewicki，Bunker，1994）。而基于了解的信任关系则更多是一种友谊般的关系，其建立在商业关系中时就超越了简单的利益关系（Koehn，1997），更多的是依赖于双方的人格等特质而非双方签订的合约。

认同型信任强调双方对于彼此需求的尊重，简单说就是双方都能有效为对方利益采取相应行为(Lewicki,Bunker,1996)。认同型信任与 Rousseau(1998)所提出的关系型信任(relational trust)以及 McAllister(1995)提出的情感性信任(affect-based trust)相似。其共同点就是双方通过长期频繁的互动在关系中建立感情。

Mackenzie 和 Hardy(1996)认为信任在关系中是不断发展的,在交易发生之前即有初始信任产生,然后随着某项交易的完成发展并且随着后续交易而增加。Achrol(1997)提出信任的三个维度从愿意冒险到对信任的确认递增。Curran(1998)提出了信任演进的四阶段模型,即从非冒险性的互动到完全信任。Curran(1998)认为在关系的不同阶段需要不同的信任维度。因此,在不同的关系演进阶段,信任产生的基础不同,信任度也应该是动态变化的。

通过实地访谈和文献研究,笔者发现在服务外包业务中发包方和承接方之间的信任关系,即会出现理性的有关风险收益的计算信任。在软件外包项目的开始阶段或者合作双方缺少成功的合作经历的时候,计算型信任是明显的,合作双方会对信任结果进行成本和利益计算,关注合作方的能力及控制机制,即经济学家所说的理性信任。而随着项目的进行,部分项目的阶段性成果得以展示,并且双方交往次数逐渐增加,双方的相互了解也加深,行为的可预测性提高,对对方行为的良好预期会让企业产生非理性的信任,即是心理学角度的信任。本书关于信任的定义是:信任是指基于风险和相互依赖,合作双方相信另一方有能力且愿意去履行承诺,同时一方不会利用另一方的弱点去牟取私利的心理状态。

二、信任的影响因素研究

社会交换理论认为信任源于双方过去的交往经验和目前的相互作用(Deutsch,1973;Rempel,1985)。社会交易理论的文献认为信任的产生有两大根源:第一是声誉,它是基于对过去或随着时间的推移持续互动所建立起的双方关系的认知;第二个信任的来源是共同的价值观,只需要通过现有交易对合作伙伴进行理解,以及通过双方进行中的交易过程来传达。价值观的共享包括双方的沟通,以及对合作伙伴目标和价值观的理解。(March & Olsen,1989;Transaction Cost Economics;Social Exchange Theory;Coleman,1990;Willianmson,1993;Hardin,1992)

国内外关于信任的关键因素的研究已经很多,主要从外包合同的规范性、企业间合作关系质量、沟通能力等方面来研究。具体归纳如下:

1.外包合同规范性对信任的影响

Goo 和 Nam(2007)对在成功的服务外包关系中合同作为信任—承诺来源

问题进行了实证研究。研究发现,正式的 IT 外包合同对外包关系管理是有帮助的。Sobrero 和 Schradar(1998)也指出程序上的合作不仅与关系行为一致,也受到正式合同的影响。Goo 和 Kichan(2007)通过实证研究对 IT 外包中正式合同对外包关系中信任和承诺的影响进行了探讨,并且研究了外包关系中信任和承诺与 IT 外包成功的关系。其研究指出结构化良好的外包合同对 IT 外包关系的影响是显著的,并且信任和承诺对外包成功都有着显著的影响。软件和 IT 系统等服务的外包与传统的产品服务外包的不同之处在于,承接方可能会做出侵犯发包方在该软件或系统中的知识产权的利己行为,进而损害发包方的利益。东软总裁刘积仁(2007)也强调软件外包对客户知识产权保护的重要性,"当一个客户把软件或者把这些任务交给你的时候,他就把他生命的一部分托付给你"。

Nguyen 和 Babar 等(2006)认为在软件离岸外包领,域规范的合同除了包括传统的合同要素外,还应该有使员工遵守公司与客户签订的保护客户的知识产权保密协议。Qu 和 Bricklehurst(2003)指出由于历史原因,西方对中国在知识产权保护上存在诸多疑虑。发包方需要耗费更多精力在知识产权保护管理和合约中对相关问题进行约束上,从而增加了交易成本。

2. 合作关系对信任的影响

McGrath 和 More 认为在合作关系中,理解基础上的信任虽然对合作双方都十分重要,但是其建立和保持却是十分困难的。Hoecht(2002)的研究也指出在战略性外包关系(Strategic Outsourcing Relationship)中,信任对于违约风险的降低能够起到帮助作用。

Zviran(2001)在对外包关系所进行的案例研究中发现,随着信任的逐步发展,组织之间会由初期的对合同的承诺过渡到长期的战略性合作伙伴。Humphrey(1990)指出信任是一份合约有效的基础,当信任关系建立之后,软件研发流程将自由度变得更大,需求将能够被更加理性地掌控,大量的耗费成本的相关文件不再是必须。然而建立和保持一个成功的外包合作关系却面临着一系列的挑战,其中包括外包双方在地理上的距离、双方工作时间窗的差异、双方文化差异性以及外包合同的不完善等。

Sabherwal(1999)曾指出"真正"的 IT 外包应该是互信信任。而这种信任并非一夜之间就能创造出来,甚至需要几年时间。他认为长期的合作关系会改善合作关系的质量,提高企业间的信任水平。Sabherwal 同时指出信任能够改善项目绩效,而彼此间不信任将危害项目的成功。合作双方彼此的不信任将使得各自将注意力集中在各自利益上。

Oza(2007)指出软件离岸外包关系中信任的构建可以分为两个阶段,即关系初始阶段对与信任的获取,以及关系进行阶段对信任的维持。Nilay Oza认为在初始阶段,发包方对承接方的信任受到一些因素影响,这些因素包括对承接方所在地的实地参观,其他发包方客户对该承接方的评价,承接方的声誉、经验、资产等,以及承接方在项目前期的表现等。对承接方的实地考察是信任构建的重要因素,通过实地考察可以更加有效地验证承接方的能力,并且如果对此满意的话将会有利于信任的建立。并且实地考察可以让双方在项目开始阶段有机会当面接触。

综合前面章节的研究我们发现,信任并非一个静态的概念,而是随着双方关系的发展而不断发展的,信任的发展会随着关系的推进逐渐由计算型到了解型最终成为认同型。Anderson和Weitz(1989)等学者认为交往中的信任是随着双方交往的加深和了解的增加而逐渐产生和深入的,信任的建立阶段和维持阶段,不同因素对信任的影响也不尽相同。Phong和Muhammad(2006)对软件外包关系中影响信任的要素进行了分析和研究,Phong等人将信任分为建立阶段和保持阶段,不同阶段的影响因素有所不同。

3.合作双方交往经验对信任的影响

Anderson和Weitz(1989)等学者认为在商业往来关系当中,相互的信任很少会自然产生,大多数是在双方长期的交往中积累起来的(Anderson & Weitz, 1989;Batt,2003;Dwyer,Schurr & Oh,1987;Lane & Bachmann,1998)。随着交往的不断增多,双方的互信了解也会增加,合作双方的交往经验不仅取决于双方合作历史长短,还包括双方在价值观、企业文化、目标共同性上的认知。Anderson和Weit等认为行为方式的一致性及目标的共同性较高且价值观相近的企业之间更加容易产生信任(Anderson & Weitz,1989;Batt,2003;Dwyer & Schurr,Oh,1987;Lane & Bachmann,1998)。Krishna(2004)在对软件离岸外包的长期研究后发现,合作双方由于来自不同文化、教育和工作背景,因此在行为规范和价值观上的差异是难以被调和的。

Terdiman(2002)从交易成本理论的角度,提出了影响发包方对承接方进行选择的关键因素。其中除了成本差异、语言障碍、政府支持程度、受教育的专业人员储备及质量管理水平等因素外,文化的匹配程度也是一个核心要素。Terdiman认为人们总是喜欢和与其有相同文化背景的人一起工作。这样更加容易实现沟通、理解和监控,进而减少契约成本。此外,相同或相似的文化背景更有可能减少机会主义,促进双方信任关系的建立(Terdiman,2002;Qu & Bricklehurst,2003)。语言障碍和文化匹配被认为是中国进入国际软件外包市场的两个最主要的障碍(Liu,2002)。然而Qu和Bricklehurst(2003)在其研究中指出,软件承接企业的规模和成熟度也是影响发包方进行外包决策时的主要参考因素。

Jap(1999)认为合作双方若有共同的目标,较容易对合作伙伴产生认同感、归属感与情感依附,而且赋予整体的合作关系较高的价值。买卖双方若具有共同的目标,双方更愿意付出努力从事协调以支持合作,且能抑制投机的动机,增强合作的意愿。

4. 外包双方的沟通对信任的影响

在管理学中,沟通(communication)是指可理解的信息或思想在两个或两个以上人群中的传递或交换的过程。即组织中某一个体或团体有需求意向要向组织中相应的沟通对象表达。沟通既可以是单纯的信息交流,也可以是思想、情感、态度的综合交流。根据参与者类型的不同,沟通可以分为三种:机—机沟通、人—机沟通和人—人沟通。管理沟通就属于其中的人—人沟通形式。

项目人员与用户进行充分有效的沟通是软件项目成功的关键因素之一(Pinto & Slevin,1987;Baccarini,1999;Hefner & Malcolm,2002;翟丽,2005)。Pinto 和 Slevin(1987)提出 10 项关键成功因素,其中的客户咨询和沟通,强调需要与客户进行充分有效的沟通,了解用户的需求。Baccarini(1999)通过改进逻辑框架方法(LFM)指出为达到项目成功的六个重要方面,其中一条就是建立一个与项目利益相关者沟通的渠道。Hefner 和 Malcolm(2002)提出了 IT 项目管理的 15 个必要步骤,其中也指出需要建立一个沟通的渠道,促进用户以及项目人员对于项目的接受。翟丽等(2005)建构了 IS/IT 项目关键成功因素理论模型,对 299 位项目经理询问各个因素对项目成功的重要性,其中项目团队与用户进行充分有效的沟通得分第二。研究指出,解决此问题的关键是在需求分析阶段,开发方与用户方进行深入的交流和沟通(刘峰,2004)。

Ralf Muller(2003)认为项目人员与用户沟通的效果不良,主要是没有注意好以下几个方面:沟通的频率、内容、方式和工具。并提出了相应的沟通模型。Eric T. G W.,Shih,S. P. 和 James J. J. 在 *The Relative Influence of Managementcontrol and User-IS Persinnel Interaction on Project Performance* 一文中将客户沟通作为客户—开发方互动的一个关键指标,研究发现客户—开发方互动对项目的绩效有显著影响,其中客户—开发方互动的质量比频率对项目绩效的影响更大。

Tushman ML 和 Scanlan TJ(2006)的研究表明项目团队对外的有效沟通取决于项目经理与客户间的良好关系。在沟通内容上要平衡技术方面和社会方面以达到有效的沟通。当沟通双方比较熟悉彼此或已经建立了一种良好的关系,并且对目标认识一致时,采用简单的沟通媒介就可以达到采用复杂沟通媒介才能达到的沟通效果(Yoo Alavi M.,2001)。Dance Fex(2007)的研究也表明这种双方的熟悉可以促进理解,并且可以增进相互间的满意度。Ralf

Mulle(2005)研究表明,IT项目经理应该致力于与客户建立一种稳定的沟通。Rober C. Martin(2008)提出的敏捷开发原则可归纳为两个方面,一方面是指开发团队与客户之间的良性互动;另一方面是指开发团队成员之间在软件不同生命周期的有效沟通和反馈。Ware Myers(1998)在《早期沟通活动是软件项目成功的关键》一文中指出,软件项目中,开发方应该帮助客户认识到软件开发是一项充满不确定性、复杂的活动,让他们意识到只有通过双方的合作、协调,项目才能成功。

Doolen等(2006)发现团队沟通与团队绩效和团队成员满意度之间存在着显著的线性关系,指出沟通对团队活动、团队管理和组织文化都有非常重要的作用。在团队内部,最具有成效并且富有效率的传递信息的方式就是面对面的沟通。而随着项目团队的变大,或是另外一些影响因素的加入(远距离或文化、语言的差异等),面对面的沟通越来越难实现,这些导致沟通的成本逐渐加大,质量也慢慢下降。极限编程尤为强调面对面的沟通,通过现场客户、站立会议、结对编程等方式来保证沟通的有效性。但现实中完全的面对面的沟通对某些团队来说是很难实现的。罗文和刘辉(2005)认为通过构建一个好的架构,明确定义各个子系统及它们之间的接口,可以有效地向不同项目组的开发人员"传达"他们需要了解的相关项目组正在进行的工作。在团队常用的沟通技术上,通过Kraut对美国某软件开发公司所做的调查研究发现,"项目文档"、"项目里程碑时间表"和"错误跟踪规程"等正式书面沟通技术落在高使用率、高评价区域内,同时非正式口头沟通技术"与同行讨论"使用频繁程度最高且被认为最有价值(Kraut & Streeler. 1995)。Andy French和PaulLayzell研究了分布式团队中的沟通与协调活动,发现将分布在各地的成员聚集在一起定时召开会议仍然很有必要。

杨昆和王二平(2004)研究了软件项目团队常进行的沟通协调活动,提出了软件开发沟通和协调模型。并且认为非正式口头沟通是我国中小软件组织最常使用,并且被认为是国内效果最好的沟通技术。

综上所述,本研究将信任的影响因素归纳如表2-11所示。

表2-11 信任的前因分析

作者、时间	自变量
Hovland,Janis & Kelley(1953)	专门技术、欺骗的动机
Johnson-George & Swap(1982)	可靠性
Jones,James & Bruni(1975)	合作方能力、个人期望相关的行为
Kee & Knox(1970)	合作方能力、动机
Larzelere & Huston(1980)	善意、诚实

作者、时间	自变量
Lieberman(1980)	合作方能力、诚实
Mishra(1996)	合作方能力、开放、同情心、可靠性
Ring & Van de Ven(1992)	正直、善意
Rosen & Jerdee(1977)	合作方能力、组织目标
Sitkin & Roth(1993)	合作方能力、共同价值观
Solomon(1960)	善意
Stricklan(1958)	善意
Royle & Bonacich(1970)	过去交往经验
Butler(1991)	有效性、合作方能力、一致性、谨慎、公平、诚实、忠诚、开放、全面信任、履行承诺、包容
Booth(1998)	诚实、可靠、合作方能力、声誉
Cook & Wall(1980)	行为可依赖性、合作方能力
Dasgupta(1988)	面对惩罚的可依赖性、遵守承诺
Deutsch(1960)	合作方能力、生产意图
Dyer & Chu(2003)	可靠、公正、善意
Farris,Senner & Butterfield(1973)	开放、情绪、新行为组织规范的实验
Frost,Stimpson & Maughan(1978)	对供方的依赖性、利他主义
Gabarro(1978)	开放、先前成果
Giffin(1967)	专家、信息来源可靠性、意图、动力、个人吸引力、名誉
Good(1988)	合作方能力、意图、供方行为说明
Hart,Capps & Cangemi(1986)	开放、一致性、价值共享、独立、反馈
Phong(2006)	文化理解、企业声誉、合作方能力、前期项目的成果
Ogitairiku(2008)	沟通、文化的理解、承接方的能力、合同的规范性、及时交付、个人关系等

三、信任对知识共享和外包绩效之间关系的研究综述

信任对供应链企业间绩效的影响是多方面的,主要表现如下。

Hagel 和 Singer(1999)等用互动成本(interaction cost)来确切地表达企业间的交易关系,互动成本既包括了交易成本,也包括了企业间的信息交换成本,企业会采取互动成本最小的方式达到自己的目标。在交易成本一定的情况下,企业间的信任程度越高,则企业间的信息交换成本就会越低,互动成本越小,这样就提高了交易成功的可能性,有助于企业盈利能力的提升。Bradach 等(2002)认为供应链企业间的信任关系是相互间共享或交易信息的必要条件,在信任的环境下成员企业可以根据这些"信息链"对市场变化做出积极反应,以降

低"牛鞭效应"带来的市场风险。相互信任是企业间长期合作的基础,也是维持伙伴成员关系持续性的关键因素。

Bradach(2008)认为信任通过提高个体知识共享的意愿而促进知识共享。对于知识共享活动而言,成员是否愿意以及在多大程度上愿意参与知识共享活动是能否进行知识共享的根本所在。当参与者愿意与他人进行知识共享时,即使这种共享非常困难,其参与者仍然有足够的动力去进行这种活动。成员参与知识共享活动的意愿高低取决于对参与知识共享活动的风险、代价、预期收益等方面的主观感受。信任能够通过影响参与者的心理过程,降低知识共享所面临的风险和代价,提高参与者感受到的预期收益,提高参与者参加知识共享活动的意愿水平,从而直接或间接地促进社会知识共享活动。

Ikenaga(2009)认为构建促进社会知识转移与共享的人际信任体系,相互信任是知识转移与共享得以进行与实现的基础,尤其是当所需转移与共享的知识由于本身的特性尚未从发送方的意识中抽象出来并编码化,以致无法加以判别,其客观性也难以得到保证的时候,彼此信任就能降低这种知识的粘度,使它比较容易被接受方接受。特别是对隐性知识而言,其转移与共享过程更是需要社会成员之间的相互信任。建立起稳固的信任关系能够有效避免信息曲解,易于消除信息和知识自由转移与共享的感情障碍,相互信任对隐性知识的有效转移与共享具有关键性作用,信任水平越高,隐性知识可获取的可能性越高,转移与共享的机会越多。从整个社会环境来看,社会凝聚力、社会文化、社会成员之间的相互关系以及社会成员的价值观构成了知识转移与共享的信任体系。Bostrom认为有效的知识共享是团体间、与人之间的一种互相理解与尊重。Huber则将这种互相的理解与尊重演化到了组织内、单位与单位之间。Tan与Margaret将这种相互间的理解应用到信息系统设计时系统分析师与使用者间的沟通互动上,他们认为这种理解强调了双方共享知识的必要。Andrews认为信任决定个体间知识共享的方式。

Spence和Helmreich指出,竞争性越强,个人越不愿意与他人共享知识;Michral认为组织成员能彼此信任,将促进组织内的知识信息共享和沟通,并有助于提高组织绩效;Tasi则认为不同的相互关系对应于不同的信任模式,进而引发不同的知识共享程度;Davenport和Prusak将知识共享过程看作是企业内部的知识参与市场的过程。David Constant,Sara Kiesler和Lee Sproull在对信息共享态度的研究中发现,人们共享知识是因为他们不仅能够得到某些个人利益,而且还可以带来组织绩效的提高。Webster(1992)认为外包双方不管是单纯的交易还是策略联盟,双方的"信任"都是影响合作能否成功的关键因素。

Sabherwal(1999)根据对18个来自不同国家的信息系统外包项目案例研

究发现,"不信任"对外包项目的执行绩效会产生明显的影响,在案例中,外包双方只从自身的利益着想,并且尽可能地寻找对方在项目中所犯的错误,以至于缺乏沟通的基础与共识,进而导致了冲突甚至项目失败。马晶和李燕萍(2006)对信任对人力资源外包成功的影响机制进行了实证研究,验证了人力资源外包中企业间的信任对企业间知识共享程度、企业间的伙伴关系和 HR 外包成功存在显著的影响。他们提出的研究框架如图 2-5 所示。

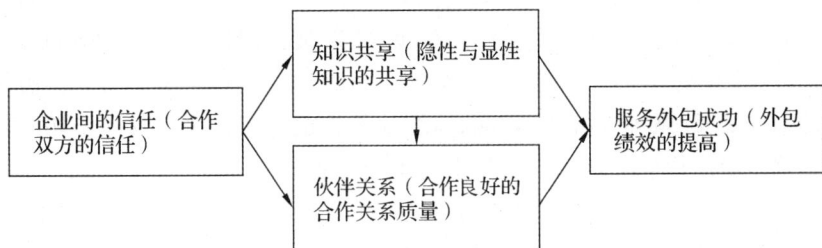

图 2-5 信任对人力资源外包成功影响研究框架

信任可以降低组织之间的交易成本,组织之间的亲和性与信任能够促进组织之间的知识与信息共享,以及企业间伙伴关系的形成,可以改善组织的绩效。Gupta 和 Raval(1999)提出了信息系统外包成功的 6 个关键因素分别是:①双方良好的沟通;②建立合作关系而非仅仅是合约关系;③相互的信任;④重视外包中人的因素;⑤对项目的管理;⑥相互的学习和知识共享。

较多学者聚焦于组织氛围和知识共享间的关系研究。Bostrom(2002)认为有效的知识共享是团体间、人与人之间的一种互相理解与尊重。Huber(2005)则将这种互相的理解与尊重延伸到了组织内单位与单位之间。Tan 与 Margaret(2006)将这种相互间的理解应用到信息系统设计时系统分析师与使用者间的沟通互动上,他们认为这种理解强调了双方共享知识的必要。Andrews(1998)认为信任决定个体间知识共享的方式。Spence 和 Helmreich(2006)指出,竞争性越强,个人越不愿意与他人共享知识;Michral 认为组织成员能彼此信任,将促进组织内的知识信息共享和沟通,并有助于组织的发展和成长;Tasi则认为不同的相互关系对应于不同的信任模式,进而引发不同的知识共享程度;Davenport 和 Prusak(2008)将知识共享过程看作是企业内部的知识参与市场的过程,与其他商品与服务一样,知识市场也有买方、卖方,市场参与者都可以从中获得好处。企业中存在一种内部的知识市场,互惠、声誉、利他在这一市场中起着支付机制的作用。同时指出,虽然知识共享与市场交易过程类似,但其中还是有差异的。David Constant,Sara Kiesler(2008)和 Lee Sproull(2007)在对信息共享态度的研究中发现,人们共享知识是因为他们能够得到某些个人利益,同时,组织绩效也会得到提高。

在企业间知识共享的环境中,信任是首要的条件,如果离开了信任,知识共享就无从谈起。正如 Kim 等人所说的企业间相互信任可以使对方感觉受到尊重,从而更愿意将自身的知识和技术与其他成员共享。然而,网络组织中企业间的知识共享涉及两个或两个以上彼此独立的企业。这些企业之间往往是既有合作,又有竞争,既有共同利益,又有自身利益,如果缺少交流与沟通,彼此间就可能相互疏远,甚至产生隔阂与误解,从而影响信任关系。同时,网络组织中的企业间在本质上是一种不完全的契约关系,对彼此间的行为缺乏强制性的约束力。因此,难免会有"搭便车"的行为发生。而这种机会主义的行为会破坏企业间的信任关系,从而对知识共享和组织绩效造成危害。由此反映出相互信任是影响网络组织中企业间知识共享和组织绩效的重要因素。

李随成,杨婷(2007)从知识共享的过程模型和知识共享的情境因素出发,分析了研发合作企业间知识共享程度与绩效的关系问题,并从逻辑上推证出具有实证意义的 12 个子命题,为研发合作企业间知识共享与合作绩效的实证研究指出了方向。

Hitt(1998)等认为 21 世纪的竞争环境中,在所有能够影响公司绩效的因素中,全球化、技术领先和知识也许是最为主要的部分(Hitt *et al.*,1999)。这三个方面是相互独立、相互作用的,从而形成公司的竞争优势(Zahra *et al.*,1999)。证据表明,在生物科技领域,技术和知识是高度相关的(De Carolis & Deeds,1999)。随着全球化市场的竞争对技术驱动依赖性的加强,技术知识对于公司实现全球目标也变得越来越重要(Boudreau *et al.*,1998)。

四、知识共享与外包绩效间关系的研究

通过文献检索发现,到目前为比,还没有关于服务外包关系企业间知识共享与绩效关系的专门研究。而这一课题无论对完善知识共享理论体系,还是指导管理理论实践,都具有十分重要的意义。在知识共享与外包绩效的关系研究中,有许多需要回答的问题,如如何衡量企业的知识共享效果、知识共享对绩效的作用方向和作用大小怎样等。

陈志祥(2007)等在激励策略对供需方绩效影响的理论与实证研究中,按照竞争要素把供应链中的供需绩效分为 4 个构面,即时间与柔性构面、成本构面、质量构面以及合作倾向性构面。

知识共享是以提高组织绩效为目的的。经过多人的研究,知识共享会促进组织绩效这一观点已基本被证实。如 Peter 以问题解决为工具,得出当知识用于问题解决、发现机会和制定决策时,可以产生经济价值的结论。Kevin 等人从质量管理与知识创新的整合角度研究其对组织绩效的影响，认为与知识创新相关的质量管理可以提高员工满意度，提升顾客价值观、减少软件产品错误率、提高生产率、周期绩效等。

从以往的研究来看，知识共享对组织绩效影响的研究大多是关注组织某一领域或者某一活动过程，因此对绩效与知识共享指标的选取也比较单一。本人认为，知识共享会全面地促进组织的绩效。借鉴以往研究的结论和组织绩效涉及的变量研究，应全面地选取组织绩效与知识共享的指标，同时考察知识共享各个维度对于组织绩效的影响。以往的定量研究大多表明，知识共享对企业绩效有直接且显著的影响。

对外包绩效的测量并没有统一的标准，有的基于市场、有的基于盈利水平。如果仅仅用财务指标来衡量知识共享能力对外包绩效的影响，结果很容易被一些不可控的商业、经济和环境因素所影响（Gold *et al.*，2001）。

从创新能力的视角，圣吉分析了知识创新与知识共享之间的关系，认为组织知识是通过协作开发人员间的交流学习而创造出来的。LeighWeiss 在通过与专业服务企业各个层次专家上百次深入的访谈，及对工作小组和项目报告的研究的基础上指出，对于知识密集型的专业服务企业，如何管理知识是竞争优势的关键来源。共享过去的经验并应用于新的情况可以提升客户价值，有利于知识创新、更好地交付服务和消除知识的重复创造。

创新是企业的生命线（Wind & Mahajan，1997）。随着客户需求的变化，竞争压力的增大和技术快速变化，创新变得越来越复杂，所需的投入越来越大，风险也越来越高（Griffin，1997），而这一切导致的结果就是，公司发现内在创新越来越困难（Moorman & Rust，1999）。随着知识共享概念的出现，人们已经常常把知识共享当作是创新的重要来源（Carneiro，2000；Dove，1999；Nonaka & Takeuchi，1995）。企业通过内部的协同效应获得新知识和新技术，并将这些知识在组织内部进行充分地共享，知识共享被认为是促进创新成功的一种有效方法（Adams *et al.*，1998）。许多学者的研究也论证了这个观点（Moorman & Rust，1999；Madhavan & Grover，1998 等）。

综上所述，可以看出知识共享能力主要对企业以下三个方面的绩效产生影响：创新性绩效、适应性绩效、效率性绩效（Gold *et al.*，2001）。本研究将采用一些更能体现知识管理能力对企业产生直接影响的定性绩效指标而非具体可量化的企业财务绩效指标来衡量知识共享能力对企业的影响。知识共享与组织绩效之间的相关研究见表 2-12。

表 2-12　知识共享与组织绩效之间关系的相关研究

作者	结果	主要观点（知识共享与组织绩效之间的关系）
Mokyr(1990)	正相关	认为技术创新是一个复杂的过程，创新产品的成功与企业的研发能力、应变能力密切相关，而这两个方面又与知识共享水平、知识员工的创新努力是密切相关的。
Bettis & Hitt(1995)	正相关	认为创新过程中包含着大量的隐性知识，难以控制，必须通过知识共享使其显性化，通过知识共享可以强化创新、驱动竞争优势、更有效地实施创新工作，并直接影响创新工作的质量与组织的绩效。
Hansen & Haas	正相关	研究表明，使用相关的高质量电子文档可以显著节约完成工作的时间，且知识共享的内容（质量和相关性）会促进工作绩效的提升。
Zarraga & Bonache	正相关	认为如果团队成员间无法实现知识共享，必将导致团队绩效的恶化。
Yang	正相关	通过对两家国际五星级酒店的案例研究，表明组织的知识共享氛围越浓，组织获得的绩效越高。
Nonaka & Takeuchi; Hong	正相关	认为内部开发人员间知识共享的能力具有较强的路径依赖性，竞争对手难以模仿。知识共享作为一种独特的、有价值的和关键的资源，对获取竞争优势及提高组织绩效极为重要。
Leslie Ra	正相关	强调知识共享能够使知识得到充分利用，从而产生协同效应。因此，组织需要充分地交流和共享知识。
金霞(2003)	正相关	将管理集成理念应用到知识共享中，指出技术、开发人员和组织这三个影响因素并非分别作为一个单独因素影响企业知识共享，而是整合为一个整体，协同作用于知识共享，从而提高绩效。
Arthur E. Gros	正相关	认为实施知识共享能够提升客户价值。指出开发人员通过将数据和信息与经验结合而产生知识，对其共享能够改进工作方法、提高产品质量、满足消费者的需求、提高组织绩效。
Nonaka(2007)	正相关	认为个体间知识共享促进了远高于个体所能达到的组织绩效的形成。
Bonache	正相关	认为异质的知识通过在个体间的传递与整合，可以形成新层次的知识，如群体知识，群体知识能带来高绩效。
Delahaye	正相关	认为个体间的知识共享有助于个体与组织的学习，而学习能力是组织绩效提高的基础。
Mokyr(1990)	正相关	认为技术创新是一个复杂的过程，创新产品的成功与企业的研发能力、应变能力密切相关，而这两个方面又与知识共享水平、知识员工的创新努力是密切相关的。

作者	结果	主要观点（知识共享与组织绩效之间的关系）
Huber	正相关	认为知识的广泛传播与共享是学习型组织知识创新的基础。
Prahalad	正相关	认为知识传播与共享是提高组织核心能力的关键因素之一。
Cornelia Droge 等	不显著	通过研究 208 家制造业，发现知识共享与应用和组织绩效之间正相关，同时发现了知识共享在企业背景变量与组织绩效之间存在完全中介效应。
Onaka	正相关	认为有效的知识共享对组织获得或保持竞争优势来说是非常重要的，知识共享与创新是企业生存和发展的核心力量，也是知识管理的根本目的。
王重托	正相关	认为组织中的知识大多是以零散的方式存在的，任何人都可能掌握所有的知识，因此，需要在知识拥有者和需求者之间发生知识共享和转移，形成组织记忆。
陈国权	正相关	认为共享知识和传递知识是人生的重要问题，应该将共享知识和传递知识作为一个专门问题来系统研究。
杜荣（2007）	正相关	在分析同一个组织中各个经营单位之间知识共享程度的度量指标和跨单位知识共享效果时，提出了一个刻画跨单位知识共享与企业绩效关系的系统化模型并研究了几种权变因素对跨单位知识共享和企业绩效关系的影响。
汤建影（2007）、黄瑞华（2008）	正相关	认为研发联盟企业间知识共享与组织绩效的考察应从客观与主观两个层次展开。
Schulz & Jobe	正相关	通过实证研究得出，知识共享策略正确选取对组织绩效有促进作用。
谢洪明等	正相关	对台湾高科技企业新软件产品开发绩效的研究发现，知识共享方法的有效利用与新软件产品开发绩效之间正相关。
McEvily & Chakravarthy	正相关	论证了技术知识的创造共享可以显著提高绩效和创新。
汤发良和宋旭琴（2002）	正相关	认为通过知识共享可以减少知识的冗余，减少信息搜索的时间，可以支持快速的、低成本的、高效的决策和问题解决过程；通过知识管理，可以改善企业的创新能力，促进创新等。
A. H. Gold	正相关	研究结果表明，组织绩效与知识共享之间存在着明确的因果关系，组织绩效可以用知识共享的结果进行比较分析，同时可以发现知识共享各个活动要素对组织绩效影响的相对大小，可以此为基础找出知识共享改进组织绩效的关键问题。

续表

作者	结果	主要观点（知识共享与组织绩效之间的关系）
Cooper,1979；Li & Calantone,1998 等	正相关	研究已经发现市场知识或员工知识的获取与创新之间有正相关的联系(Lynn et al.,2000；Tang,1999)。
Abbey 等(1983)	正相关	公司部门间合作和人力资源实践与创新是正相关的(Sethi,2000；Song & Parry,1997；Tang,1999 等)。
Tiwana	正相关	发现知识整合与软件开发的成功有着显著的正相关关系。
Capon 等(1992)	正相关	发现在研发中加强对新思想的投入会促成创新。

第五节　本章小结

　　本章首先基于探讨信任的文献,对跨企业层面的信任,多数是对战略联盟中沟通、信息交流对信任的影响机制进行探讨。然后,探讨知识共享与外包绩效的关系,尤其是跨企业层次的知识共享与外包绩效之间的关系,如研究了知识共享的影响因素和组织绩效之间的关系。此类研究的目的在于强化知识共享影响因素对组织绩效的影响。研究重点强调了知识共享影响因素及其与组织绩效之间关系。最后,研究了信任对知识共享与外包绩效之间的关系的影响。

　　本章还重点探讨了信任的影响因素及知识共享,外包绩效的关键影响因素,着重分析了知识共享影响因素之间的关系。为了明确这个影响机制,研究了大量关于各种知识共享的影响因素,如,Bennett 和 Gabriehl(2004)从组织的结构、文化、规模和环境角度分析了一些知识共享的关键影响因素。

　　通过本章的理论综述得出服务外包关系中对知识共享与外包绩效产生影响的 6 大要素,即企业与客户间的合作关系质量、企业与客户间外包合同的完善性、领导的支持程度、企业文化特征、信息技术水平和跨文化沟通能力。

第三章　理论拓展、假设提出与模型构建

本章介绍研究模型和基本假设。首先总结过去研究的进展和不足,并提出本研究拟解决的问题,在整合和拓展相关理论的基础上,理清基于企业与客户之间的外包关系、信任程度与知识共享和外包绩效的分析思路。其次,讨论研究模型中各变量之间的关系并提出相应假设。最后,在总结理论拓展和相关假设的基础上,提出本研究的理论分析框架。

第一节　过去研究的进展与有待深入研究的问题

在第二章文献整理的过程中,笔者对服务外包关系、信任、知识共享和外包合作绩效方面的研究已经进行了评述,在此把以前研究取得的进展和有待解决的问题简要总结一下。取得的进展主要有:

(1)发包方与承接方之间的服务外包关系的各要素是影响企业间知识共享与交流的重要因素。服务外包关系的各要素在知识共享以及绩效方面的研究为本书奠定了整体的理论基础。

(2)知识共享对企业绩效的作用非常大,研究角度众多,这些为研究知识共享及外包绩效的影响因素进一步提炼提供了理论依据。

(3)知识共享和信任可以整合在一个模型中,共同作为影响外包绩效的因素。

还有待深入研究的问题主要表现在下面三点:

(1)服务外包关系研究中个体层面和团体层面的研究较多,而关于服务外包组织层面的研究相对较少。服务外包关系针对不同的问题还需要进一步细化。

(2)虽然有些学者的研究为将知识共享和信任进行整合奠定了一定的理论基础,但这方面的研究还有待进一步的深入进行。

(3)从企业间信任、知识共享的角度分析了外包绩效关键影响因素的整合模式,研究了跨文化沟通、合作关系质量、外包合同、企业文化等因素与知识共

享及外包绩效之间的关系。但从总体来看,对该关系进行的研究并不多,从信任与知识共享相结合的角度进行研究还有待深入。

关于知识共享构成要素的研究很不统一,而对各要素的研究也不太深入。例如隐性知识与显性知识共享等要素本身仍然需要进行深入的研究。此外,针对特定行业(如软件外包行业)的研究相对较少。目前对服务外包关系的研究还处于起步阶段,研究方法多以案例研究为主,缺少统计分析。对服务外包关系研究的文献多数采用案例研究、理论探讨的方法,而实证性的研究相对缺乏,有必要将理论架构中相关的研究变量进行操作化度量,利用统计实证进行理论关系的探索验证,以推动此领域的研究进展。从知识共享的角度对外包绩效进行分析的研究极少,没有揭示服务外包关系中企业复杂的知识特性是知识共享难以实现的本质原因。

总体上看,我国企业知识管理研究中,理论性的文章占多数,对知识共享的概念、模式等有一定的研究工作,而将这些研究工作同实际结合的不多,在实践中缺乏对工作的指导作用。对不同类型的企业进行的知识共享研究更为缺乏,没有注重知识共享的应用情境。在特定的应用情境中,知识共享的影响因素也会不同,知识共享与绩效之间的路径关系也会改变。

现有的关于知识共享与企业绩效的研究多偏重于某一方面要素对企业绩效的影响,而没有从整体上系统地考察知识共享的影响因素及其与企业绩效之间的关系。知识共享不仅与知识本身的获取、储存、运用、传递、保护等过程有密切的关系,而且与企业的文化、企业的组织结构、基础设施和条件等都有紧密相关的联系。对服务外包尤其是软件外包领域中,知识共享和知识共享影响因素的研究极为少见,特别是统计分析更为鲜见。

第二节　本研究拟解决的问题

本书在第二章的文献综述中,已经对本研究的理论基础进行了较为详尽的分析,在总结前人研究已经取得的进展和尚存在的不足的基础上,本研究拟解决的问题可以概括如下:

(1)从组织层面对服务外包关系的各维度和作为前因变量的作用进行更为深入的分析,根据服务外包企业与客户间的研究情境,将服务外包关系的维度在本研究中提炼为企业与客户间的跨文化沟通、关系质量、企业文化特征、外包合同的完善性、领导的支持和信息技术水平 6 个维度。日本学者 Ikenaga (1998),Saitousinn(2001)等从不同的角度对六者与知识共享和外包绩效以及其他变量之间的关系进行了研究,为本研究将这 6 个方面作为影响知识共享和外包绩效的前因变量奠定了理论基础。

(2)深入分析企业间信任程度作为调节变量的作用,研究服务外包各维度与知识共享以及知识共享与外包绩效之间的关系在不同的企业间信任程度下有何差异。Zahra 和 George(2002),Anderson,Foregren 和 Pedersen(2003),Tsai(2006),Cohen 和 Levinthal(1990),Stock,Greis 和 Fischer(2001)等学者研究了信任、知识共享与绩效之间的关系。根据作者目前已阅读的文献,关于知识转移、共享与组织绩效的经验研究,大多文献中将信任作为自变量或者中间变量来处理。但是,池永辉之(2008)、何芳蓉(2005)等关于信任与知识共享和组织绩效的研究中,包含了将信任作为影响组织知识转移、共享以及组织绩效和创新过程中调节变量的论述,从理论上分析了将组织间信任作为干扰变量的可能性和可行性。Nieto 和 Quevedo(2005),Tsai(2006)则分别对信任的中介作用和调节作用进行了简单的实证分析。本书尝试将企业间的信任作为干扰变量纳入上述理论框架中,以深入地研究服务外包关系下与知识共享和外包绩效之间的内在机制并进行经验分析。

(3)构建以服务外包关系各维度为自变量,知识共享为中介变量,信任为调节变量,外包绩效为因变量的整体理论框架并进行验证。李国瑜(2005),Tsai(2008)等学者的研究为将信任和服务外包整合奠定了一定的理论基础。Autio 和 Sapienza(2001),Presutti,Boari 和 Fratocchi(2007),Ye(2005),Yli-Renko 等学者的研究则为本研究将知识共享作为中间变量和外包绩效作为结果变量奠定了理论基础。此外,Yli-Renko,Autio 和 Sapienza(2001)等学者认为企业间的合作年限会影响知识共享和效果,因为长期交往的企业与客户的沟通比较频繁,与客户建立了良好的信任关系,并积极维持与客户间的良好关系。所以本书在借鉴相关研究的基础上,将企业间的合作年限、软件企业的 CMM 水平和企业规模作为控制变量。

本研究旨在将知识共享及在知识共享的影响因素、外包绩效三个领域的理论结合起来,探讨服务外包关系环境下知识共享影响因素及知识共享能力对外包绩效的影响。验证知识共享能力、信息技术水平、文化特征等对外包绩效的作用路径。

第三节　理论拓展及研究假设的提出

在前面的理论综述中,本研究提出服务外包关系主要从企业与客户间的合作关系质量、企业与客户间外包合同的完善性、领导的支持程度、企业文化特征、信息技术水平和跨文化沟通能力 6 个方面来研究。本节下面的内容沿着服务外包关系各要素—知识共享—外包绩效关系的分析路径进行假设构建,信任对知识共享能力与外包绩效机制调节关系的假设在本节后面一并提出。

一、关系质量与知识共享之间的关系及假设

任何一个企业都不是孤立存在的,而是内嵌于由供应商、客户、竞争者和其他实体构成的关系网络中。Yli-Renko,Autio 和 Sapienza(2001)等学者认为企业可以充分利用这些外部的关系资源进行知识的获取和开发。一个企业从外部的关系方获取和开发知识的程度受内嵌于这些关系之中的社会资本数量的影响。社会资本能够提高企业与这些伙伴之间知识交流与共享的深度、广度和效率。关系质量作为社会资本的一个维度,对知识共享与组织绩效具有重大的影响。贾生华,吴波和王承哲(2007)对关系质量和知识共享及战略联盟绩效的经验研究表明,关系质量对知识共享和战略联盟的绩效具有显著的正向影响关系。林隆仪和李水河(2002)根据中国台湾地区交通部门的服务项目外包数据,认为外包双方之间的关系质量有助于降低成本,增强知识共享的效果,并提高服务的质量。Yli-Renko 等(2001)学者的研究则认为关系质量在知识交流和共享过程中起着重要作用。

目前,服务外包关系已逐渐转变为信息的合作伙伴关系。研究发现,基于信任、交流、满意与合作的、长期互动的关系对知识共享及服务外包的成功是非常关键的。加强外包商与承包商之间的伙伴关系管理,能够改善他们之间的信任程度,防止承包商采取机会主义行为侵害外包商的利益,实现双方共同赢利、共担风险、共享知识、目标资源优势互补和共同发展,提高外包绩效。Gulati 和 Westphal(1999)提出,边界人员良好的人际联系和合作关系是关于企业管理活动信息流通的渠道,能够减少企业运营和管理决策中的不确定性。边界人员之间良好的个人关系,能够促进联盟企业间的相互了解,使企业更加愿意与伙伴共享知识资源。从而建立良好的合作关系质量。

我国是关系型管理,服务外包公司的决策者较少依赖灵活性和控制来获得外包成功,而更倾向于打造关系质量,通过建立长期的信任和合作来整合外包商与承包商之间的关系以获得成功。在我国的服务外包关系中,外包商和承包商是长期合作信任的关系,他们有着共同的目标,联合财务、共同投资,并分享利益和风险。这也与我国的服务外包市场特点相一致。在这种合作形式中,双方主要通过有效的关系规范实施治理,以取得组织绩效。Goles(2007)综述了在关系营销、组织理论(组织间关系)和信息系统外包等研究领域中基于关系交易理论并涉及关系质量的 12 篇经典文献,试图识别和归纳这些领域里的主要

关系质量。结果发现,信任、交流、弹性(调整)是运用最广的三个概念,在文献中出现的频率非常高。本研究的访谈结果也发现,信任、交流和相互适应调整是对日软件外包实践中的关键要素,它们对取得外包项目成功有积极影响,可以认为是对日软件外包中关系质量的典型代表。在对日软件外包情境下,由于日本客户需求的多变性以及关系质量隐含性的特征。使得相互信任和有效的知识共享及交流对外包项目的成功具有重要的意义。同时,相互信任和有效的知识共享与交流也是关系质量赖以存在和维系的重要基础。

作为一种关系治理机制,有效的关系质量对知识共享及外包绩效有积极影响。Zhang(2009)等人发现制造商通过关系质量管理来治理其与国外分销商之间的关系,能够增加其出口交易额。Ferg Uso(2008)等也发现,关系质量管理(交流、公平、弹性等)对加拿大生物科技公司与其主要投资者之间的合作效率和绩效有积极影响。Claro(2004)等人的结论则支持了以信任、企业网络活动等为代表的关系质量管理对交易绩效(包括销售增长率和交易满意度)产生影响这一假设。国内一些学者也认识到关系质量管理对知识共享与绩效的影响,如王安宇等(2006)认为,关系质量管理对知识共享及合作研发绩效尤其是持续合作有着重要影响。

Ikenaga(2006)的研究表明,知识转移方与知识接受方之间的关系是影响知识转移与共享成功的一个重要因素。知识转移和共享需要双方经常性的交往,而成功的交往依赖双方间关系的质量。合作关系的质量可以影响知识转移方传递知识和知识接受方学习知识的努力程度,从而逆向影响知识的转移。在信息技术外包中,外包商与客户企业知识基础的差异给双方的交流带来了困难。但是,如果双方的合作关系质量较好,那么客户企业就会相信外包商会尽力帮助自己解决困难,从而愿意把自己的信息技术外包给 IT 服务商,而外包商为了维持和发展与客户企业的良好关系也会积极提供优质服务,并推动信息技术知识转移与共享。

很多研究表明 IT 伙伴关系质量与外包成功有着密切的关系。如 Grover(2006)等对 188 位企业信息技术部门高级经理的调查表明,外包的成功同外包服务商的质量,以及外包服务商与企业之间的伙伴关系质量有着很强的相关关系。Lee(2007)等对 36 家组织的调查发现伙伴关系质量与外包成功有着正向相关关系。Lee(2008)调查了 195 家韩国公共机构的信息技术部门经理,发现无论是默会知识还是明晰知识的共享都有助于外包成功,而知识共享要受到组织能力水平和伙伴关系质量的影响。Grover 等(1996)以沟通、信任、合作及满意度四个因素代表伙伴关系,研究结果指出伙伴关系与外包成功有显著相关关系。

因此,本书根据服务外包企业与客户之间的关系情境,提出如下假设:

命题1a:企业间合作关系质量越好,就越有利于提升企业隐性知识共享能力。

命题1b:企业间合作关系质量越好,就越有利于提升企业显性知识共享能力。

二、企业跨文化沟通能力与知识共享之间的关系及假设

跨文化沟通是处于两种不同社会文化背景下的企业内部或外部人员间进行的管理性质的信息沟通。对服务外包(如软件外包)企业而言,沟通能力非常关键,它让全体员工不仅要意识到国家间的差异,同时还要用一种共同的语言交流,在承认差异和要求一致之间不断保持平衡,需要员工不只简单地从单一的世界观出发处理事情,而是能理解不同的思想,并在它们之间架起桥梁。软件外包企业的研发团队需要了解来自发包方顾客的需求,而他们与这些顾客之间存在着文化差异,要正确地了解顾客的需求,需要提高自身的跨文化沟通能力(Ikenaga,2003)。

在服务外包项目管理过程中,沟通不可忽视。沟通是项目管理的核心,它贯穿于项目管理的始终。因为服务外包属于跨国际、跨文化的合作项目,在服务外包项目管理中,项目管理的成功需完全依赖良好的跨文化沟通能力与技巧,而项目管理的失败往往就是由于沟通的失败(王恢,2004)。项目经理最重要的工作之一就是沟通,通常花在这方面的时间应该占到全部工作时间的75%以上(Ikenaga,2007)。只有良好的沟通才能获取足够的信息,发现潜在的问题并控制好项目的各个方面(谢鸿,2005)。跨文化沟通对服务外包项目的影响往往是关系到项目成败的关键因素之一(许江林、刘景梅,2004)。Katz和Tushman(1979)指出频繁的沟通能提高项目的绩效。

服务外包关系属于代理关系,这种代理关系使客户与项目经理间存在一种当事人—代理关系。Bergen M,Dutta S,Walker(1992)和Jensen MC(2000)认为在项目的执行过程中,客户与项目经理之间的信息不对称,他们不知道项目经理的决策是否是最优的,是否符合自己的利益。这种不对称导致了潜在的不信任。Ralf Muller和J. Rodney Turner(2005)提出基于项目经理与客户间的当事人—代理关系的沟通模式,指出应通过一定程度的沟通来解决项目中这种信息不对称的问题。他们的研究还表明太固定的价格合同和成本合同对客户—项目经理间的沟通会产生不利影响。

由于存在不利选择和道德风险的问题,客户对项目的了解远远少于他们的代理,即项目经理。无论如何,客户都不可能知道项目经理是否和自己目标一

致。所以客户往往潜意识地对从项目经理处得来的有关项目的进程、信息和沟通是否真实可靠抱有一种不确定性。因此客户需要与项目经理沟通(Saitou,2008)。

Graham R.(2003)的研究指出,客户想从项目经理处得到的各种信息都受到项目所定合同类型的影响。Cochrane RA(1993)的研究也表明,项目的风险与所订立的合同类型相关,并且会影响到客户与项目经理间的沟通 J. Rodney Turner(2007)和 Ralf Muller(2007)在 Graham R.(2003)的研究基础上提出了客户想通过沟通获得各种信息。

Chrisanthi 等人指出沟通是企业间或部门间分享及时、有意义的正式或非正式信息的过程。外包中合作双方的沟通是企业与企业之间的一种互动关系,是外包合作双方在战略和行为上自愿相互适应对方的需要和兴趣,为了解决问题以及促进合作效率而采取的一种行为。它反映了双方自愿协调行为和共同努力实现互相目标的程度,也是实现长期合作的基础。因此,沟通不仅是维系外包合作双方关系的支撑手段,更是实现信息共享的直接途径。众多学者,如日本学者池永辉之(2008)认为沟通是知识共享的基础,在沟通时双方均企图以共享事实、观念、态度建立共同了解的基础。在外包关系中,委托方作为知识的拥有者,更多的是一种协助代工企业学习的教师的角色,而代工企业作为知识的获取者则是学生的角色。代工企业从委托方获取知识,就是一个知识拥有者将知识与需求者共享的过程。Hendriks(2007)指出知识共享本身就是一种沟通的过程,当组织成员向他人学习知识时,就是在分享他人的知识。知识的拥有者将其本身所拥有的知识外化的过程中,知识的需求者通过各种沟通方式或媒介与知识的拥有者互动,从而获得知识。通过加强沟通,首先能够减少合作过程中的冲突和摩擦,使得信息能够在企业之间顺畅地流通,并及时、妥善地解决交流过程中产生的问题,保证和协助知识尽可能完全地传递到接受方;其次,沟通有利于创造一个友好的学习氛围,帮助企业成员之间建立统一的价值观和思维方式,提高双方的亲密程度,使知识拥有者更乐意将其知识与之分享;最后,信息不对称是机会主义行为发生的重要条件,发包方相信在充分的沟通下对方的机会主义行为会减少,在一定程度上化解和消除企业知识共享的顾虑,从而减少过分的保护和防范措施,以利于对方获取和吸收知识。此外,除了企业间的沟通,企业内部部门与个人之间也需要沟通,如果组织结构过于封闭、僵化,则不利于内部成员与外部的知识源进行交流,同时部门间的交流也会受到抑制,这必然对企业的知识吸收能力产生负面影响。

从知识的转移和共享来看,尤其是隐性知识,它很难通过正式的网络进行有效的转移,而只有通过紧密的、值得信赖和持续的直接交流等非正式网络才能实现知识的传递,采取多种方法和措施为员工营造有利于发散性思维、敢于突破旧框框的环境。经验、技能属于隐性知识,难以清楚地以语言和书面形式来表达,为了在企业各部门广泛传扬成功的经验和技能,必须采取面对面的交流方式,边干边学,在实践中模仿学习,达到提高整个组织技能的目的。隐性知识只存在于在特定的组织和环境中工作的人的头脑里,植根于个人的信仰、价值观和历史等因素,只有通过对话和 story-telling 的方式来实现。管理者要有效地营造开放式对话的机会与场所,鼓励员工在工作与休闲时多与别人交谈,用形象的语言甚至是形态表演使自己的隐性知识更好地表现出来。

目前很多软件公司充分利用午餐时间,让员工在午餐时分可以互相交流,对别人的演讲与观点给予中肯的意见。另外,隐性知识的拥有者可以言传身教,学习者也可以集中注意力,通过移情进入同一情境中,更好地领会隐性知识,开放式对话机制,例如圆桌会议和头脑风暴会已经被广泛地采用,编制内部报纸和内部网络刊物也是组织内部沟通的先进手段,对知识的传播与交流有重要的作用,麦肯锡实施人格化知识管理策略便来源于对内部刊物的印制与编辑,鼓励咨询人员发表对文章和刊物的意见。

唐锦铨(2009)认为有效的沟通机制不仅是实现知识共享的一种手段,也是提高知识共享能力的途径。沟通能力的强弱直接影响沟通双方关系的复杂性和文化的相容性。由于服务外包商与客户企业的文化背景差异,这些差异不仅造成双方之间的沟通障碍,影响双方关系的复杂性,而且还使得双方的合作动机不同,客户企业希望得到外包商的信息技术知识,外包商希望获得客户企业的业务知识。合作动机的不同导致双方的努力方向产生偏差并进一步加剧双方关系的复杂性。由于信息技术外包商与客户企业具有不同的工作背景、不同的知识基础、不同的利益追求,所以在它们之间进行知识共享是非常困难的。这样沟通能力便成为影响企业信息技术外包成功的一个关键要素。沟通能力的增强可以增进双方对知识跨边界共享的认识,这对于降低组织间冲突和改善组织间关系,提高外包绩效等具有重要意义。

Hoetlier 等(2007)指出特有关系交流及合作随着时间的流逝而发展,掌握彼此第一手资讯的合作者在给最有能力的团队分配任务时始有成效,双方通过多重相互作用发展了一些探讨技术和设计问题的共同语言。Hoetler(2007)认为高效的沟通对企业与供应商绩效改善具有一定的预测作用。同供应商沟通主要有面对面沟通、电话沟通、书面沟通和信息共享四种形式,而任何一种形式的高效沟通都可以提高供应商开发以及企业—供应商绩效改善的效率。Prah Inslyi和 Benton(2004)在结构方程型中验证了两种供应商沟通策略,发现当供应商采取合作沟通策略时可以把它看作提高彼此关系的有效机制,并对供应商绩效有积极的影响。

Brian Nichols 和 Sundeep Sahay 在对许多关于国家层面以及跨文化问题文献综述的基础上,分析了文化问题对软件开发全球化的影响。在分析中,他们指出,正是印度高度竞争的文化背景,使印度人更倾向于采取顺从的姿态以融入群体中而不是与其他人产生冲突,因此在这种文化情境下人们更乐意进行知识转移与共享。我们并不能直接根据已有研究认为文化情境能直接影响知识转移,但我们可以从中得出文化情境影响发包方与接包方发送和共享知识的意愿和能力对知识共享效果的影响。本研究在对杭州滨江 10 多家软件外包公司进行访谈的过程中,大部分公司的管理人员都提到了文化对员工间知识转移意愿和能力的影响。本研究将跨文化沟通定义为"不同文化背景的企业间正式以及非正式的交流和及时的信息共享",频繁而及时的沟通很重要,因为它有助于解决争端,使双方达成一致的看法和期望,也就是说有效的沟通对成功的合作是很重要的。企业与供应商之间的有效沟通和信息交流影响他们接受对方的意愿,及进而走向合作的伙伴关系。本研究根据服务外包关系的跨国界、跨文化的沟通特征,提出如下假设:

命题 2a:企业跨文化沟通能力越强,就越有利于提升企业隐性知识共享能力。

命题 2b:企业跨文化沟通能力越强,就越有利于提升企业显性知识共享能力。

三、企业文化特征与知识共享之间的关系及假设

Prefer 和 Robert 认为组织若能支持、创造信赖的环境,再使用开放的沟通方式及授权给员工,并建立合作及互相学习的文化,则组织成员间较易产生知识共享的行为,团队工作的绩效就较佳,也较易将知识转化为行动。Heisig 和 Spellerberg 对 Arthur D. Little 公司进行知识管理个案研究,发现 ADL 公司尝试从内容、文化、流程、基础架构四个方面发展知识管理工作,认为企业文化是知识共享成功与否的一个关键因素。公司期望通过企业文化的改变及配套的激励制度,来提高员工的知识共享意愿,使知识共享活动顺利进行。

Greengard 指出知识共享需要文化上的变革,必须建立一种信赖分享、支持的企业文化。Ganesh 也指出知识的表达和意义会随着历史、文化、个人特征而有所不同。若要管理好知识,则要去注意组织的历史、既存的文化及个人的特征,他认为信任与开放的文化较适合组织成员间进行知识共享。Marilyn 也认为友善、开放与信任的企业文化,较易达成组织知识共享的目标。Schein 认为一个具有知识共享文化的组织,将个人的想法与灵感与他人分享会被成员视为

一件理所当然的事情,而非迫于无奈才与他人分享,这样,组织的创造力与学习力就在很自然的情况下产生了。

Zack 提出,为了提高知识创造、共享和利用的效果,需要一个组织氛围和奖励机制,用来评价和鼓励合作、诚信、学习和创新。Gupta 和 Govindarajan (1998)认为有效实施知识共享的必要条件是营造一个有利于知识共享的理念和环境。Wah(2000)指出一个组织必须进行流程再造,形成一个支持知识共享的文化。

现在的有关文献证实企业文化对知识共享有着积极的作用,如 Brockman 和 Morgan(2008)发现适合的文化对企业家精神和创新的积极影响,Young (2006)等人的研究表明适合的文化可以增强知识传播的效果。Gold(2004)认为影响知识共享活动的最主要因素可能就是企业文化。文化对一个企业如何管理知识,并使知识发挥作用方面起到了至关重要的作用。Davenport 认为:企业文化是组织中广泛共享与强烈认同的价值观。企业文化的组成要素,如价值观、规范以及行为等,都是影响知识共享成功与否的决定性因素。汤建影和黄瑞华(2006)对合作研发企业间的知识共享进行了研究,认为企业文化对组织间知识共享的影响主要表现在两个方面:一方面是重视人性的关怀与情感的交流、鼓励创新的企业文化会使员工之间乐于共享知识,从而加速组织内部知识的创造过程,最终使合作研发企业间共享的知识在质与量上都得到提高;另一方面,企业应当与研发伙伴间建立互信互利的文化,如果双方缺乏信任,就会互相隐藏知识,知识共享则不可能成功。

有些学者则尝试检验和建构文化与绩效的因果关系,如 Derision(2008)的强势文化假说(strong culture hypothesis),Scherwood(2007)的高承诺文化 (high commitment cultures),Sa Old(2006)的独特文化(distinctive cultures)等概念,均强调组织文化对组织绩效的正向效果,而实证研究结果也支持上述论点。Benison 和 Mishra(2006)的研究结果表明,组织中的四种文化特征,即参与性(involvement)、一致性(consistency)、适应性(adaptability)、使命(mission)与组织绩效显著相关。

在服务外包项目中,项目文化的特征是多元化,即多种文化类型并存,但有利于知识共享活动实现的项目文化难以形成。服务外包项目的跨企业性、单件小批,导致了团队成员的核心价值观不同、组织凝聚力不强、团结性差等。项目管理通常是由不同单位参与的网络组织,由于不同组织参与项目的目标不同,以及网络组织中的各种利益竞争,导致各利益相关者之间的协调极为困难。除了核心企业的文化对项目文化产生主要影响外,其他参与项目的企业的文化也会对项目文化产生很大的影响。服务外包项目的成员来自不同的企业或组织,受不同的领导控制和约束,使项目制度执行困难,从而进一步影响了知识共享以及项目知识的形成。

在阻碍企业知识共享的影响因素中,文化是关键因素,而多种文化并存意味着适合知识共享的文化很难形成。不同的文化背景、不同的宗旨和目标,削弱了知识共享和知识创造的积极性和目的一致性。多文化的知识获取,比同一文化环境下的知识获取难度更大。文化是指一个企业所特有的信仰、价值观、行为规范等。有人把它当作"没有写下来的规则"。企业文化是在特定环境中形成的,由于所处环境的差异,不同企业的文化带有不同的特征。概括起来,企业文化的特征可分为"保守"与"开放"两种类型。一般而言,保守型的企业文化限制员工的创新能力,阻碍企业间知识的流通与转换,从而增加了企业间知识共享的难度。而开放型的企业文化则鼓励员工的创新,提倡员工与企业其他的成员进行知识交流,这就必然有利于企业间的知识共享。由此表明企业的文化特征对企业间的知识共享有重要影响,企业文化的开放性越强,知识共享的效果就越大。

服务外包关系中的各成员企业来自不同的地区和国家,其自身文化背景具有很强的异质性。因此,企业间一般都存在"文化距离"。这种文化距离必然导致不同企业的员工在认识与行为规范上的差异,从而对知识共享造成影响。正如 Davenport(2006)等人所说,企业文化的组成要素(如价值观、规范以及行为等)是影响知识共享成功与否的决定性因素。

Kimball(2003)在研究知识工作者的学习态度时,发现组织文化会影响个人的学习动机、态度与成效。如果企业没有鼓励合作、参与、高信任的文化,知识管理效果将大大减弱。人际友善、开放与信任的组织文化,较易达成组织知识共享的目标。组织若能支持、创造出信赖的环境,再使用开放的沟通方式及授权,并建立合作及互相学习的文化,则组织成员间较易产生知识共享的行为,团队的工作绩效就较高,也较易将知识转化为行动。强调知识共享、组织学习,并采用激励措施、开放型的企业文化,将对组织学习、知识共享及其对外包绩效的影响关系产生影响。企业文化的学习氛围好,则知识共享对外包绩效有显著影响。

现在的有关文献证实开放的企业文化与知识管理密切相关。Benison(2006)等的研究结果表明,组织中的四种文化特征——参与性(involvement)、一致性(consistency),适应性(adaptability)、使命(mission)与组织绩效显著相关。研发团队的文化特征也包括四种文化特征。Benison(2006)认为服务外包项目团队中,文化的参与性越强,知识管理的能力就越强,员工的工作积极性越强,研发绩效越好。不同的文化背景、不同的宗旨和目标,削弱了知识共享和知识创造的积极性和目的一致性。多文化的知识获取,比同一文化环境下的知识获取难度更大。一般说来,如果成员之间对难以形成一致的价值理念存在较大的文化差异,难以协调,则势必会影响到知识管理活动和外包绩效。因此,在服务外包项目团队中,文化的一致性越强,知识管理的能力就越强,研发绩效越好。文化的适应性越好,知识管理的能力就越强,研发绩效越好。

Harpham A.(2000)认为通过企业文化的塑造,在员工心目中树立起知识共享的思想观念和行为准则,使每个员工从内心深处自觉产生为企业知识共享的强烈责任感和持久驱动力,激励员工不断地进行知识的应用、交流、共享与创新。当企业文化的价值观被员工认可和接受之后,它就会成为一种黏合剂,把全体员工凝聚在企业目标之下,调动企业各种有利于知识共享的力量,在企业知识应用、交流、共享与创新中产生巨大的向心力和凝聚力。通过这种凝聚作用,员工就把个人的思想感情和命运与企业的兴衰紧密联系起来,产生对企业的强烈的归属感,与企业同呼吸共命运。

综合以上的观点,可以说明知识共享需要依靠人与人之间的互动来进行,组织若是缺乏知识共享的企业文化、个人缺乏分享与合作的意愿,知识共享也就无法实现。可见,企业文化对于知识共享有着重要的作用。因此,我们提出:

命题3a:企业文化特征越开放,越富有创新,就越有利于提升企业隐性知识的共享能力。

命题3b:企业文化特征越开放,越富有创新,就越有利于提升企业显性知识的共享能力。

四、外包合同(契约)的完善性与知识共享之间的关系及假设

李莹和路世昌(2009)认为合同的成功订立是企业IT服务外包业务的一个基础。对合同订立的满意程度直接影响企业IT服务外包的绩效。徐绮忆(1999)研究结果指出外包合同越完善,企业外包的绩效将越高。西方很多学者也特别关注外包合同管理对企业IT服务外包的影响。他们主要采用实证研究的方法,建立在对大量企业进行实地调查的基础上,得出以下结论:以是否达到预计的成本节约作为衡量企业IT外包绩效的标准,选择性外包、短期合同、详细的收费服务合同以及新近签订的合同等,对企业绩效有着更为显著的积极影响。Saitousinn(2008)认为合同完善程度是针对信息系统外包,企业与外包商签订的合同条款在权变处理、系统管理、评量问题以及价格因素四方面规范的完善程度。合同是外包成功的最关键因素(Gras,1994)。

Saitousinn(2007)认为事先在正式的契约条款中规定好双方合作的规则和流程,有利于双方按照约定好的程序和方式进行知识交换与共享,清晰地注明

双方的权利义务不仅能够显著降低企业间的协调成本,还有利于提高联盟企业间知识共享的效率和知识的准确性。

Ogitairiku(2007)认为知识联盟各成员之间拟定详细的合约,可以在组织之间的知识共享过程中起到制度性保障作用。因此,在缔结联盟的初期,联盟成员各方就要认真谈判,就联盟的日程和宗旨、联盟各方的权利和义务等做出明确规定,签订联盟协议,以约束在合作中联盟成员为了自身的利益而阻碍知识共享的各种机会的行为。

契约机制决定和影响了战略联盟的政策和过程。它详细地写明了双方的角色、义务以及专门的程序来监督、惩罚不合作行为以保证目标的实现。Williamson(1999)提出可靠的合同需要有远见,识别出双方未来合作中的潜在威胁,制定减轻威胁的对策,从而实现共同目标。提前编写严格的合同对联盟而言非常重要,因为这样可以降低违反合同的风险并提高了法律的强制力。

根据交易成本理论,完备性高的契约可以有效地促进了联盟的知识共享,可以加强联盟的合作关系质量,避免伤害联盟合作的漏洞。它还可以有效降低危及合作的冲突。明确的契约给联盟提供一个明确的框架,确定每一方当事人的权利,以及合作和冲突解决的原则和程序。合同的完备性还能够通过协调双方的共同目标以降低管理的复杂性。完备的契约还帮助双方明确有关职责、需要和利益。对联盟企业而言,向联盟伙伴共享知识具有很高的风险,特别是在联盟关系的发展阶段,向联盟企业转移知识会造成自身企业价值的损失,降低自己在联盟中的谈判地位。而完备的契约不仅明确了合作伙伴的利益,而且会对滥用知识的行为进行惩罚,这有助于打消联盟双方企业对共享知识的顾虑,使得联盟双方的知识共享顺利进行。此外,事先在正式的契约条款中规定好双方合作的规则和流程,有利于双方按照约定好的程序和方式来进行知识交换与共享,清晰地注明双方权利义务不仅能够显著降低企业间的协调成本,还有利于提高联盟企业间知识共享的效率和知识的准确性。Gupta 和 Govindaraj(2000),Breman,Birkinshaw 和 Nobel(1997)及 Subramaniam 和 Venkatraman(2001)等学者的经验研究,也都证实了组织之间的合同的完善性与知识转移绩效之间的正相关关系。Stuart 等(1998)认为供应链内买卖双方之间的合同的完善性在推动问题解决和降低成本方面具有重要的意义。Lane 和 Lubatkin(1998),Zahra,Ireland 和 Hitt(2000)认为合作企业之间的合同的完善性可以促进知识转移。Lane 和 Lubatkin(1998),Yli-Renko,Autio 和 Sapienza(2001)认为完善性的合同可以提高双方知识交流的深度(depth)、广度(breadth)和效率(efficency)。因此,我们提出:

命题4a:企业与客户间的外包合同越完善,就越有利于提升企业隐性知识的共享能力。

命题 4b：企业与客户间的外包合同越完善，就越有利于提升企业显性知识的共享能力。

五、领导的支持程度与知识共享之间的关系及假设

作为企业的领导者，企业家在知识管理的实施过程中起着至关重要的作用，他们是知识管理的倡导者、策划者、推动者、实施者。企业中除了要有一个合格的 CKO 之外，领导的支持程度对推动知识管理及实施知识管理具有决定性作用。Ikenaga(2007)认为企业高管层对项目的关注和支持是外包项目取得成功的一条重要因素。高层管理者对项目的支持，可以使项目获得充足的资源（包括资金、人力等）。Lorsch(1986)认为领导尤其是高层领导对服务外包项目的支持不仅是资金和人力方面的支持，更多的时候体现在与外包方的沟通上。高管层的高度关注和支持，不仅表现在企业内部的特殊政策上，由于服务外包项目组一般都是跨企业的，企业之间的协调对整个项目极为重要，如果仅由项目组成员负责企业之间的沟通协调，会远不如高管层的介入，特别是当涉及关键技术转移等方面时。

很多研究结果表明，高阶主管的支持与企业培训各变量皆没有显著相关，但是高阶主管的支持与组织绩效的非财务绩效构具有显著相关，且为低度正相关；显示高阶主管对企业培训的支持程度愈高，越能激励员工的士气、提高员工的生产力，并降低员工的流动率。周欣(2002)研究指出高阶主管的支持是非常重要的，尤其对员工的激励影响是巨大的，此分析与上述结果完全吻合。此亦与 Tung-Chun Huang(2001)研究认为高阶主管的支持可能是达成培训效能最重要的因素，此分析结果大致吻合。Bollinger(2001)等人认为所谓领导的支持就是建立一种尊重知识、增强共享、留驻人才并创造忠于组织的文化氛围。而良好有效的领导方式可以营造良好的学习机制和尊重知识、忠于组织的文化氛围，有助于知识交流活动的开展。

Morris P.(1998)认为项目经理要对项目的成功负责，要确保项目与公司的战略相一致，要获得公司高层管理人员对项目投资的支持。客户提供资金，监控项目的进展，批准预算、计划里程碑及确认项目最后的完成。然而，项目的日常管理却是由项目经理而不是客户来完成的，项目经理通过管理项目来达到事先预定的目标。

黄同圳与许宏明(1996)研究指出，高层主管支持度对组织绩效有正面的影响效果。周欣(2002)研究指出，在培训活动中获得主管的支持是非常重要的，尤其是高层主管的支持对员工的激励影响是巨大的。Jack J. Phillips(1997)认

为如果得不到高层主管的大力支持,人力资源开发培训项目就无法达到其具有的潜能。Mondy 和 Noe(2005)亦认为企业培训要获得成功,高层主管的支持是必要的。高层主管在培训方面的支持,是企业经营成功的关键。有些企业的管理者认为培训的成本太高,而且短期内不易看到成效,如果没有获得高层管理的支持与承诺,组织的主要焦点可能会转到其他活动上,尤其是当组织只以短期目标为重,并且想要获得立即性结果时,就没有时间等待培训的长期效益。Jackson 和 Schuler 认为摩托罗拉、Deli、微软公司、奇异电子、通用汽车、可口可乐、Ritz-Carltion、四季与百事可乐等公司的高层主管,通过人员培训来提升经营成效的同时,也开始强调培训的重要性。Gomez-Mejia,Balkin 和 Cardy(2004)认为高层主管对培训未能提供明显的支持,则培训的效果无法转移到工作上。没有管理阶层的支持,培训者就不可能全心投入培训课程,并将所学应用在工作上。如果公司的文化抵制变化,或是员工没有足够的时间应用所学,或是工作的环境缺乏结构,则培训无法有正面的影响(胡玮珊译,2005)。因此,我们提出:

命题5a:企业领导的支持程度越高,就越有利于提升企业的隐性知识共享能力。

命题5b:企业领导的支持程度越高,就越有利于提升企业的显性知识共享能力。

六、信息技术水平与知识共享之间的关系及假设

唐锦铨(2009)认为知识库的建立可以将成员企业的隐性知识集中起来,将隐性知识编码化,使各企业的隐性知识都存储下来,而需要的企业也可以从知识库中方便地找到所需知识,达到知识共享体系的建立。池永辉之(2006)认为信息技术中支持知识共享用得最多的工具是 internet,然而信息技术对知识共享的支持作用远远超过 internet 的作用。在 Gold(2000)的"知识管理活动与组织绩效模型"中,Gold(2000)认为 IT 技术因素是在创造新知识中重要的知识设施能力之一,并进而促进研发绩效。通过利用组织中的信息和通讯系统,本来以不连续的碎片形式流动的信息和知识能够被有效地整合。这种连接可以大大地减弱企业内不同部门之间的沟通障碍。

Davenport 和 Prusak,Currie 和 Kerrin(2000)强调了信息和沟通技术的介入是促进知识共享的主要途径,认为成功的知识交换取决于组织的知识管理系统的社会和技术特性。Hendriks(1999)指出信息和沟通技术会降低知识工人间的时空障碍,使开发人员易于获得知识的信息,从而有助于知识共享。NJ-Davies(2007)等指出面对数目庞大的因特网上的信息,如何快速有效地搜索到

有用的信息成为一个正待解决的问题,利用智能代理系统可以解决这一问题。Yang(2008)给出另一个寻找同行的方法是利用本体方法制作网络标签可以在特殊兴趣小组中实现知识共享。Baalen(2007)等指出共有知识及信仰是知识共享的结果,而不是它的前提,知识共享的关键在于如何利用知识门户来促进知识共享。知识共享的实现离不开信息技术,但纯粹依靠信息技术也无法实现高效的知识共享。Uncross(2001)等指出,由于在计算机系统中知识提供者和吸收者间缺少面对面的沟通交流,这就需要组织在单纯的信息系统基础上增加知识共享文化的建设。

Ikenaga(2007)认为在服务外包项目中,项目团队的 IT 基础能力包括计算机硬件设施、专用软件、专业编程人员、外部网、内部网、与合作伙伴的专用软件匹配六个方面。Leslie P.(2006)认为在服务外包项目的开发过程中,因为软件具有内嵌性特性,使得产品研发时必须采用先进的专用软件,这要求大容量的、运行速度快的硬件,同时要求专业编程人才来操作专用软件,将专用软件的作用发挥出来。没有大容量的硬件、先进的专用软件、专业编程人员,研发设计根本无从谈起,知识的整合和共享也无法实现。服务外包项目的研发在企业内部是跨部门的,在企业之间是跨企业的。在企业内部,信息和知识的交流要在多个职能部门中进行。作为知识管理的重要部分,知识共享的实现需要依托于一定的信息技术作为基础。信息技术可以用来加速沟通,极大地促进知识共享和组织学习。由于各个企业的信息化程度不同,对信息技术的掌握程度不同,其知识管理系统的成熟程度也存在着极大的差异。在供应链企业间的知识共享和学习过程中,如果共享各方的知识管理系统的差异较大,则会极大地影响知识共享的效率。即便共享各方的知识管理系统相当,不同系统之间的蔽容问题也不容忽视。随着现代信息科学和网络技术的发展,信息技术越来越多地影响到组织的各个层次。

目前发包方在评估选择接包方时都会考虑到接包方的基础设施与技术水平,Willcocks(2006)提到接包方也要对发包方的基础设施与技术水平进行评估。接包方的基础设施越完善,技术水平越高,接包方的知识转移能力就越高,发包方越乐意对其进行知识转移。同样的,发包方的基础设施越完善,技术水平越高,发包方的知识转移能力就越高,接包方越乐意对其进行知识转移。

本研究在对杭州滨江十多家软件外包公司进行访谈的过程中,大部分公司的管理人员都有提到基础设施与技术水平是他们将公司建在杭州的重要因素。从访谈的内容来说,并不能直接得出结论:基础设施与技术水平影响着发包方与接包方发送和吸收知识的意愿和能力,从而影响知识转移。但是可以说,基础设施与技术水平在一定程度上影响着发包方与接包方发送和吸收知识的意

愿和能力及知识转移的效果。因此,我们提出:

命题6a:企业信息技术水平越高,就越有利于提升企业隐性知识的共享能力。

命题6b:企业信息技术水平越高,就越有利于提升企业显性知识的共享能力。

七、知识共享能力与外包绩效之间的关系及假设

关于知识共享与绩效之间关系的论述已经很多,其中 Norman(2004)对高科技战略联盟企业之间的知识获取、知识共享和满意度进行了研究,认为参与联盟的企业的知识共享与满意度之间正相关。Kogut 和 Zander(1992)认为组织通过知识交流和组合来进行学习和创新。Von Hippel(1988)认为客户是企业新产品开发的重要信息来源。客户可以从使用者的角度为企业提供关于产品质量改善或新的功能需求等方面的信息。Yli-Renko,Autio 和 Sapienza(2001)根据高新技术企业的研究,认为通过与顾客的关系获取知识和共享知识对高新企业的新产品开发具有重要的意义,因为高新企业的新产品开发需要对许多专业领域的知识进行整合与共享。Christine,Devinney 和 Midgley(2006)研究了网络内的外部知识共享与创新性的问题解决(creativity in problem solving)之间的关系,数据分析结果也证实了两者的正相关关系(两者之间的标准化回归系数为 0.22,$p < 0.05$)。

公司的知识也向客户转移,并使客户更加知识化。池永辉之(2008)认为向客户转移知识,能实现增值最大化和获得最高回报;开发客户关系与利用知识转移为客户增值是交织相融、密不可分的;利用知识为客户增值本身会导致更深层的客户关系,增强客户亲和性,而大范围地发展更好的客户关系又提高了知识的双向转移,这样就形成了知识转移与亲和关系的一种良性循环,每一方都可以从对方的成果中受益,双方都可以在一个正向反馈循环中相继得到发展。一旦这种动能发挥作用,便能为更密切的客户关系提供源泉,并为开展高盈利型业务提供潜能。Capon 等(1999)认为外包软件开发过程中的"知识共享"就是一个与客户之间进行知识的双向转移和知识共享的过程,通过知识共享可以使外包软件的发包方和承接方之间建立相互信任的良好关系,最终可以推动软件外包项目的顺利完成,提高外包关系中双方的绩效。

Anderson 和 West(1996)基于知识的观点认为渠道关系中的知识转移有利于提高关系双方的竞争优势。这是因为与伙伴共享产品、市场、竞争对手的知识,能够帮助供应商和经销商提高其自身技术和营销的知识能力和专业性,并对竞争对手的行为进行快速反应,过去的研究表明这些都会极大地提高双方企

业的绩效。此外,在双方的合作中共享知识可以增加成员间的相互理解,从而降低双方的协调成本。Cooper 和 Kleinsch Midt(1996)认为合作双方的收益很大程度上取决于双方企业能否产生合力。这个合力能够影响双边的协调成本,以及双方在合作中投入资源的利用效率。由于共享知识,双方从互惠的学习活动中获得了利益,就能够促进长期交易的双方绩效。

知识是组织学习和技术管理的核心问题(Oliveira,1999),如何管理知识会直接影响企业的战略选择和执行(Teece et al.,1997)。关于知识管理对技术创新的影响的研究已经有很多,例如知识对减少创新活动内外部不确定性是必要的(Moenaert & Souder,1990)。Wheel Wright 和 Clark(1992)发现不确定性与信息和知识量成反比(漏斗模型)。知识传播的成功在新产品开发中是非常重要的,而知识传播与行为又是密不可分的(Kazanjian et al.,2000;Purser et al.,1992)。技术创新过程本身可以看作是知识转换过程(Clark & Limoto,1991;Moenaert & Souder,1990),将用户需求、技术知识转入产品与工艺设计中、需要知识转换和创造性(Weerd-Nederhoi;1994),因为创造性的解决方案要求多种知识源的综合,这种综合更多地依赖隐性知识而非显性知识(Grant,1996)。

从以上这些研究我们可以发现,技术创新中的知识管理是非常有必要的(Dorothy Leonard-Burton,1995 等)。Nonaka 的 KM 理论和四个转变 model(socialization,externalization,combination,internalization)为知识管理提供了一个新的视角(Nonaka,1991,1994,1995)。因此作为企业的管理者必须要通过知识共享把技术创新与管理联系在一起,使创新的方向与企业的战略方向保持一致。

知识共享可以促进组织绩效的提高。许多实证研究都证明了这一点。McEvily 和 Chakravarthy(2007)论证了技术知识的创造和共享可以显著提高绩效和创新能力。Tiwana 发现知识整合与软件开发的成功有着强正相关的关系。

A. H. Gold(2000)等从组织能力的观点对知识管理及企业绩效进行了考察。A. H. Gold 等认为,组织基于知识管理的竞争力决定于组织的知识设施能力和知识过程能力。组织的知识管理设施能力由技术、结构、文化三个方面的能力构成。为了验证组织能力与企业绩效之间的关系,A. H. Gold 等应用 Likert 量表对上述框架中最基本的变量(技术、结构、文化、获取、转换、共享、保护)进行描述,并将该调查问卷发送于 1000 个企业的高层管理人员(回收问卷 323份)。运用 LISREL 8.1 对收集的数据进行统计处理。知识管理设施和过程的单个要素与企业绩效的关系,A. H. Gold 等的研究结果表明,组织绩效与知识管理活动之间存在明确的因果关系,组织绩效可以用知识管理活动的结果进行比较分析,同时可以发现知识管理各个活动要素对组织绩效影响的相对大小,可以此为基础找出知识管理改进组织绩效的关键问题。许多研究都表明,知识管理与新产品开发项目的成功有着强正相关关系(Freeman & Soete,1997;Carneiro,2000 等)。因此,我们提出:

命题 7a:企业隐性知识共享能力越强,就越有利于提升外包绩效。

命题 7b:企业显性知识共享能力越强,就越有利于提升外包绩效。

八、信任程度的高低对知识共享能力与外包绩效之间的调节作用

在知识管理的发展过程中,有不少学者和研究人员认为改进组织内知识共享效果的关键在于构建组织的信任机制。信任作为人类社会交往的基本准则,很早就进入了社会学者们的研究视野。Smith(1995)于 *Academy of Management Journal* 在 1995 年的组织合作关系专刊中,特别指出信任对合作的重要性与未来研究的丰富性。Camerer(1998)等在 *Academy of Management Review* 上介绍信任的观念性研究。国内也纷纷出现从华人社会的结构特征角度出发对信任进行的心理学研究(彭涧清、杨中芳,1995)和管理研究(夏侯欣鹏,2000)。信任之所以成为众所关心的主题,某种程度上反映了现实世界里对信任的强烈需要。

达文波特(Davenport,1998)在研究中指出:提升知识市场运作效率的要素中,缺乏"信任"的知识计划,注定是失败的。为了知识市场的顺利运作,他指出信任必须是全面的,信任必须从高层开始。

赫雅风、张鹏程和张利斌(2007)在《基于三因素信任模型的知识传递研究》中指出信任对知识共享与绩效具有调节作用。一方面,信任能够促进企业间合作,从而促进知识共享和提高绩效;另一方面,信任能够加强知识共享的程度,从而实现企业之间知识的有效利用,最终促进绩效的提高。在促进企业合作的方面,池永辉之(2004)从友好信任和能力信任的角度,分析了信任对知识共享的促进作用,并且指出,联盟成员对其伙伴的友好信任越多,联盟成员与其伙伴的知识共享也越多。他还通过构建基于效用的科布—道格拉斯知识效用函数,对 120 家企业进行实证调查,得出信任对知识转移具有较大的影响力,尤以情感为主的信任对知识传递意愿的影响力最大的结论。人际信任促进了企业间的信任,从而促使企业间进行合作。从知识共享的角度上来看,由于信任的促进作用,企业间的合作得以加强,因此,企业之间共享的知识增多,特别是信任使得企业的隐性知识得到有效共享。

国内外研究知识转移与共享的文献较多,而对于知识转移和共享的信任问题的研究却很少。从国外来看,较多研究者认为,要转移和共享知识必须存在

信任,信任是转移隐性知识的先决条件(Chau Vel,2008)。劳伦德和查欧维(Rolland,2006)认为信任是知识共享最为重要的先决条件之一。信任的重要性一直得到肯耐里等(Connelly & Kell Oway,2006)研究的支持,在该研究中,被调查者者普遍认为,他们仅仅愿意与信得过的人分享知识,这里涉及的是人际关系信任。IBM 公司以知识为基础的组织协会 IKO 于 2001 年通过对美国医药、银行和燃气 3 个公司的 138 名从事知识密集性工作的个人进行调查研究发现,在知识分享的过程中,信任是非常重要的,信任在加强知识转移有效性方面的作用是显著的。迪耐·福特经过有关分析提出:在很少或者没有人际关系信任的条件下,如果存在组织制度信任,将会有更多的知识转移;在很少或者没有制度为基础的信任的条件下,如果存在人际关系信任,将会有更多的知识转移;在存在不信任的条件下,知识转移会因受到阻碍而失败,这是由于恐惧、怀疑、警惕等不信任行为导致的。Ikenaga Teruyuki(2003)等研究认为,人际信任在知识转移与共享过程中扮演着十分重要的角色,它能够有效地促进知识的转移。

从国内来看,研究知识转移中的信任问题起步较晚。冯天学和田金信(2004)指出,隐性知识只有在平等、互信、合作等特定的情境中通过深入交流、体验、模仿、感悟等方式才可能发生转移与共享。魏江和王铜安(2004)通过实证研究得出影响企业知识转移的六大因素:信任、人际关系、激励机制、决策者态度、知识管理系统、知识吸收能力,这些因素分别作用于个体、群体和组织三类主体间的知识转移过程。马骏(2007)等则研究了影响知识转移成本的因素,指出信任是影响知识转移成本的因素之一。疏礼兵(2006)研究指出,知识内隐性、转移意愿、传授能力、关系信任、知识距离和吸收能力是影响团队内部知识转移的重要变量。胡厚宝、彭灿(2007)指出信任障碍是知识联盟中知识转移所面临的主要障碍之一,应将"信任建设"视作虚拟企业的生命线和首要任务,应倡导、鼓励和支持组织间的相互信任。姜海(2005)认为,建立稳固的信任关系是信息网络中隐性知识转移的主要对策。陶洋和海龙(2006)研究认为,社会关系维度涉及的主要是信任,基于信任与互惠的关系更有可能促进明确的知识转移。由此可见,国内的研究者大部分都强调人际信任对知识转移是非常重要的。

信任对社会知识转移与共享具有较大的促进作用。根据调查结果,总结前人的研究成果,基本上可以得出结论:信任是保证知识有效转移的重要基础,特别是信任在隐性知识转移与共享的过程中发挥着重要的作用。只有相互信任,转移双方相互之间才愿意敞开心扉与对方交流,知识才有可能实现快速有效的转移,信任对社会知识转移与共享具有较大的促进作用。信任分别通过直接作用和间接作用两种方式来促进社会知识转移与共享。信任对知识转移与共享的直接促进作用是指信任直接影响社会成员的心理过程和行为,从而实现对知识转移与共享的促进。例如,知识转移参与者之间具有较高的信任水平时,将倾向于对对方将来的行为做出积极的预期,因而提供方更有可能相信接受方会在将来回报自己,从而愿意将自己的知识与接受方分享;而接受方更有可能相信提供方所提供的知识具有较高的可靠性和有效性,从而敢于吸收和运用这些知识。

信任降低知识转移与共享的难度,使知识共享更容易,进行知识转移活动本身所必须面对的两个最主要的问题是,如何让人们更愿意参与知识转移活动;如何让知识转移本身变得对其参与者来说更容易。以往的研究往往从第一个问题的角度来阐述信任对知识共享的促进作用,即信任通过影响知识转移双方的情感过程、认知过程等心理过程来促使知识共享的双方都更愿意参与知识转移活动,进而实现知识转移。但不能忽视的是,信任还能够使知识共享活动对于参与双方来说变得更容易。具体来说,信任主要是通过促进知识转移双方深入沟通、信任促使提供方划清个人知识领域以及信任促进双方对对方行为更为积极。归因这 3 个方面来降低知识共享的难度,从而使知识共享过程变得更为容易。

信任是指在一个无法预测的环境中,对每一个当事人都能采取符合契约规定的行为的预期,是一种被用来应对不确定性的方法。信任缺失是联盟失败的关键因素。威廉姆森(1990)以及新制度经济学,把信任的缺失看作是交易成本的根源。在需要相互合作和相互依赖的供应链企业间的知识共享与组织学习活动中,信任是一个很重要的因素,它是供应链成员对彼此诚实、合作行为的预期。信任在知识共享中的重要性甚至超过了正式的合作程序。当知识转移的双方之间存在信任,人们更愿意给予对方有用的知识,同时也更愿意接受和吸收他人提供的知识。因此,合作伙伴间高层次的信任能够极大地促进高效的知识传递和组织学习。可见,知识共享、组织学习与研发合作绩效的关系受信任机制的调节。Ikenaga(2008)通过实证分析验证了企业间相互信任程度高低不同,则知识共享、组织学习及其对研发合作绩效的影响有显著差异的假设。

从作者现已整理的文献来看,绝大多数研究简单地把信任作为自变量来处理,关于信任如何影响绩效的深入研究并不多。其中研究信任的调节作用的研究者主要是 Nieto 和 Quevedo(2005)以及 Tsai(2006)。尤其是 Nieto 和 Quevedo(2005)的研究发现信任对技术机会和创新努力程度之间的关系有调节作用。本书对企业间信任作为调节作用假设的分析借鉴 Simonin(1999)和查金祥(2006)的研究,根据服务外包企业与客户之间的特定情境,认为信任的高低对知识共享能力和外包绩效的关系具有干扰作用。因此,我们提出:

命题 8a:信任在隐性知识的共享能力与外包绩效之间,具有调节作用。

命题 8b:信任在显性知识的共享能力与外包绩效之间,具有调节作用。

九、其他假设

1.信任程度的高低大跨文化沟通能力与知识共享能力之间的调节作用

日本学者 Nonaka(2004)认为知识共享双方相互间的信任能够促进双方之间沟通频率的提高,而双方更频繁、深入地沟通,势必会促进知识共享效果的提高。因为更深入的沟通使知识共享的双方之间能够建立更广泛的共同知识基础,从而提高双方知识共享的能力,使知识共享更容易进行。知识共享双方更深入的沟通,还可使得双方能够利用更多的沟通渠道(如书信、电子邮件、电话、面对面沟通等)和沟通媒介(如文字语言、肢体语言等),从而提高双方知识共享的能力,使知识共享更容易进行。另外,知识搜寻成本是阻碍知识转移的因素之一。解决的办法是可以让提供方划清知识领域,向外界明确自己所擅长的以及不擅长的领域,但这样也容易暴露自身的弱点。在这种情境下,信任扮演了非常重要的角色。当提供方对接受方的信任水平较高时,提供方更有可能相信接受方不会利用自己的弱点,从而敢于划清自己的知识领域。信任能够使沟通(跨文化沟通)的双方进行真实地、公平地沟通并且有助于化解沟通过程中的各种曲解。信任与沟通在一般情况下是相互促进的,基于更多的信任,企业双方可以进行有效地沟通;在沟通的基础上,双方企业得到相互更多的信任。因此,从组织的角度来看或是从跨组织企业的角度来看,信任对企业的沟通具有较大的促进作用,进而加强企业间的知识共享:一方面,信任使得知识提供者乐意提供自己的知识;另一方面,知识接受者认为信息也有较大的可信度,从而在一定程度上促进知识共享的绩效。因此,我们提出:

命题 9a:信任在跨文化沟通能力与隐性知识共享能力之间具有调节作用。

命题 9b:信任在跨文化沟通能力与显性知识共享能力之间具有调节作用。

2.信任程度的高低对信息技术水平与知识共享能力之间的调节作用

Ikenaga(2005)认为企业间信任程度的高低会影响信息技术水平与知识共享能力的关系。他认为信息技术水平如知识地图等的运用会降低接受方寻找适合知识的难度,更有利于知识共享的进行。他还认为信任对知识共享具有间接的促进作用,主要是指通过为那些在一定条件下能够促进知识共享的因素创造发挥作用的条件,从而实现其间接促进知识共享的作用。例如互联网、电子邮件系统、群件、查询检索系统、电视会议、知识库等各种信息技术和方法本身并不能直接促进知识的共享,而只有在运用这些信息技术和方法的人之间存在高度信任时,这些技术和方法才能真正对知识转移产生促进作用。因而,本研究提出:

命题 10a:信任在信息技术水平与隐性知识共享能力之间具有调节作用。

命题 10b:信任在信息技术水平与显性知识共享能力之间具有调节作用。

3.信任程度的高低在领导的支持与知识共享能力之间的调节作用

企业领导是企业文化的变革者、塑造者、倡导者和管理者。高度信任的合作伙伴之间,领导的支持更能提升知识共享的能力。企业的领导者作为企业决策者,可以从人、财、物上支持企业知识共享体系的建设。领导者能够在企业内部树立人本管理思想,克服官僚作风,尊重员工、尊重知识工作者,努力与他们进行平等对话和交流。在合作伙伴之间,领导者能够主动将自己的工作经验、工作思路与员工进行沟通,并输入到企业的知识库,可以带动更多的员工参与到这项活动中,从而在企业内形成较好的知识共享氛围和知识创新氛围。

高度信任的情况下,企业的领导会更乐意帮助员工找到解决某问题的最合适的知识专家,即使员工与专家意见不一致;领导会鼓励员工将自己的想法说出来;领导会经常组织交流会,与员工分享知识与信息;领导会鼓励员工提出解决问题的新方法,并鼓励员工将新知识用于实践,即使失败也可以容忍,等等,因此,信任程度高能够使领导更乐意去支持知识共享的实现。因此,我们提出:

命题11a:信任在领导的支持与隐性知识共享能力之间具有调节作用。

命题11b:信任在领导的支持与显性知识共享能力之间具有调节作用。

4.信任程度的高低在合作关系质量与知识共享能力之间的调节作用

知识共享活动中不可避免地存在着不确定性和因果关系的模糊性,这使得知识共享中的双方都有可能做出导致对方受到损害,或者与对方预期不符的行为,尽管有时并非有意所为,但这极易导致双方的误会,使双方停止知识共享活动,从而增加维持稳定的知识共享的难度。若双方相互间信任水平较高,则双方都更有可能将对方的行为归因于环境因素,原谅对方的不当行为,从而使得双方的合作关系更为牢固、持久。这就为知识共享活动提供了余地,降低了维持知识共享稳定进行的难度,从而促进知识共享。

Nonaka(2004)认为在高水平的友好信任下,合作伙伴相信对方与本方维持关系的目的和动机是好的,这降低了对机会主义风险的感知,增强了其在交易关系中投入更多知识资源的意愿;同时,友好信任表明合作伙伴彼此相信对方不会将知识泄漏给第三方,或以对方的利益为代价来追求自身的价值,此时,基于共同利益的考虑,合作伙伴相互间会积极向对方转移其所需要的相关知识,并会对这些知识进行详细的阐释,以使对方能更好地理解和吸收这些知识。

高度的信任使得合作伙伴之间能够建立开放和诚实的合作关系,这提高了双方的沟通效率,并由此促进了知识交流与共享。同时,开放和诚实的合作关系使得双方的边界人员能够进行频繁、紧密的交互作用,扩展了知识共享的途径。因此,我们认为,信任程度的高低会直接影响合作创新伙伴间的知识共享。

Ikenaga(2006)认为信任对知识共享的促进作用主要表现在两个方面:一

是可以减少转移者的众多顾虑,直接促进其转移行为的发生;二是提高双方的合作关系质量,从而促进知识转移行为的发生。本研究认为人际信任能够提高双方的关系质量,进而有效促进社会知识转移与共享。信任是在一定的基础上建立起来的,企业双方一开始有了初步的信任,接下来就会进行合作。在合作行为的基础上,双方企业通过观察对方的行为来明确自己的看法,尤其是在重复博弈的基础上即合作次数较多的情况下,对方的合作与公正的行为易取得合作另一方的信任,从而使双方建立深层次的信任,这将进一步提高企业之间的合作关系质量。因此,我们提出:

命题12a:信任在合作关系质量与隐性知识共享能力之间具有调节作用。

命题12b:信任在合作关系质量与显性知识共享能力之间具有调节作用。

5.信任程度的高低在外包合同完善性与知识共享能力之间的调节作用

在对待合同的态度上:根据对基于信任的交易和基于合同的交易的对比研究发现,在交易过程中,东方人把信任看作一个重要的因素,而对合同持怀疑态度。数据表明,在中国的外包关系中,信任所占的比重比合同完整性更大。这是由于信任的水平在决定合同细化的程度上起着显著的作用。对于信任的归因以及倾向于选择长期合同,就是中国人对于未来的不确定性适应的表现。

Norman(2007)指出信任有助于降低外包合同的完善性,信任能替代正式合同的监控机制,合作中的信任关系能促使企业有意愿分享知识,放宽沟通与交流的渠道,促使合同完善程度降低。就学习的角度而言,信任的气氛将有助于伙伴间信息的自由交换,因为决策者不会感到必须用完善的合同来保护自己以免因其他人的投机行为遭受损失。在缺乏信任时,伙伴不愿承担因分享有价值信息而带来的风险,因而在信息交换的准确性、广泛性、及时性上,皆处于较低的状态。

在外包项目的价格、完成期限等方面会制定严格和完善的合同(或契约)约束对方。当信任关系形成并发展出某种互动形态时,伙伴企业间会降低其合同完善方面的要求与程度。据访谈得知,信任程度高的企业之间往往不是非常注重合同的内容和具体的细节,尤其是在发包方是日方的情况下,比发包方是欧美方更不注重外包合同的完善性等。因此,本研究提出如下假设:

命题13a:信任在外包合同的完善性与隐性知识共享能力之间具有调节作用。

命题13b:信任在外包合同的完善性与显性知识共享能力之间具有调节作用。

6.信任程度的高低在企业文化的特征与知识共享能力之间的调节作用

Saitousinn(2006)认为高度的信任使合作伙伴之间能够建立开放和诚实的

企业文化关系,这样的企业文化背景下,能够促进合作双方的知识交流与提高沟通的效率,并由此促进知识共享能力的提高;同时开放和诚实的企业文化使双方的边界人员能够进行频繁、紧密的交互作用,扩展知识共享的途径。因此,我们认为,高度的信任会直接或间接通过和谐、开放与诚实的企业文化建设来促进合作创新伙伴间知识共享能力的提高。因此,我们提出:

命题14a:信任在企业文化特征与隐性知识共享能力之间具有调节作用。

命题14b:信任在企业文化特征与显性知识共享能力之间具有调节作用。

第四节 假设总结与模型构建

本章提出的28个待检验假设可以分为两类:①验证性假设,是指已经有学者做过研究,并经过基于特定背景下的经验研究得到了证实,例如假设H1a,H1b,H2a,H2b,H3a,H3b,H4a,H4b等;②探索性假设,是指虽有学者提出过,但还没有进行经验研究或者没有在本书提出的研究内容方面进行过经验研究的假设,主要是企业间信任的调节作用的相关假设,例如H9a,H9b等。本章的28个待检验假设如表3-1所示:

表3-1 本研究的待检验假设汇总

假设编号	假设内容	假设类型
H1a	企业间合作关系质量越好,就越有利于提升企业隐性知识的共享能力。	验证性
H1b	企业间合作关系质量越好,就越有利于提升企业显性知识的共享能力。	验证性
H2a	企业跨文化沟通能力越强,就越有利于提升企业隐性知识的共享能力。	验证性
H2b	企业跨文化沟通能力越强,就越有利于提升企业显性知识的共享能力。	验证性
H3a	企业文化特征越开放,越富有创新,就越有利于提升企业隐性知识的共享能力。	验证性
H3b	企业文化特征越开放,越富有创新,就越有利于提升企业显性知识的共享能力。	验证性
H4a	企业与客户间的外包合同越完善,就越有利于提升企业隐性知识的共享能力。	验证性
H4b	企业与客户间的外包合同越完善,就越有利于提升企业显性知识的共享能力。	验证性
H5a	企业领导的支持程度越高,就越有利于提升企业隐性知识的共享能力。	验证性
H5b	企业领导的支持程度越高,就越有利于提升企业显性知识的共享能力。	验证性
H6a	企业信息技术水平越高,就越有利于提升企业隐性知识的共享能力。	验证性

续表

假设编号	假设内容	假设类型
H6b	企业信息技术水平越高,就越有利于提升企业显性知识的共享能力。	验证性
H7a	企业隐性知识共享能力越强,就越有利于提升外包绩效。	验证性
H7b	企业显性知识共享能力越强,就越有利于提升外包绩效。	验证性
H8a	企业与客户间信任程度的高低,在隐性知识共享能力与外包绩效之间具有调节作用。	验证性
H8b	企业与客户间信任程度的高低,在隐性知识共享能力与外包绩效之间具有调节作用。	验证性
H9a	信任在跨文化沟通能力与隐性知识共享能力之间具有调节作用。	探索性
H9b	信任在跨文化沟通能力与显性知识共享能力之间具有调节作用。	探索性
H10a	信任在信息技术水平与隐性知识共享能力之间具有调节作用。	探索性
H10b	信任在信息技术水平与显性知识共享能力之间具有调节作用。	探索性
H11a	信任在领导的支持与隐性知识共享能力之间具有调节作用。	探索性
H11b	信任在领导的支持与显性知识共享能力之间具有调节作用。	探索性
H12a	信任在合作关系质量与隐性知识共享能力之间具有调节作用。	探索性
H12b	信任在合作关系质量与显性知识共享能力之间具有调节作用。	探索性
H13a	信任在外包合同的完善性与隐性知识共享能力之间具有调节作用。	探索性
H13b	信任在外包合同的完善性与显性知识共享能力之间具有调节作用。	探索性
H14a	信任在企业文化特征与隐性知识共享能力之间具有调节作用。	探索性
H14b	信任在企业文化特征与显性知识共享能力之间具有调节作用。	探索性

　　本研究在对前面的假设推理的基础上,根据企业与客户之间的研究情境,对服务外包关系在本研究中的构成要素进行了分析,构建了一个包括企业与客户间的服务外包关系、企业间信任程度、知识共享与外包绩效的整体理论模型,如图 3-1 所示。

　　该研究框架由自变量(服务外包的各维度)、中介变量(隐性与显性知识的共享能力)、调节变量(企业间信任程度)、结果变量(外包绩效)和控制变量(企业规模、企业与客户间的交往时间、CMM 水平)五类变量和相应的路径关系组成。与前人的研究相比,本研究框架的特点在于:

　　(1)根据第二章文献总结形成的初步分析框架,构建了以服务外包关系诸要素为自变量、知识共享为中介变量、信任程度为调节变量的整体分析框架。这样不仅可以分析服务外包关系诸要素对知识共享和外包绩效的影响,而且还可以根据信任程度的高低,分析低信任组和高信任组的企业,其服务外包关系诸要素对知识共享和外包绩效的影响差异。温忠麟,侯杰泰和张雷(2005)认为现有研究中涉及中介变量的研究相对较少,涉及变量调节作用的研究就更少了。因此,本研究也是在这方面的一个尝试。

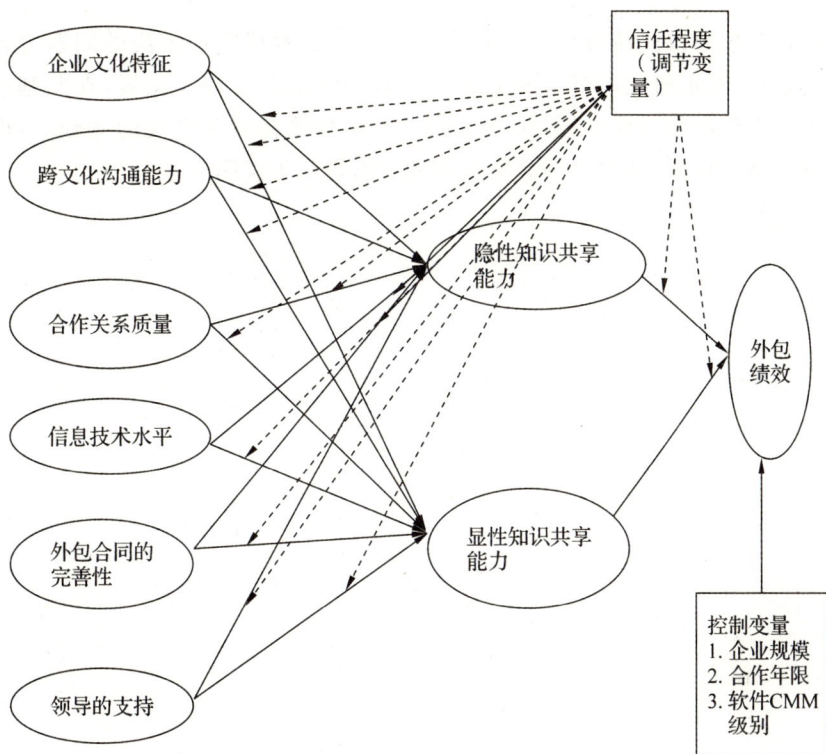

图 3-1　本研究的假设模型

(2)在文献研究的基础上,根据服务外包企业与客户之间的特定情境,本书借鉴了 Nahapiet 和 Ghoshal(1998)关于服务外包关系的研究,主要从企业与客户之间的合作关系质量、企业文化特征、领导的支持、信息技术水平、跨文化沟通能力、外包合同的完善性 6 个方面来研究。一方面保持了与前人研究的连续性,另一方面也根据本书的研究范围和目的进行了适当的改进。

(3)前人的很多研究,由于研究目的不同,而导致对各变量的研究深度也不一样。通过第二章关于服务外包关系、知识共享、外包绩效的文献总结可以看出,对知识共享能力诸要素的测量一般采取直接测量的方法。本书对知识共享能力各维度的分析与以前的研究相比更加深入,将知识共享能力的三个因素分为两个维度,即隐性知识共享能力与显性知识共享能力来分析。

第五节　本章小结

本章首先对以往研究取得的进展和不足以及本研究拟解决的问题进行了总结。其次,对本研究的理论基础进行了较为详细的说明和拓展,在此基础上提出了本书的研究假设。最后,在总结前面的理论拓展和假设的基础上,提出了本书的概念模型,并对本书研究框架的特点进行了说明。

第四章　外包软件企业知识共享的案例研究

——以杭州 H 公司为例

第一节　H 公司简介及其面临的困境

一、H 公司简介

杭州 H 软件有限公司（Hangzhou TSoft Co. Ltd.，以下简称为 H 或 H 公司）成立于 2000 年 9 月，由日本高科技企业日本 H（株）投资成立，是一家专门从事软件开发的高新技术企业，产品直接销往日本。短短的几年，和日本 NEC、东芝、日立、日本 IBM、NTTDATA、野村综合研究所株式会社、富士软件 ABC 株式会社等大公司进行合作，研究开发了许多面向日本的应用软件，产品直接销往日本；公司在开发软件的基础上，还相继成立了教育中心和测试中心。H 公司一直以来把日本企业的严谨作风和中国企业的创新精神结合在一起，总结了一套具有 H 公司特色的开发标准。为使客户满意度更上一个台阶并进一步提高员工的品质意识，加强内部管理，公司导入了质量保证体系和能力成熟度集成模型。公司已于 2002 年 11 月成功通过了 ISO 9001 认证，在 2004 年通过了 CMMI 2 认证，并在 2005 年 9 月底通过 CMMI 3 级认证，成为浙江省第一家获此荣誉的企业。公司制定了"实用主义至上"的原则，CMM 模型的引入以提升公司软件开发效率，提高软件产品质量，增强项目的可控性为核心目的，留给过程改进人员充分的时间和空间进行实践与探索。公司现有一支经验丰富、开发能力极强，具备承接国际大型软件项目的软件工程师队伍，现有员工近 300 名，其中软件开发人员 270 名，平均年龄为 26 岁。公司开发用房 3000 平方米，是浙江地区面向日本最大的软件出口公司。

二、H公司面临的困境

根据中国外包协会提供的数据,近两年来,中国外包失败率为 20%～25%,有 70%的客户抱怨承包方没有很好地理解他们的意图、费用高、服务不好等。日本科学技术联盟软件质量研究会的调查数据也显示,离岸软件外包的失败率曾一度高达 50%以上。最常见的软件质量问题包括软件产品故障率高,不能充分满足顾客的需求,成本常常超出预算,系统设计变更频繁。因文化语言的差异造成了沟通的困难,顾客的需求难以准确地把握和有效地传达等质量问题。而这些质量问题,直接导致了外包软件开发的失败。

以上这些问题在 H公司也曾发生过。2001年上半年,H公司接到了 40人月的项目(40人一个月的工作量)。当时公司员工的总体日语水平还比较低,对日软件开发的经验也非常欠缺,并且没有规范的项目管理方法,项目开展完全凭借项目组长的个人能力。项目最终用了 56人月才勉强完成,但质量仍不能满足客户的要求。

在接受这个惨痛的教训后,公司反省了失败的原因,其中一个很重要的原因就是"没有可视化的项目管理方法",之后公司展开外包软件质量保证技术的研究。然而,现有的外包软件质量保证,在技术上的主要手段是测试和复审,它们的作用是在发现及纠正错误的成本相对较小时就排除错误,但不能从根本上防止错误和缺陷的出现。在管理上的主要手段是借助 ISO 9001 和 CMM/CM-MI,这在一定程度上促进了从事软件外包企业的过程能力和软件质量的提高。但 ISO 9001 与 CMM/CMMI 都属于通用标准,所叙述的内容都具有一定的宏观性,只告诉人们"做什么",而没有说"怎么做"。而且软件外包领域的一些特殊问题和难点,不是完全依靠 ISO 9001 质量管理体系或者 CMM/CMMI 就能解决的。外包软件的质量管理还存在诸多的不足之处,如:

①语言文化差异造成沟通困难;

②软件开发质量管理水平低;

③多数软件企业标准化程度不高,过于依赖开发人员的个人能力;

④需求分析更加复杂;

⑤用户满意度的保证缺乏有效的手段。

因此,根据国内外包软件企业的实际情况和软件外包的特点,以及现有质量保证技术存在的问题,H公司与浙江大学管理学院合作研究,决定独辟蹊径——应用 QFD(质量机能展开,Quality Function Deployment)技术,融合现代质量管理方法、ISO 9001 和 CMMI 以及公司已有的质量管理标准——"开发手顺",提出一套以顾客满意为导向的外包软件质量保证技术,并开发出其支持平台。旨在利用该技术并借助其支持平台加强外包软件开发的过程管理,尤其是对顾客动态需求的准确把握,从而保证外包软件的质量和外包绩效,减少产品故障率、降低开发成本、提高顾客满意度。

软件开发企业是知识密集型企业,对软件外包项目开发过程中的方法、工具、文档资料以及员工的经验、技能等知识的管理就是知识管理的核心内容。公司深刻认识到组织的知识不仅来自组织内部员工的知识,更多的来自客户方面的知识。在软件外包开发过程中,理解客户需求方面尤其应该重视来自客户的知识,对这些知识的吸收与共享是知识管理的重中之重。公司只有开展公司内部员工之间及员工与客户之间的知识共享才能提高软件外包项目的绩效,只有这样才能改变 H 公司当前的困境。

公司根据软件外包开发过程的特点,通过多种沟通方式及时、正确地获取顾客的需求,将顾客的需求转化为技术需求,并将来自顾客的隐性和显性知识进行互换,将其进行文档化、制度化,实现对软件开发过程中的方法、规范等知识的管理。公司通过获取和管理这些知识,实现知识在员工之间的交流、共享,有利于员工进行知识创新,最终提高外包绩效。

第二节　H 公司知识共享的实施过程

一、基于差异认知的知识共享思想导入过程

软件外包开发过程中,文化、知识背景、语言等方面的差异会对外包项目的绩效起一定的障碍作用。因此,在外包实施过程中,要想跨越这些障碍,应该认知这些差异,并在认知这些差异的基础之上,设计出双方都能接受的、跨越双方判断基准差异的"过程共享"流程。所有这些都要求在公司内部彻底实施知识共享管理,提高知识共享能力,认知双方的各种差异,并把这些差异输入到公司的数据库,实现知识的及时获取、应用、共享、整合及保护等知识管理过程。"过程共享"也就是知识共享。

H 公司始终以顾客至上为目标,通过客户关系的管理从客户那里及时地获得有效的软件需求知识。认为顾客是公司赖以生存、发展的基础,同时也是知识获取的重要来源。公司无条件地满足顾客的要求,这是公司质量管理的最高目标。公司坚持品质第一、追求可靠的质量、提供完美的服务,是赢得顾客满意度的唯一方法。

H 公司首先承认双方的差异,在差异认知的基础上,建立"过程共享"流程,

了解双方的差距,并采取过程共享流程的方式来弥补这些差距,为双方直接开展业务奠定基础。公司为了使顾客能认知双方的各种差异,先让顾客来公司了解本公司的业务水平和程度,让顾客把握本公司与顾客公司的差距,这些差距包括双方的文化差异、判断基准的差异等。顾客在把握双方差距的基础上,再开展双方的业务,使双方的业务顺利进展,并取得成功。

H公司自行设计的并在实践中不断改进和运用的"开发手顺"以及《品质管理手册》,把来自日本的软件开发工程分解成各个部分,每个员工负责各自的一部分,并完全按照"开发手顺"的具体流程来开展编程、系统设计、测试等工作。实践证明,该理论已经在H公司取得了实质性的成功。另外,在国外如印度善于把承接来的外包业务,通过在公司内部细分成各个部分,如同机器的小零件一样,让每个员工各自负责一小块内容,然后按照公司制定的流程(类似于"过程共享"流程)来进行具体的操作。这样做,即使员工没有相应的外语能力和文化背景,也能把项目做好。

本研究中的"过程共享"一方面是指团队内部成员之间关于显性知识(软件开发过程,开发手册等)及隐性知识(开发团队成员的开发经历和开发经验等)的共享;另一方面是指与顾客之间的隐性知识(如客户需求、顾客爱好等)和显性知识的共享。其中,相对团队内部来说,与客户之间的知识共享会变得更加困难。要和顾客进行有效的知识共享就需要开展顾客关系管理。外包过程中的知识共享,则是指发包方与承接方的成员间交流彼此的知识,使知识在外包过程中得到传播、扩散,在更大的范围中得到充分的利用。

H公司在软件外包开发过程中,发包方(即来自日本的客户)作为重要的顾客,对H公司(作为承接方)来说经营好与日本客户的良好客户关系,有效地开展与客户之间的知识共享,对软件项目的顺利开发,正确、及时地了解发包方的客户需求都有重要的意义。

H的开发团队成员通过与客户的接触,了解客户在使用软件产品或服务中遇到的问题和对软件产品或服务的意见或建议,并帮助他们加以解决。同时,通过与客户交流,了解他们的相关信息,建立客户资料库,并可以从中获得大量针对性强、内容具体、有价值的市场信息,对客户的知识进行深度挖掘,在此基础上为客户提供"一对一"的个性化服务,甚至可以作为本公司各种经营决策的重要依据,并拓展新的市场需求。H开展了知识管理背景下的知识共享流程图(如图4-1所示)。H公司首先创建了客户数据库,从客户那里获取信息,这些信息是公司与客户间进行联系的所有信息,包括客户购买的软件产品、联系电话、评价,甚至客户的不满,也包括客户的个人信息比如年龄、性别、收入、嗜好、兴趣等。获取了这些客户信息之后,公司开始对该信息进行编码处理,并将信息转化为知识,从而与客户建立良好的、互相信任的关系。这些客户信息与客户知识的存储是为了在公司内部开展有效的共享和交流,只有实现信息与知识的充分共享,才能使外包产品的质量得以保证。H 公司通过客户知识可以很好地处理客户对软件产品或服务的抱怨或投诉,公司同时也发现客户知识的闪光点。

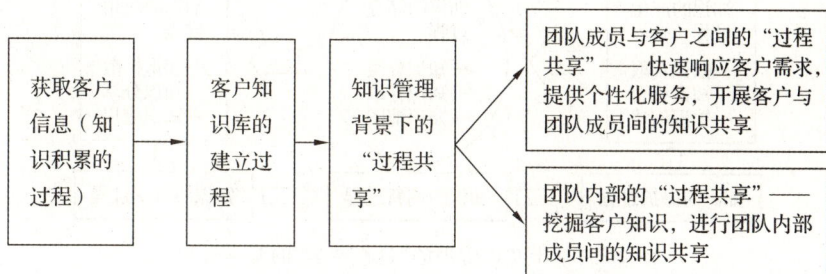

图 4-1　知识管理背景下的"过程共享"

H 公司为了更好地满足客户的需求,导入了知识管理的理念和技术,建立了客户关系管理。公司将知识管理和客户关系管理整合到一起,增加了公司对客户信息分析和契合的深度,通过在与客户互动的交往过程中创建、交流、应用和共享知识来增加价值和维持公司核心竞争优势。公司通过对知识管理和客户关系管理的整合,应用客户知识和渠道关系来传递优良的服务,保持客户的忠诚,实现利润的最大化。公司的知识共享管理框架如图 4-2 所示。

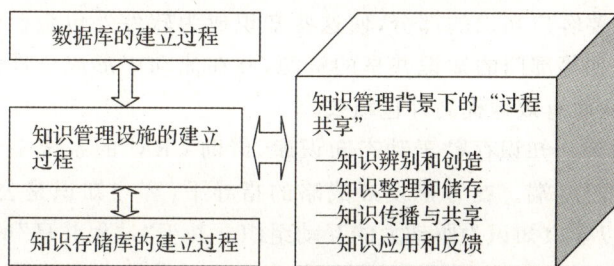

图 4-2　知识管理背景下的"过程共享"框架

客户知识管理中的基本信息有大量的记录可供用户共享,这些信息主要是客户信息、联系人信息、服务项目信息、在整个客户生命周期中同客户交往的过程信息(如电话、电子邮件、面谈、建议书)、竞争对手信息。公司通过对这些信息的记录和共享,可达到 3 个方面的目的:防止信息的丢失、知识积累、重点客户的跟踪监控。H 公司中的客户信息就像原材料一样,被专门的组织进行整理、分析并可以在组织内部形成共享,从客户信息转化为客户知识。通过客户知识管理可以有效地获取、发展和维系有利于来自客户的知识与经验。客户、客户知识和客户知识管理处在一个开放的循环体系中,公司运用这个循环体系中的客户知识,从客户关系中获得最大收益。

H 公司基于差异认知的知识共享的基本过程如图 4-3 所示。

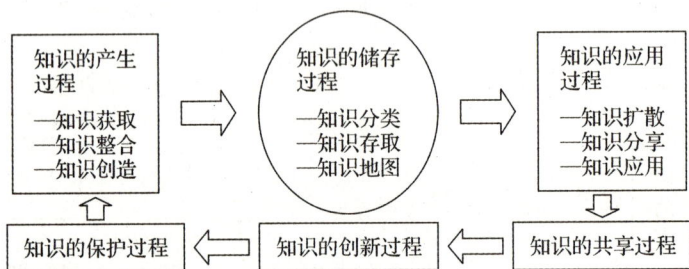

图 4-3 基于知识管理的"过程共享"的基本过程

其中,知识获取过程是指对现有知识进行收集、分类和存储的过程。客户关系管理的基础是客户知识管理。公司 CRM 系统中收集有大量的信息,如客户信息、联系人信息、服务项目信息、竞争对手信息等,公司中的 CRM 不仅存储着这些信息,并且通过数据挖掘、知识发现、商业智能等技术对这些信息"原料"进行整理、分类,将客户信息转化为对外包软件项目开发有用的客户知识。

知识共享过程是指通过知识交流扩展公司整体知识储备的过程。通过对各领域知识的集成,为公司各部门建立良好的知识共享平台,避免出现信息"孤岛"。H 公司非常重视客户内在需求的复杂性和多变性,并让客户知识到达组织内每一个需要客户知识的部分,使这些知识成为软件外包企业研究与开发、生产、销售、服务等部门的知识共享的资源,并在流动中形成良性循环,产生新的客户知识,从而有效地提高外包绩效。

H 公司将客户知识存贮于动态知识库,借助 CRM 的系统平台,将客户知识分发到需要的终端。在客户发展战略的指导下,客户知识是公司运作的核心,完全成为以客户知识为驱动力的互动组织。基于"过程共享"的知识管理更加注重客户关系管理,并为更好地制订与客户有关的战略和决策,提供了良好的应用环境。公司根据客户发展战略的决策问题,将客户知识分发给需要的职能部门或人员,达到以客户为中心的协同工作的目的。比如针对某个客户的个性化需要,研发部门会接收到 CRM 系统分发的客户知识,以此为依据开展研发设计,并将研发设计流程信息反馈给客户服务部门,客户服务人员会结合相关客户知识,通知该客户详细的供货细节。

二、H 公司中知识共享的关键技术

目前,H 公司中采用的知识共享的关键技术主要有如下几项。

1. 知识获取的技术——搜索引擎、数据挖掘

公司于 2005 年导入莲花 Lotus 公司的 Lotus Notes RS 搜索引擎技术。该技术能根据外包关系中各成员企业的特别需求,从信息海洋中找出可能有用的相关知识和存储位置。该技术使网络搜索引擎具有了初步的智能,并采用模糊算法和模糊技术,根据公司对各条搜索结果的使用频率,自动更新搜索结果,并能够在文档数据库中实现高效率的全文检索。H 公司的知识共享的技术框架如图 4-4 所示。

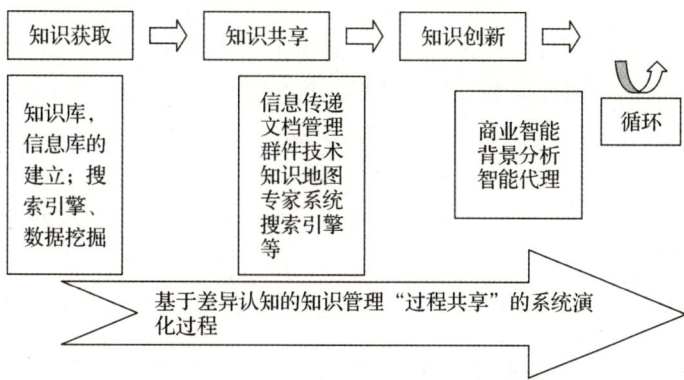

图 4-4　基于差异认知的知识管理"过程共享"技术框架

H 的神经网络、文本挖掘、信息抽取等数据挖掘技术可以从大量数据中提取出可信、新颖、有效并能被人理解的信息的高级处理过程,是一类深层次的数据分析方法。公司根据最终客户的需求,对大量外包关系的内部和外部数据进行探索和分析,验证已知的规律性或揭示隐藏的、未知的,并进一步将其模型化。

2. 知识共享的技术——文档管理、群件技术

公司导入的多文档管理功能是公司运营过程中产生的各种文档(包括新闻稿、产品说明书、设计资料、演示文档、工作报告等)都被纳入知识管理系统的文档管理子系统,同时还能将上述文档在目录中列出、打开和编辑。公司的文档管理还具备文档外部特征管理功能,能自动提取文档的外部特征,并允许按文档外部特征进行检索。此外,该系统还提供关键词管理功能,允许使用者给出文档的关键词以便检索。

公司的群件技术为企业和员工提供了知识共享、业务协作的基础沟通设施。在外包关系中成员企业的员工、业务单元是群件应用的主体;专业技术、解决方案库、客户情况和市场等是群件作用的对象。群件的核心是以网络会议、BBS 和 E-mail 为依托的讨论区,是一个可供成员企业之间以及与外部环境之间开展议题讨论、建议、决策沟通及储存的地方。通过群件,成员企业之间,企业

内部的员工和业务单元之间可以就专业技术、解决方案、客户情况和市场等方面出现的问题,跨越地理和时间上的差异,共享知识,实现合作。

　　3.知识创新的技术——商业智能、智力资本管理

　　公司的商业智能(Business Intelligence,BI)技术是为一类由数据仓库(或数据集市)、查询报表、数据分析、数据挖掘、数据备份和恢复等部分组成的,以帮助企业决策为目的的技术及其应用。商业智能的关键是从许多来自不同的企业运作系统的数据中提取出有用的数据并进行清理,以保证数据的正确性,然后经过抽取(extraction)、转换(transformation)和装载(load),即 ETL 过程,合并到一个企业级的数据仓库里,从而得到企业数据的一个全局视图,在此基础上利用合适的查询和分析工具、数据挖掘工具、OLAP 工具等对其进行分析和处理(这时信息变为辅助决策的知识),最后将知识呈现给管理者,为管理者的决策过程提供支持。

　　H 公司强大的 IT 信息技术能力能够提高多学科知识的获取(特别是显性知识)、整合能力,同时也使跨企业知识的快速共享成为可能,在一定程度上消除了企业差异和文化差异带来的不利影响,使知识创造的目的性更强。

三、H 公司知识共享的实施过程中的跨文化沟通与管理

　　H 公司初期缺少跨文化管理的实践,在跨文化管理研究方面十分薄弱。近年来,随着日本发包方对公司发包项目管理的不断加强,公司领导人开始研究跨文化管理问题,提出了实现企业跨文化管理的步骤:第一,识别中日两国文化之差异,发展文化认同;第二,不同文化背景的职员在一起进行敏感性跨文化培训,提高对跨文化环境的适应性,造就高质量的跨文化管理人才;第三,建立共同经营观,建立“合金”企业文化。目前,公司中的许多管理者及员工都已经开始或多或少地意识到,处理好东西方民族之间及中日两国间存在的明显的文化差异和文化障碍,是现代企业文化研究中一项很重要的课题,也是现代企业管理中一项很重要的工作。

　　H 公司在每个外包项目的运作过程中,都非常注重跨文化沟通,发展文化趋同和文化认同,努力消解文化冲突,防止跨文化不良后果的产生。为了保证跨文化沟通的有效性,H 公司对跨文化沟通始终贯彻了以下几个基本原则:

　　(1)假定不同,认知差异。了解不同文化、价值观念取向的差异是消除文化冲突的必要前提。只有了解不同民族的文化习俗、信仰、价值观及它们的内涵,才能真正完成思想感情的交流。任何一种文化的独特价值是与其特殊环境相匹配的,与人们生活的具体历史条件相关联的。在跨文化环境中,由于背景的多样性,更需要假定不同,通过留心,根据环境和人来调整自己的信息。

（2）换位思考，认同差异。以一个简单的换位思考为例：如果别人贬低你或者在办事时认为你并不重要，你的感觉会是怎样？答案很明显，人们不希望自己被别人看低。通过这个简单的换位思考可以理解每个人都需要一定程度的尊重、威严和价值感。成功的跨文化沟通要求我们必须培养移情的能力，即在传递信息前，先把自己置身于接受者的立场上；接受信息时，先体会发送者的价值观、态度和经历、参照点、成长环境和背景。设身处地体会别人的处境和遭遇，这才是换位思考的真谛所在。

（3）注意倾听，重视理解。在行为上不断训练自己和不同文化背景的人交往，锻炼自己的倾听能力，确认自己听到的是对方真正的意思。

（4）正视差异，求同存异。首先要能准确地判断文化冲突产生的原因；其次，要洞悉文化的差异及文化多样性所带来的冲突的表现形态；其三，在明确冲突源、个人偏好和环境的前提下，管理必须能够选择合适的跨文化沟通的方法和途径。

（5）取长补短，兼收并蓄。根据不同文化相容的程度又可以细分为以下三个不同的层次：一是文化的平行相容策略；二是隐去两者的主体文化，和平相容策略；三是兼顾多元，差别管理。

四、H 公司企业文化的建设

H 公司在艰苦创业、跨越发展的历程中，企业独有的价值观、企业精神和企业形象逐步凝聚、凸显，形成了独具特色的、引领公司走向辉煌的创新型企业文化。

公司把企业文化建设与现代企业制度、技术创新、市场营销、管理制度、群众性精神文明创建活动相结合，突出以人为本的思想，制定了《企业文化建设规划》和《企业文化手册》。大力开展宣传教育活动，使企业价值观、企业精神深入人心、不断传承。通过愿景宣言，规划企业的长期发展蓝图。实施企业文化建设战略，对企业标识、工作用品、厂区建筑的色调和风格统一规划。公司高度重视研发团队的建设，为广大研发人员的成长创造了十分优越的环境。为了将企业的远景与员工的个人发展目标结合在一起，一方面在员工中树立爱岗敬业、以厂为荣的先进典型，另一方面加大员工再教育，培养高素质人才，为企业的长远发展打下基础。

在 H 公司的项目组中，项目经理负责全面的决策工作，项目经理通常听取并尊重负责各职能团队人员的意见，重大决策都是由团队主要成员共同讨论后决定；但由于参与研发的人员较多，还有国外专家与相关企业的参与，因此在项目目标一致性的协调上有一定的困难；研发团队大多是一个临时性的组织，对市场变化的感知力和适应能力较强，跨企业的研发组织会给企业能否形成相同的使命感带来了挑战。但 H 公司的企业文化具有开放、诚实、和谐等特征，它使每个人都得到团队其他成员的认可,使成员都能积极地参与到团队的各项工作中来。在进行决策时,每个员工的意见都得到了充分的尊重,在专业性强的问题上,对专业技术掌握更娴熟的专家的意见经常会成为决策性的意见。为了解决研发中遇到的难题,项目组中没有固定的工作模式,鼓励使用创新的方法和思维方式。

另外,项目组的目标是在规定的时间内,高质量地设计出性能得到优化的,成本得到控制的产品。这富有挑战性的目标,激发了团队成员的热情。唯一不利的是,参加项目的成员还包括了日本设计公司的职员,不同的文化背景和不同的价值观给成员之间的理解和协调带来了一定的困难,但 H 公司很快建立了相互信任的关系,减少了沟通障碍。有利于知识共享和知识创造的项目团队文化至关重要。

五、H 公司知识共享的实施阶段

H 公司基于差异认知的"过程共享"的知识共享管理的实施阶段分为如下几个方面。

1. 构建"开发手顺"监控公司内部软件开发过程

公司于 2001 年 5 月组成专门小组,开始制定公司的质量控制规范。2001 年 6 月,发布"开发手顺·品质管理"初版标准。并于 7 月份成立了品质保证部,负责检查标准的执行状况。

本阶段中,公司建立了较为完善的质量控制规范运作过程——"品质保证体系",如图 4-5 所示,它以"开发手顺·品质管理"标准和其他相关标准为基础,所有项目都根据这些标准和要求来开展。但是在实际的项目开展过程中还是难免会出现各种各样的问题,针对这些问题,由品质保证部通过品质教育和品质检查来解决。在标准改版后,会对相关人员进行教育,确保相关人员充分了解标准的内容。项目进行中,根据项目情况对项目的进展情况进行检查,以确保项目根据标准来开展。同时,项目组将给品质保证部提供项目情报、品质数据以及标准执行的建议。以品质保证部为责任进行项目数据收集、分析,并把数据保存到公司财产数据库进行管理。这些数据将反馈给项目组以供参考,同时也对标准的改进提供反馈。

质量控制规范在项目中的运作方式如下。

项目开始时:

①首先由品质保证部给新的项目发行项目编号和简称。

②然后,由项目组制作项目管理的标准目录,完成项目开发计划。

③最后,由部长、项目经理、SQA 等相关人员对项目开发计划进行评审。

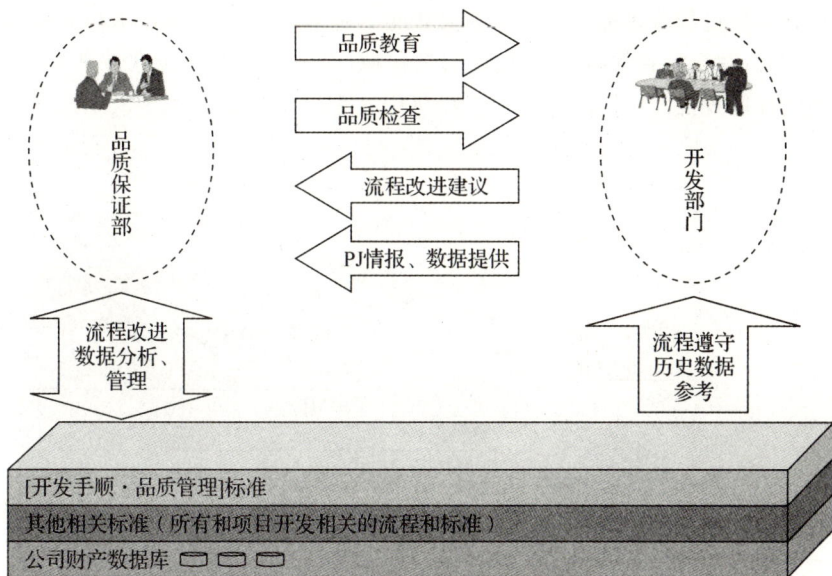

图 4-5 质量控制规范运作过程——"品质保证体系"结构

资料来源：H公司的品质管理部门。

项目进行中：

①项目组根据项目计划开展作业。

②品质保证部 SQA 人员对项目的进度和品质状况进行检查和监督，当有问题时提出并彻底地跟踪。过程中，向客户请求中间评价，反馈给项目组。

项目结束时：

③项目组要向客户请求顾客评价，对项目过程和结果进行反省，并总结和提供项目的品质数据。最后，还要对项目资料进行整理，提供给品质保证部归档保存。

品质保证部 SQA 人员将项目提供的数据收集、整理到公司的财产数据库中，以提供新的项目参考。

2.融合 ISO 9001、CMM 完善"品质保证体系"

2002 年公司导入 ISO 9001 质量管理体系，完善"开发手顺 · 品质管理"标准，并在 2002 年 11 月通过 ISO 9001 的认证。2004 年，又导入了 CMMI，在 2004 年 12 月通过了 CMMI 2 级的评估。2005 年，继续结合 CMMI 3 级的内容对公司的"品质保证体系"进行完善，在 2005 年 9 月底通过了 CMMI 3 级的评估，成为浙江省第一家通过 CMMI 3 级的软件公司。

ISO 9001 质量体系涉及组织的方方面面，为组织提供了一个比较科学的质量管理和保证机制，可以说是为企业搭建了一个规范化、制度化的，有利于企业进行持续改进的平台。而 CMMI 是软件能力成熟度模型的行业标准，是用于指导企业不断提高软件过程改进能力的一个参考模型。而"开发手顺"则以 ISO 9001 质量体系为基础,融合了各等级的 CMMI 的过程域,是一套针对外包软件开发进行质量管理的标准规范。"开发手顺"与 ISO 9001、CMM 的区别如图 4-6 所示。

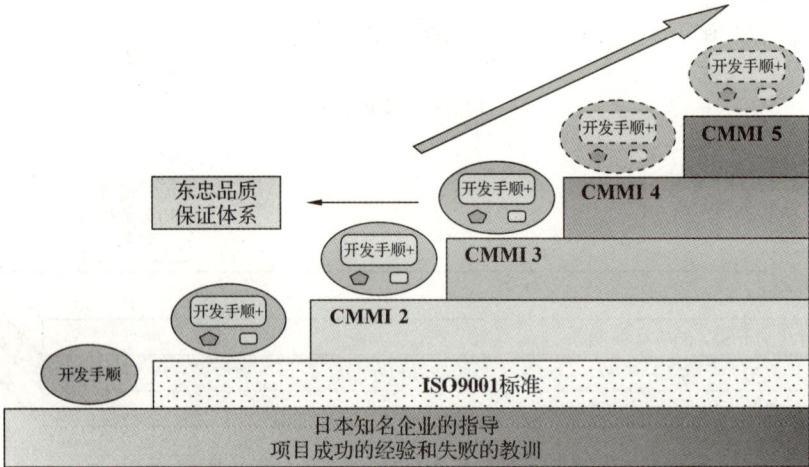

图 4-6 "开发手顺"与 ISO 9001、CMM 的区别

资料来源:H 的品质管理部门。

3. 应用 QFD 理论提出系统的外包软件质量保证技术(OSQA)

在上述工作的基础上,公司与浙江大学管理学院合作研究,应用 QFD 理论,将"品质保证体系"提升为系统的"以顾客满意为导向的外包软件质量保证技术(Outsourcing Software Quality Assurance,OSQA)"。并开始在全公司范围内进行推广。

本阶段中,公司根据外包软件的特点及我国软件企业的实际情况,引入 QFD 技术,融合 ISO 9001、CMM/CMMI 和软件质量控制规范,针对外包模式下软件质量管理的特点,提出了一套以顾客满意为导向的外包软件质量保证技术(OSQA),并开发出其支持平台。

其中,外包模式下软件的质量管理具有以下几个特点:

①以海外客户满意为中心;

②沟通是软件外包的灵魂,也是难点,所以加强沟通就是保证质量的关键,这里的沟通包括企业外部和内部的沟通;

③以预防为基础;

④符合我国的国情,国外的先进经验要学,但不能照搬。

H 公司开发的这套质量技术(OSQA)以外包模式下的软件项目开发为对象,基于跨文化沟通理论,通过多方式和多层次的双向递阶沟通,获取顾客需求信息,然后,运用 QFD 技术把顾客需求有效地转换成技术特性,并一层层地顺次展开,将顾客需求逐步映射至软件开发设计的全部过程和各个环节,建立起一系列流程和控制目标,最终体现在质量控制规范(公司的"开发手顺"质量管理标准)的过程监控措施和质量管理文档上,通过实现和协调这些目标,最大限度地满足顾客需求。

OSQA 技术一反以往软件开发中以事后测试为质量保证重点的思路,转而以预防为中心,通过将质量缺陷消除在未然之际降低故障率,从一开始就力图将可能的质量缺陷降到最小;另外,与 CMM/CMMI 等通用的质量技术注重过程的想法不同,本套质量技术(OSQA)以顾客需求为依据,有效地加强顾客需求与开发过程的有机联系,在整个开发过程中始终将顾客的满意度作为关注的焦点,实现顾客需求的跟踪管理和控制。从而在减少产品故障率和降低开发成本的同时,确保外包软件的质量、提高顾客满意度。

OSQA 技术包括沟通、QFD 实施、控制规范三个组成部分,它们与软件开发过程有机融合形成概念体系,如图 4-7 所示。

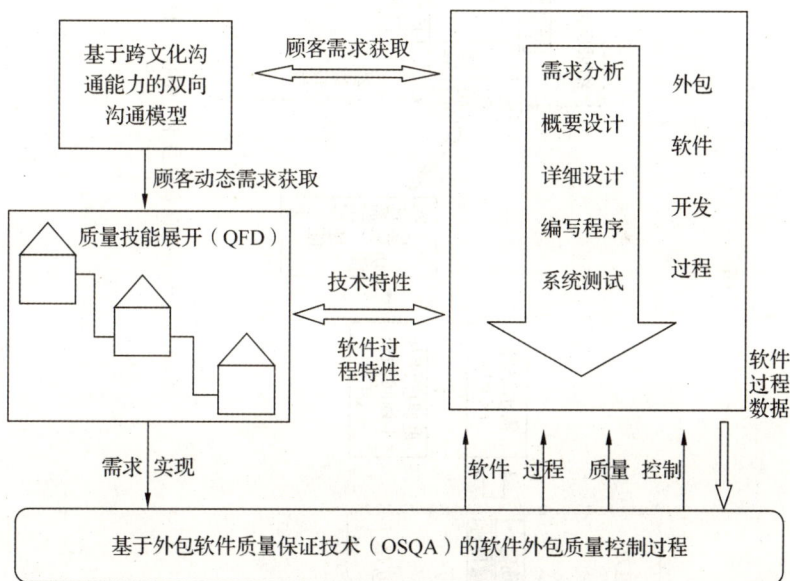

图 4-7 外包软件质量保证技术(OSQA)概念体系

公司以跨文化沟通理论和软件外包过程实践为基础,将质量工程的核心技术之一——质量机能展开(QFD)引入外包软件开发过程中,融合软件工程以及沟通模型,提出顾客满意导向的外包软件质量保证技术,其框架图如图 4-8 所示。它包括沟通、QFD 实施和控制规范("开发手顺")三个部分,可以分为如图 4-8、图 4-9、图 4-10 等所示的子模型。

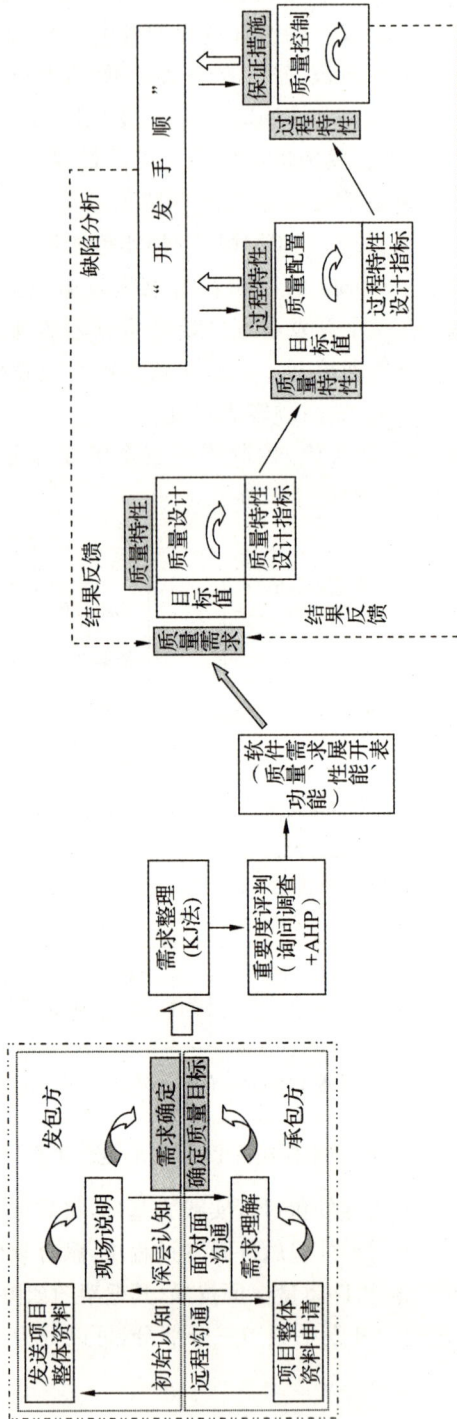

图4-8 外包软件质量保证技术（OSQA）框架

沟通障碍是外包项目开发中的一大难点,因为这种沟通往往都是所谓的跨文化沟通。在企业内部管理中,由于大家有共同和明确的使命,因而就有了沟通的基础。而企业与国外客户之间,虽有合作关系,但同时也存在利益冲突,如何建立沟通平台,又怎样才能保证其有效性,达到合作的最佳效果,是所有软件外包企业迫切寻求的答案,也是国外客户的共同心声。

软件外包业中左右产品质量的一个主要因素就是需求挖掘不足和沟通障碍问题。由于文化差异和沟通方式的选择问题,使得很多对方隐性的要求,我方并没有意识到,导致从项目一开始,需求的挖掘就不够充分,接踵而来的返工和成本的上升也是必然的。虽然 ISO 9001 与 CMM/CMMI 都强调沟通,但是并没有给出适当的方法和途径,使得企业在实施时很难把握,因此真正能把沟通交流问题处理好的企业不多。而该技术则非常重视外部沟通与内部沟通。双向递阶沟通子模型,充分利用了正式沟通和非正式沟通,解决双方在认识层次、软件内容以及期望质量上的沟通问题。

H 公司通过前期的外部沟通工作,使客户能够与承包方企业在需求和项目开发标准等方面达成一致的认识,有效降低需求分析的模糊性,并且也有利于提高客户的满意度。而公司内部的沟通方面,则通过项目组内部甚至更高层的各种例会,确保开发人员在开发技术的运用和对需求理解上的一致性。而同时SQA 以及项目经理的跟踪和控制,也有效避免了重大问题的出现。

H 公司在外包软件质量控制过程中,首先是针对如何正确获取顾客需求,建立双向沟通的子模型。H 公司从软件外包开发实践中提炼出来的双向递阶沟通模型为发包方和承包方创建了一个沟通平台,强调承包方企业的主动性及双方的合作性。发包方和承包方经过三个阶段(初始认知、深层认知、认知趋同)、多种沟通方式(远程沟通和面对面沟通),使得双方对彼此的认知程度加深,最终达到顾客需求和项目评价指标的一致,如图 4-9 所示。

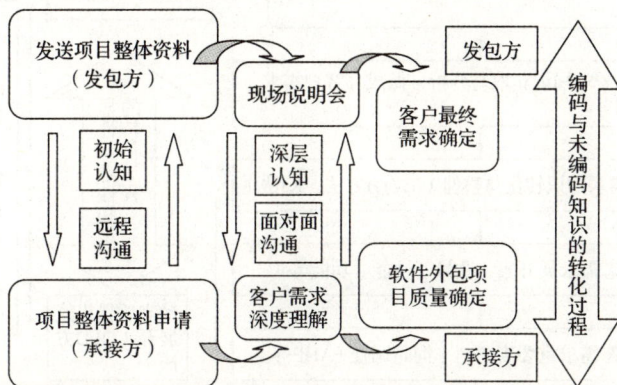

图 4-9 双向递阶沟通子模型

　　H 公司始终以顾客需求为主线,对顾客知识开展获取、分析、共享和传递等过程的管理。与顾客的沟通属于外部沟通,公司首先获取原始顾客需求,然后利用 QFD 技术对需求信息进行整理分析,结合软件开发的属性,将顾客的质量需求进行层层展开,并传递到软件开发的每个过程中去,这也是在沟通的基础上实施 QFD 的过程,如图 4-10 所示。

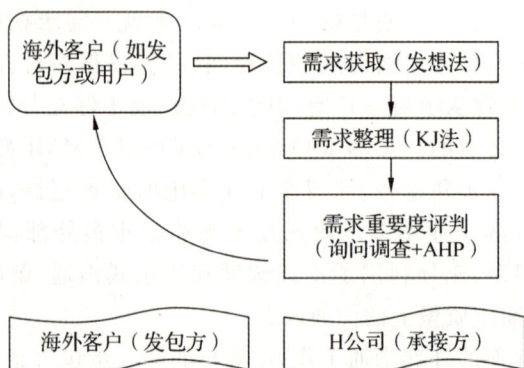

图 4-10　需求分析子模型

　　顾客的需求往往是动态的需求,不会是一成不变的,因此,H 公司针对这种情况,设计了动态需求控制办法,保证外包软件质量的可靠性。H 公司始终把提高顾客满意度作为重要的工作目标,为了更有效地提高顾客满意度,通过强化沟通和引入 QFD 思想,建立了顾客满意导向的机制。通过沟通模型充分挖掘和理解客户的动态需求,而 QFD 技术则加强了顾客动态需求与开发过程的有机联系。整个过程始终把顾客的满意度作为关注的焦点,实现对顾客动态需求的跟踪管理和控制,如图 4-11 所示。

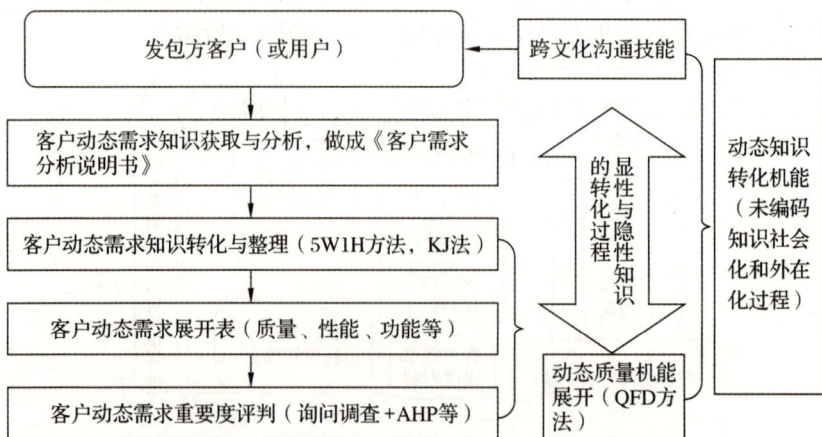

图 4-11　客户动态需求获取与整理模型

H 公司将 QFD 实施过程与外包软件开发过程进行融合。将 QFD 实施过程中的质量策划、质量设计、质量控制、质量改进等,与外包软件开发过程中的需求分析、概要设计、详细设计、编写程序、系统测试等各个阶段相融合,实现管理技术与专业技术的有机结合,如图 4-12 所示。

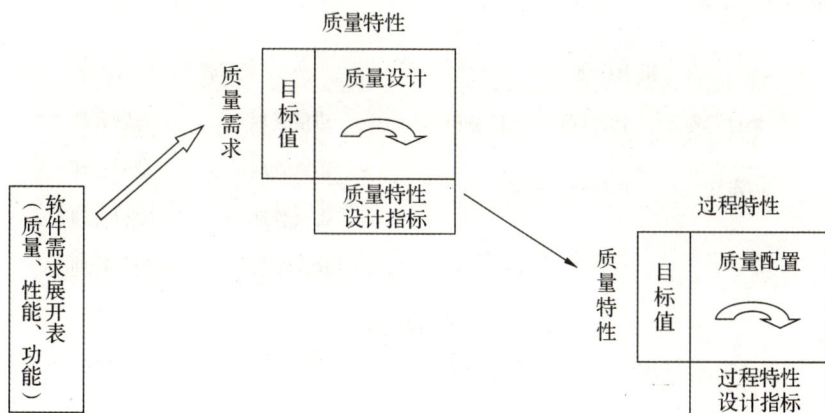

图 4-12　需求映射子模型

资料来源:H 公司的品质管理部门。

H 公司通过需求映射子模型,进一步利用 QFD 工具,建立了质量控制子模型,使质量特性转变为过程特性,保证了外包软件的质量,具体见图 4-13 所示。

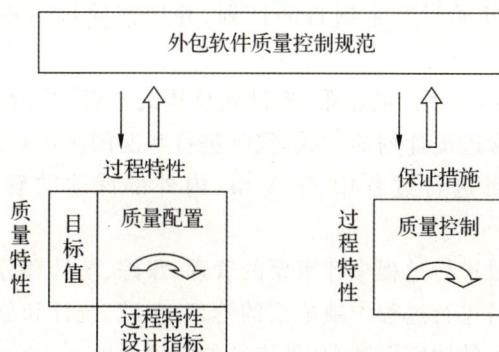

图 4-13　质量控制子模型

资料来源:H 公司的品质管理部门。

公司对外包软件质量的控制规范主要需要两方面的过程来支撑。一方面,以顾客需求为主线的获取、分析和传递,最终落实到质量控制规范上,顾客需求的实现有赖于外包软件质量控制规范的实施。另一方面,质量控制规范对整个软件开发过程进行严格监控,同时还必须收集软件开发过程中的数据,经过整理和分析,对原有控制规范进行不断改进,以满足顾客需求的变化和灵活适应软件开发的过程。这里的质量控制规范同开发过程的关系已经超越了单方面的监控,形成了一个相互融合、相互促进的有机整体。

为了保证 OSQA 能够在企业中很好地实施,H 公司开发了相应的支持平台,如图 4-14 所示。

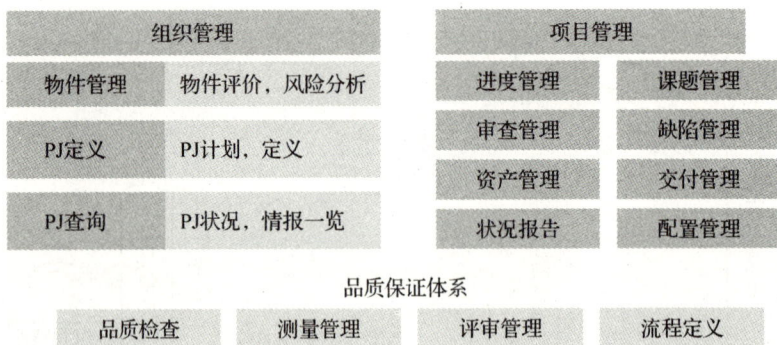

组织管理		项目管理	
物件管理	物件评价,风险分析	进度管理	课题管理
PJ定义	PJ计划,定义	审查管理	缺陷管理
		资产管理	交付管理
PJ查询	PJ状况,情报一览	状况报告	配置管理

品质保证体系			
品质检查	测量管理	评审管理	流程定义

图 4-14　OSQA 支持平台系统

资料来源:H 公司的品质管理部门。

H 公司各模块的功能如下。

物件管理:对项目的难易度,技术点等各个方面进行分析,判定是否承接该项目的过程。包含对项目的风险进行评估。

PJ 定义:项目开始时制定项目的计划,并把该项目的基本信息登录到系统中。

PJ 查询:根据不同用户的权限,提供项目从概要到详细的查询。

进度管理:包含进度计划的作成,实际进行状况的统计和分析。

课题管理:项目进行过程中 Q/A 票、内外部课题的管理、跟踪、统计和分析。

审查管理:项目进行过程中评审票的管理、跟踪、统计和分析。

缺陷管理:项目进行过程中缺陷票的管理、跟踪、统计和分析。

资产管理:项目的固定资产,文件资料的管理。

交付管理:项目交付时对交付成果的检查和报告。

状况报告:项目进行过程中项目组成员向项目的相关人员实施的报告,包括周报和日报。

配置管理:包含配置管理计划的作成、实施、报告。

品质检查:从品质保证的角度对项目的状况进行评估、检查,提供相应的报告。

测量管理：包含对项目、品质、生产性等数据进行的统计和分析。

评审管理：项目进行过程中对项目的阶段性成果进行评审，判定是否进行下一个阶段的作业。

流程定义：定义公司级的流程，并不断收集项目的实践经验，结合 CMMI 和 ISO 的要求，对流程进行持续的改进。

六、H 公司基于知识共享的"开发手顺"的主要特点

"开发手顺"是以 ISO 9001 质量体系为基础，融合了各等级的 CMMI 的过程域，是一套针对外包软件开发进行质量管理的标准规范。通过它的有效实施，公司的软件开发水平以及过程能力都将得到很大提升。这套外包软件质量保证技术（OSQA）在 H 公司取得了很大的成效，根据以上分析，总结出它具有以下几个方面的特点。

1. 丰富交往经历，以顾客需求为导向

"开发手顺"原本是一套切合 H 公司实际情况的质量保证体系，它最大的特点就在于它是一套针对外包软件开发的质量管理规范。但最初制定过程中经验的成分过重，并且与通用的质量技术 CMM/CMMI 一样注重过程控制，缺乏与顾客需求的有机联系。而 OSQA 中从顾客的视角，根据顾客需求重要度对其进行优化。在这个优化过程中"开发手顺"仍体现关注软件过程控制的特点，不同的是，它并非凭借经验制定出来的，而是由顾客需求展开到外包软件开发的过程特性，直至形成质量保证措施，最后形成了"开发手顺"。这样从顾客视角，运用 QFD 工具，进行技术优化的一套质量控制规范，避免了仅凭承包方经验和主观制定的可能性。

2. 注重双向沟通，尤其是跨文化沟通

"开发手顺"由于来源于实践，因而更加具有针对性和实用性，且能够有的放矢，质量保证力度大大加强。反过来，借助"开发手顺"，对软件开发过程进行监控，同时有针对性地采取保证措施。双向过程的融合，使得在"开发手顺"逐步完善的同时，软件质量保证效果也在不断提高。OSQA 引入 QFD，作为将顾客需求与过程控制有机联系的工具。自从 QFD 在日本被赤尾洋二教授提出以来，逐渐被一些西方国家引入，在工业产品的质量管理中取得了巨大的成效，在软件质量管理中也取得了初步的成果。H 借助 QFD 这个有力的工具来有效地解决外包模式下软件开发中的若干问题。公司为本套技术开发了相应的支持平台，以确保本技术的顺利实施。

"开发手顺"是以软件项目开发为中心的，以软件开发流程维和软件项目管理维组成的一个二维系统，与 CMMI 和 ISO 9001 质量体系等都有明显的区别。

这就决定了它的实施必然是管理和开发融合的过程。在项目开发中进行监控管理,在管理中促进项目开发。整个开发过程严格按照"规范"进行管理,包括进度、需求、文档、评审、缺陷等各个方面。且对于每个项目,设有专门的 SQA 进行跟踪监督,配合项目经理、项目主管共同做好质量管理工作。具体如图 4-15 所示。

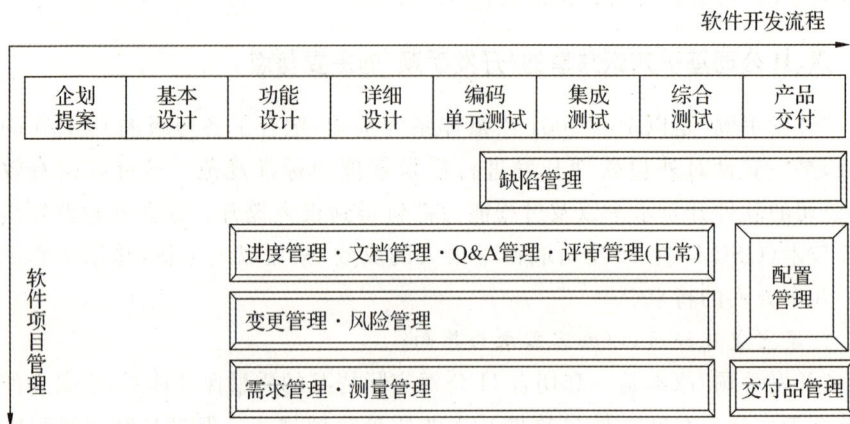

图 4-15 "开发手顺"二维系统

资料来源:H 公司的品质管理部门。

3.领导的大力支持,注重全员参与

"开发手顺"已经成为 H 公司企业文化的一部分,强调全员参与——相关利益群体的全面参与。H 公司中的主要领导对软件外包项目在资金、人力资源等方面都给予了很大的支持。"开发手顺"还强调客户、BSE、管理人员、SQA、项目组人员在软件开发过程中都要各司其职,明确自己的位置和责任。

4.塑造知识共享的企业文化

建立与发包方之间良好的知识共享文化,往往能通过潜移默化的方式,统一和沟通各节点企业及员工的思想来实现。H 公司成功的一个重要经验在于塑造了良好的企业间的知识共享文化,发展了"共存共荣"(kyosonkyoei)哲学,将选定的发包方整合为一个"企业家族",使其内部所有相关企业的利益和目标完全一致,并使各相关企业员工产生对本企业的发包目标、供应观念、供应行为规范的"认同感"。H 公司塑造了供应链知识共享的企业文化,促使发包方企业与自身形成统一的供应目标、供应观念和供应行为规范,最大限度地在行为和思想上保持其正相关性,使员工自觉为实现企业的目标而努力工作。这有利于提高整条供应链的稳定性,促进知识共享活动的进行,并进一步提高核心企业与供应商的竞争力。

综述所述,H 公司将质量工程的核心技术——QFD 运用到外包软件开发的质量管理当中,这是跨文化背景下质量科学与软件工程的交叉;应用 QFD 和跨文化沟通等有关理论,结合国内外包软件企业的实际情况和离岸软件外包的特点,提出顾客满意导向的外包软件质量保证技术(OSQA),利用该技术并借助其支持平台加强外包软件开发的过程管理,从而保证外包软件的质量。这项技术包含了一套针对外包软件开发进行质量管理的标准规范——"开发手顺",经过优化的这套标准更加具有针对性、科学性和实用性,且能够有的放矢,保证力度大大加强;将软件开发的质量保证从事后测试转为以预防为中心,有效地加强顾客需求与开发过程的有机联系,从而保证外包软件开发的质量。

第三节 H 公司知识共享与 QFD 结合的应用案例

目前 QFD 在软件行业已实现了大量的应用,成功的案例也很多,结合知识管理尤其是知识共享理论的 QFD 在软件行业应用的案例还比较少,在软件外包企业中应用的案例就更少,本部分结合 QFD 方法,用实际的案例分析知识共享方法是如何在 H 中成功运用的。

一、软件质量控制方法之 QFD 的简介

质量机能展开作为一种面向顾客需求的产品开发设计方法,是一种将顾客需求信息合理而有效地转换为产品开发各阶段的技术目标和作业控制规程的方法,使所设计和制造的产品能真正地满足顾客需求(Sullivan,1986)。QFD 代表了从被动的、反应式的传统产品开发模式——"设计—试验—调整"到一种主动的、预防式的现代产品开发模式的转变。它将注意力集中于规划和问题的预防上,而不仅仅集中于问题的解决上(Eureka,1988)。

QFD 这一概念是由日本学者赤尾洋二于 1966 年首次提出,它作为一种产品设计方法于 1972 年在日本三菱重工的神户造船厂成功地应用于船舶设计与制造中(Hawser,1988)。70 年代中期,QFD 相继被其他日本公司所采用。丰田公司于 70 年代后期使用 QFD,取得了巨大的经济效益,新产品开发启动成本下降了 61%,产品开发周期缩短了 1/3,而质量也得到了改进(Eureka,1988)。

质量机能展开诞生十多年以后才得以传到了美国。最早向北美传播的是1963 年赤尾洋二等向美国质量管理协会(ASQC)会刊 *Quality Process* 的投稿(熊伟,2005)。福特汽车公司于 1985 年在美国率先采用 QFD 方法。目前,质量机能展开已在全球几十个国家得到广泛的应用。可以说,质量机能展开在工

业产品的质量管理中取得了巨大的效益。此外，人们已经开始将它应用于服务、医疗保健以及软件开发等领域中。如日本朝日大学的小泽雪绘博士将 QFD 应用于外科病人的满意度调查当中，对外科医疗的质量进行分析和评价（Kozawa，2004）。美国的 Mazur（1993）是 QFD 的积极推广者和实践者，他将 QFD 应用到服务领域。

Zulnter（1994）将 QFD 的应用领域分成三大类：硬件、软件和服务。Hunt（1998）也强调，QFD 的普遍适用性决不仅限于传统的产品、服务和软件领域，也包括战略展开和部署领域。

在赤尾洋二教授发明了 QFD 技术和工具后不久，Yoshikawa 将其应用于软件（Zultner，1994）。软件 QFD 是前端需求获取技术，可以应用于任何软件工程方法，是一种量化获取和定义客户关键需求的方法（Haag，Raja & Schkade，1996）。QFD 在国外尤其是美国已经有了大量的软件应用实践和研究。国外有专家对 QFD 在软件开发中的应用情况进行了调查和效果评价，并总结出三方面的显著效果：①有助于提高用户和软件项目组之间以及项目组内部横向和纵向沟通的有效性；②将满足用户需求的目标始终贯穿于软件生命周期中的各项活动，提高用户满意度，帮助软件公司进行竞争性分析、寻求竞争优势；③减少重复劳动、降低软件开发成本，进而改进软件质量并提高软件生产率（崔敬东和刘云枫，2002）。

在我国，这方面的应用还不是很多。成都飞行设计研究所的张宗斌和邵家骏等（1998）将 QFD 技术应用于气动力数值计算软件改造的全过程中，创造性地完成了对引进的国外飞行器气动特性计算的大型软件 SSPM 程序的改造，在大幅度地减少改造时间和节约经费的同时，改造后的软件质量也得到了保障，取得了很好的效果。

崔敬东和刘云枫（2002）介绍了将 QFD 应用于软件开发的一般过程，并给出了软件开发的质量屋的示例。杨邃等通过对 QFD 的改进，提出了结合矩阵运算的软件开发模型，让设计阶段和测试阶段更加紧密关联，从而解决导致低质量软件的 EDP（Emanative Development Process，发散型开发过程）问题，进一步保证了软件质量（杨邃、李春强和陈春玲，2003）。

熊伟教授用设计理论拓展 QFD 原理和质量屋（HOQ）概念，提出软件产品的描述和需求定量分析法及结构设计法；融合这些方法，以质量屋（HOQ）系列矩阵为纲领，探讨软件质量规划、质量设计、质量控制的实现途经，提出了一种以顾客满意为导向的软件质量保证模型；并将该模型具体应用于营销 EDI 软件的开发设计过程（熊伟，2005）。

二、知识共享(SECI 模型)与 QFD 的结合

在外包模式下,由于地域文化等方面的差异,软件需求分析变得更加复杂。如何确切地把握顾客的显性和隐性的需求,如何将顾客需求反映到软件开发过程中去,实现顾客需求的有效传递,从而提高用户满意度,是一个重要问题。本研究为了解决上述问题,在知识管理方法的基础上,结合运用 QFD 的技能,收集来自顾客的感性需求(隐性知识),并把这些感性需求通过质量功能展开转换成技术特性(显性知识),制作质量屋,最后实现知识创新,保证外包软件的质量。

1.质量机能展开和知识管理(KM)

由赤尾洋二教授(1990)提出的质量机能展开(QFD)是将顾客需求转化为产品开发设计过程的一系列技术规范,以市场为导向,以顾客需求为依据,在开发初期阶段就对产品的质量和适用性实施全方位保证的系统方法(Akao,1990)。要适应市场竞争、提供高质量的产品或服务,其源头就在于了解顾客,理解顾客需求,以顾客需求为导向进行产品开发(Mizuno 和 Akao,1994)。

本章节的主题 QFD 和知识管理的关系是由日本学者野中郁二郎教授(Nonaka,1988)提出,通过 QFD 直观地实行知识管理。野中郁二郎教授提出的 SECI 模型概念是:在新产品开发过程中将来自顾客、消费者或用户的隐性知识,经由共同化和具体化、连接化和内在化转换成显性知识,并产生知识创新。隐性知识和显性知识的概念是一个突破性的思想。

本书通过图 4-16 的 SECI 模型展示知识管理的核心理论以及它是如何成为 QFD 的一个直观部分。

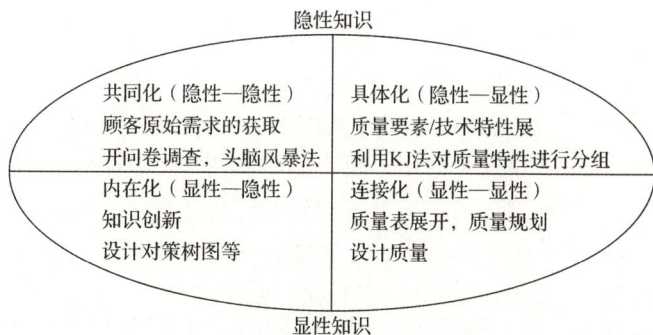

图 4-16 QFD 和知识管理(SECI)模型

2.基于 SECI 模型的 QFD 流程介绍

(1)共同化(Socialization,S):将顾客的隐性知识转换为隐性知识

想要让市场接受新产品,仅仅通过收集顾客数据是无法进行产品设计的,顾客访谈和问卷调查只是总结了基于问卷的每个调查问题的一个答案,很多信息缺

乏系统性,还处于隐性知识的状态。在通过各种方式获取了"顾客的原声"后,有必要对这些原始数据进行变换。用5W1H(Who,Where,When,Why,What,How)方法逐个探讨原始数据,进行一定的换位思考和场景联想,推测相关需求。对已经得到的软件需求进行整理,理清层次关系。抽取顾客真正的需求项目。

(2)具体化:将隐性知识转换为显性知识

顾客的需求都是随机抽取的,被调查的人并没有太多地意识到他们是否与质量有关,因此用KJ法对质量需求进行分类,经过整理后的质量需求具有结构化的层次,之后,将其按照"一次水平需求"、"二次水平需求"以及"三次水平需求"等分别记入相应位置,整理成质量需求。隐性知识不局限于顾客,同样的原理也适用于技术领域,技术特性看起来好像明显,却总不能被理解。因此,正确地识别顾客需求,找到准确表明的质量特性(或叫技术特性)十分必要。抽取出技术特性,这些技术特性与质量需求有着密切的相关关系。从而实现隐性知识向显性知识的转变。

(3)连接化:将显性知识转换为显性知识

根据质量需求与技术特性的相互关系以及质量需求的变化对技术特性目标值选取的影响,构建质量屋。在将顾客的世界转换为设计师的世界的过程中,质量屋起了重要的作用。质量需求展开表现为顾客的世界,因为它列出了从顾客要求中得到的东西,它在本质上是由顾客提出。另一方面,技术特性(也叫质量特性)展开表现为技术者或设计师的世界,它的意义在于让设计师站在与顾客相对的一面,认真地感受顾客的要求,并创建他们。通过质量屋来达到实现质量设计的目的。

(4)内在化:将显性知识转换为隐性知识实现知识创新

要构建质量屋,就必须要通过技术来实现它。这个阶段需要灵感、创新和思维能力。对策可以通过对策树图方法、头脑风暴法等来实现。通过这些方面实现"提问与回答"。在该过程中所证实的和大部分被"内在化"的隐性知识相比,积累的"显性知识"仅仅是冰山一角。如对策树图方法通过利用众多的内在化的想法导致了"隐性知识的创造","知识创新"便产生了。

3.QFD和知识管理在外包软件质量保证中的应用案例

(1)原始数据的收集:将隐性知识转换为隐性知识

本案例通过对杭州H公司的××项目的问卷调查、顾客访谈等方式获取了原始的顾客需求。这些数据和信息都是来自顾客的感性认知,是顾客隐性知识的一种体现。但这些数据和信息还缺乏系统性,处于隐性知识的状态。为了挖掘顾客真正的、深层次的需求,有必要对这些原始数据进行变换。可以采取下列步骤来开展:①根据每个顾客的数据来推测特定的顾客场景,应用5W1H的方法考察下列项目,即什么用户提及这个问题、想象情景实例、功能需求项目;

②以原始数据为基础,抽出需求项目;③从需求项目变换成质量需求时,对顾客需求的描述尽量具体化,追求顾客真正的需求,并把这些顾客需求融入质量需求中,且要用简朴的表现形式。对这些原始语言数据进行翻译,变成规范的质量需求,如表4-1所示。

表 4-1　原始资料至质量需求的转换示例

序号	资料属性		原始资料	场景	需求项目	质量需求
1	部门	职务	按时交付软件产品	项目结束交付软件时	能够及时交付软件产品	软件交付产品准时
	开发部	项目经理	保证交付品质量	项目结束交付软件时	交付品质量高	交付品正确
						交付品完整
……	……	……	……	……	……	……

(2)顾客质量需求的展开:转换为显性知识

经过上述整理后的顾客需求是随意排列的,还处于一种未经分类的单一状态中,并且存在重复和条理不清等问题,对它们进行合理的分类有助于构造 QFD 矩阵。这里采用 KJ(亲和图)法对质量需求进行分类,即将质量需求的各个项目单独复制在一张卡片上,然后将类似的项目组合在一起。本研究以一次水平质量需求"'预算管理'模块开发品质高"下的二次水平需求"交付品及时准确"和"功能实现良好"为例,整理出其中隐含的下一层水平质量需求。

经过分类整理后的需求具有结构化的层次,最后将其按照"一次水平需求"、"二次水平需求"以及"三次水平需求"分别记入相应位置,整理成质量需求展开表(见表4-2)。

表 4-2　"预算管理"模块质量需求展开表示例

一次水平需求	二次水平需求	三次水平需求
"预算管理"模块开发品质高	交付品及时准确	1.软件产品交付准时
		2.交付品完整
		3.交付品正确
	功能实现良好	1.正确的新增数据
		2.正确的修改数据
		3.正确的删除数据

资料来源:本研究整理。

(3)基于 AHP 方法的重要度计算

考虑到实际可操作性问题,本项目中首先用询问调查法进行需求重要度的初步评判,然后用层次分析法(AHP)进行指导性修正。本次调查的对象仍然选取 H 公司同海外客户直接接触过的以及有过同客户沟通经历的员工,请他们以海外软件发包方客户的视角,对质量需求基准项目进行重要度评判。接下来对二次、三次水平的质量需求运用 AHP 法进行重要权重判断,以对初步结果做修正。其中的判断矩阵是基于对几位外方客户以及公司高层经理的调查。

(4)技术特性的展开

外包软件质量需求映射主要包括四个部分:质量特性展开,重要度的变换,软件质量规划与设计,以及软件质量配置。

质量特性是指成为质量评价对象的特征、性能,是关于顾客真正需求的代用特性。质量特性展开通过将顾客语言表达的质量需求转换成技术语言的质量特性,可以将抽象的顾客需要进行具体的产品化。本研究可以从质量需求中抽取出一些质量特性,这些质量特性与质量需求有着密切的相关关系。质量特性展开如表 4-3 所示。

表 4-3　"预算管理"模块质量特性展开表示例

一次水平质量特性	二次水平质量特性
"预算管理"模块开发品质高	1.按钮属性
	2.防错性
	3.画面转换
标准化	1 过程管理标准化
	2 文档管理标准化
	……

质量需求和质量特性展开表都完成以后,就可以构造软件质量需求—特性二维表了,也就是质量屋矩阵。根据质量需求和质量特性的两两对应关系,分别以◎、○和△符号记入相应的位置,它们分别代表强相关、相关和弱相关,空白代表不相关。并赋予这些符号一定的数值,便于下面的操作。如:◎为 3;○为 2;△为 1;空白为不相关,如表 4-4 所示。

举例来说,对于"各项目显示完整"这项需求,与其相关度最高的质量特性有"画面大小"和"可移植性",在表 4-4"预算管理"模块质量规划与设计质量屋示例中用"◎"表示;其次是"版面式样",以"○"表示;此外还有弱相关特性"字体尺寸",用"△"表示。由表中可以知道,该项质量需求的相对权重为 6.1,利用独立配点法可以计算出上述几项质量特性的重要度(其中还包含其他质量需求映射过来的权重)。

重要度变换是指利用质量屋的对应关系将顾客要求的质量需求重要度变换成技术特性的质量特性重要度。重要度变换方法一般有比例分配法和独立配点法。这里采用独立配点法。

表 4-4　"预算管理"模块质量规划与设计质量屋示例

质量需求 一次	二次	三次	版面式样	画面大小	字体尺寸	可移植性	按钮属性	防错性	确认	画面转换	数据一致	过程标准化	文档管理标准化	重要度	本项目	竞争项目	规划质量	水平提高率	产品特性	绝对权重	相对权重
「预算管理」模块开发品质高	画面显示正确美观	各项目显示完整	○	◎	△	◎															6.1
		字体正确，大小合适			◎																2.3
	功能实现良好	正确的新增数据					△	△	◎			△		4	4	4	4	1		4	3
		正确的修改数据						△	◎		○	○		5	4	4	5	1.25	0/1.2	7.5	5.7
		正确的删除数据					○	◎	△		○	○		5	4	4	5	1.25	0/1.2	7.5	5.7
		……																	1		3
	交付产品及时准确	软件产品交付准时					○	△	△	○	△	△		4	5	4	1		0/1.3	7.5	3
		交付品完整										△		5	5	4		1.4		4.5	5.7
		交付品正确						△	○	◎		…	…	3	5	3		1.2	0/1.5		4.6
……	……																			131	100
质量特性重要度			32.6	25.9	16	34.1	29.1	52.7	29.1	18	31.5	45.2	28								
技术竞争性评估	本项目						4	4	3	4	4	3									
	竞争项目						4	4	3	4	4	3									
质量设计目标值																					

注：质量特性分为"画面特性"、""预算管理"功能属性"、"标准化"；质量规划分为"竞争性评估（本项目、竞争项目）"、"计划（规划质量、水平提高率、产品特性）"、"权重（绝对权重、相对权重）"。

通过以上工作，构建了初步的软件质量屋，并将质量需求的重要度转换为质量特性的重要度。本部分实际上分为质量规划和质量设计两个阶段。由于是在同一个质量屋中实现，因此这里合为一个部分。

质量规划就是根据顾客要求程度的重要度和与其他公司比较分析结果设定营销重点（产品特性点）及计划质量。首先要针对每项质量需求项目实施市场竞争性评估，它是对应客户需求进行的对本公司软件产品和竞争者软件产品在满足客户需求方面的评估，主要包括两部分内容：①本公司软件产品评价，即客户对本公司当前的软件产品满意的程度。②竞争对手软件产品评价，即客户対竞争对手的软件产品的满意程度。一般用数字 1～5 来表示客户对某类软件产品、某项质量需求的满意度，其中 5 表示非常满意，1 表示非常不满意。本例中以外包软件开发项目作为竞争单位实施竞争性评估。接下来还要进行目标质量评估，水平提高率设定以及差异化评估。最后计算质量需求的绝对权重和相对权重。

绝对重要度＝（质量需求重要度）×（水平提高率）×（产品特性点）。

将绝对重要度合计并变换成百分比即为质量相对权重，这些数值代表软件质量的规划目标，并给出了质量需求的重点方向。质量设计是从技术的角度对市场上同类软件产品进行评估，在分析质量设计矩阵各部分信息的基础上，确定各个质量特征的目标值。

以上是第一步展开过程，即软件质量规划与设计阶段，得到××项目"预算管理"模块质量规划与设计质量屋，如表 4-4 所示。

（5）软件质量配置

软件质量配置主要指的是：构造质量特性和过程特性的关系矩阵，用重要度映射算法，将质量特性重要度变换成过程特性重要度，由此实现设计质量向过程特性的配置，重要度数值大的过程特性表明其与客户需求关系密切度高。在××项目中，我们进一步把质量特性展到项目开发过程特性中。这一阶段的展开如表 4-5 所示。

接下来将这些质量特性进一步展开到过程特性中，例如"画面大小"可以映射到"理解画面要求"、"搭建环境"、"设计画面尺寸"、"编写画面显示程序"、"选择测试方式"等过程特性。然后根据质量特性重要度以及质量特性和过程特性的相关度，计算出这些过程特性的重要度。如"搭建环境"的重要度为 168.8，"设计画面尺寸"的重要度为 111.8。

从过程特性重要度中，可以清晰地看出重要度较高的过程特性。在表中最后一行，对这些过程特性，给出了过程控制点，为接下来的软件质量控制做准备。

对于比较重要的过程特性，我们设立了一些过程控制点，以保证过程的顺利进行及其实施质量。在"搭建环境"中设置"与系统的匹配"，控制标准是顾客端系统环境，实施者为测试中心。"设计画面尺寸"时设置"画面尺寸偏差"，控制标准为不超过 1％。这样经过一步一步展开，"各项目显示完整"这一需求就能够在开发过程中得到很好的保证。如表 4-5 中所示。

表 4-5 ××项目"预算管理"模块质量配置质量屋示例

质量特性＼过程特性		说明书理解			开发准备		详细设计			编码		测试			质量特性重要度
		理解画面要求	理解数据要求	……	编写开发计划	搭建环境	设计画面尺寸	建立数据表	……	编写画面显示程序	数据库操作处理	选择测试方式	测试防错性	……	
画面特性	版面式样	◎													32.6
	画面大小	○					○	○		○		○			25.9
	字体尺寸	○								○					16
	可移植性					◎				△					34.1
功能属性	数据一致性	△											○		31.5
	数据准确性	△											○		40.5
标准化	过程管理标准化														45.2
	文档管理标准化														28
	……														
过程特性重要度		181.6	162		217.7	168.8	111.8	27		257.1	175.5	356.2	196.5		
过程控制点			Q/A 数量		开发计划评审	与系统的匹配	画面尺寸偏差			画面代码检查	QC代码检查	测试效率	测试式样书检查		

(6)外包软件质量控制

在软件质量配置完成后,对其中较为重要的过程特性,均给出了过程控制点。可以说,这些过程控制点是顾客需求经过层层展开,最后在开发过程中的体现,是同那些最重要的顾客需求紧密相连的。针对这些重要控制点,利用外包软件质量控制规范加以监控和保证,最终实现提供高质量的软件产品。

最后,我们得到"预算管理"模块的质量控制矩阵,如表 4-6 所示。通过控制过程中的重要项目,保证外包软件开发的质量。

表 4-6 "预算管理"模块质量控制矩阵示例

过程特性	管理控制项目	软件质量保证措施				
		控制标准	实绩评估	评估手段/方法	实施日	上级确认
"预算管理"模块开发过程	与系统的匹配	顾客端系统环境	测试软件	测试中心		OK
	版面规格	客户要求	同行评审	评审小组		OK
	画面尺寸偏差	≤1%	测试画面	测试中心		OK
	……	……	……	……	……	……

4.应用效果分析

通过××项目的实证研究表明,基于 QFD 的 SECI 模型应用在外包软件开发项目中,带来了一些实际的效果。

最主要的直接效果是它能够有效地降低软件缺陷率,并且对完善企业的质量管理活动也有一定帮助。以××项目为例,该项目由于"软件设计书理解不足"问题导致的缺陷,有相当一部分都可以避免或在项目早期就及时发现;而由于"注意不足"或"考虑不足"所产生的缺陷,其发现阶段也会有相应的前移趋势,从而最终减少外部缺陷数。采用基于 QFD 的 SECI 模型对外包软件开发项目进行质量管理,能够让企业发现原有质量体系存在的问题和不足,进一步健全企业的质量保证制度。

主要的间接效果有:①由于软件缺陷率的降低,企业的顾客满意度必然会相应提高,顾客满意又会带来一连串的良性连锁反应,如顾客忠诚度提高、吸引新的客户、销售收入大幅度提高、公司规模迅速扩大以及市场份额的增加等。可以说,质量是企业在现代社会获得成功的一个重要基础。而对于软件企业来说,软件产品的缺陷率一定程度上代表了企业的质量;②由于前期对需求的充分挖掘和把握,后期的设计变更大为减少。同时在对重要控制点的严密监控下,软件开发中出现的错误也在一定程度上减少了。因此,整个项目的开发时间缩短了,效率提高了。不仅能够轻松地保证在预定时间内按时交付产品,而且节省了人力成本。

第四节　H 公司基于知识共享"开发手顺"的应用效果

"开发手顺"是一套切合公司实际情况的质量保证手段,由"开发手顺"、品质管理手册、品质管理 checklist、出货检查实施方案以及裁剪指南五部分组成。它是 H 公司开发经验和管理思想的一个总结,体现了具有 H 公司特色的管理思想和具体的质量控制方法。其编写目的在与客户协同进行项目开发时,运用该"开发手顺"指导各项管理工作。

在这套外包软件质量保证技术(OSQA)的支持下,H 公司所承接的软件外包项目的质量逐年上升。产品的外部缺陷率从 2002 年的 2.3 个/千行,下降到了 2005 年的 0.67 个/千行;顾客满意度的优良率则从 2000 年的 33%,上升到了 2005 年的 92%;销售收入大幅度提高;公司规模迅速扩大。

总结这套外包软件质量保证技术(OSQA)的特点,可以发现该技术源于实践,具有很强的针对性和实用性,并基于正确的软件过程基础,实现软件过程改进模式的结合。此外,这套技术强调全员参与,能够把握软件外包中的沟通问题,并建立了以顾客满意为导向的机制,确保了顾客需求在软件开发过程中的完整反映和实现。

　　该项目实施以来,得到了公司高层的高度重视。几项主要的创新成果均按照"试行—正式运行—改进"的推行方式分阶段在杭州 H 公司进行了推广。

　　"开发手顺"自 2001 年 6 月发布初版以后,在公司得到了全面的实施。所有项目的开发过程严格按照"开发手顺"的规定进行管理,包括进度、品质、风险、文书等各个方面。且对每个项目,品质保证部都有专门 SQA 进行跟踪监督,配合项目经理、项目主管共同做好质量管理工作。

　　以"开发手顺"为基础,结合 ISO 9001 质量体系的 H 公司"品质保证体系"在 2002 年正式建立后,成为公司开展质量管理工作的重要依据,所有项目都根据这些标准和要求来进行管理。

　　2005 年由 H 公司和浙江大学管理学院合作推出的以顾客满意为导向的外包软件质量保证技术(OSQA)首先在公司的营销 EDI 软件系统、KIGYO 会计信息系统等部分开发项目中进行了试点,在获得预期的效果后,逐渐在全公司的开发项目中进行推广,如今已成功地应用到公司大多数外包软件项目的开发管理中,且效果显著。

　　顾客评价的反馈很好地反映了该技术良好的应用效果。公司拥有一套很好的顾客评价机制,且几年来始终都在施行,保存了大量有价值的数据。尽管不同的客户,其评价也不可避免地带有一些主观性,但是这些数据还是在很大程度上反映了公司外包软件项目的开发质量的变化。

　　OSQA 作为外包软件的质量保证技术,取得了很好的实际效果,在实践过程中证明了其价值。表 4-7 和表 4-8 是各年度顾客评价比较和内部评价比较。"◎""○""△"和"▲"分别代表优、良、中、差四个等级。从表中可以看出,每年的外包项目在四个等级的分布有一个非常明显的趋势:逐渐由"▲"一端向"◎"一端推移。从表 4-9 中可以很明显看出,在外部缺陷率呈现下降的趋势的同时,项目数增加,有更多的项目如期完成,销售收入逐年上升。这表明,项目实施以来,公司项目的开发质量在不断地提升。

表 4-7　各年度顾客评价比较　　　　　　　　　(单位:%)

年度＼评价	◎	○	△	▲
2000	0	33	33	33
2001	14	54	32	0
2002	18	50	24	9

续表

年度＼评价	◎	○	△	▲
2003	8	62	28	3
2004	17	49	31	3
2005	45	44	10	1
2006	23	66	11	0
2007	17	63	17	4
2008	23	70	6	2
2009	42	42	11	5

注:"◎""○""△"和"▲"分别代表优、良、中、差四个等级。

表 4-8　各年度内部评价比较　　　　　　　　　　（单位:%）

年度＼评价	◎	○	△	▲
2003	0	63	37	0
2004	17	49	31	3
2005	8	67	24	2
2006	3	23	75	0
2007	2	45	52	0
2008	27	64	7	2
2009	17	61	17	6

注:"◎""○""△"和"▲"分别代表优、良、中、差四个等级。

这套外包软件质量保证技术(OSQA)及其支持平台在公司全面应用,随后逐步推广到集团下属的其他子公司。集团计划在恰当的时机把上述研究成果商品化,与在质量保证技术及支持软件方面有需求的其他软件外包企业分享这些成果。

表 4-9　项目开发质量变化

年度＼项目	2000	2001	2002	2003	2004	2005	2006	2007	2008	2009
外部缺陷率（个/千行）	3.1	2.2	2.3	1.27	0.64	0.67	1.01	0.96	0.31	0.26
销售收入(万元)	0	438	782	1171	1640	3869	3617	4043	3904	5746
项目总数量(人月)	141	241	530.2	826.5	1549.9	2644.2	2995.6	2949.8	2793.9	3642
项目交期满意度(%)	50	91	94	92	97	98	99	96	100	100

公司从 2000 年到 2009 年将近 10 年中,规模得到了不断扩大,员工人数发生了很大的变化。各年度末员工人数表的变化如表 4-10 所示。

表 4-10　各年度末员工人数

年度 人数	2000	2001	2002	2003	2004	2005	2006	2007	2008	2009
员工人数	44	79	139	190	262	362	402	348	369	600

公司非常注重员工的培训,把提高员工的技能与素质放在首位,公司还积极开展培训工作,设立了培训机构,每年培训的学员呈不断增长趋势。具体如表 4-11 所示。

表 4-11　教育中心培训情况

年度 人数	2004	2005	2006	2007	2008	2009
培训人数	190	250	500	464	445	506
学员就业人数	160	232	419	371	367	486
学员就业率	84％	93％	84％	80％	82％	96％

目前公司的经营模式已经得到了验证,公司近几年的业务增长率、顾客满意度及年度销售额分别得到很大的增长,公司的经营模式还将被推广到中国的西部地区及越南等地。

第五节　本章小结

本章提出利用知识管理的思想指导 H 公司外包软件开发过程活动,并从理论和实证两方面验证了影响软件外包项目完成度的关键因素。通过案例分析,发现知识管理使软件外包项目开发过程中的知识规范化、标准化,并能获取、交流、共享和创新这些知识,从而达到软件外包项目完成的目的。

针对目前我国大多数软件企业还停留在作坊式生产的水平上,重技术、轻管理,只管开发出软件、而无暇顾及质量;外包软件开发中的语言文化差异造成双方沟通困难;外包软件的需求分析更加复杂;多数软件企业标准化程度不高,过于依赖开发人员的个人能力等问题和难点,以现有的质量机能展开(QFD)、知识管理(SECI)模型为基础,提出基于 QFD 的外包软件质量保证模型。它以外包软件项目的开发为对象,以 QFD 为主要研究思路,把顾客需求有效地转换成技术措施,并一层层地顺次展开,最终在"外包软件质量控制规范"的过程监控措施和质量管理文档中实现。它一反以往软件开发以"事后测试"为质量保证重点的思路,转而以"预防"为重心,从一开始就力图将可能的质量缺陷降到最小,通过将质量缺陷消除在未然之际降低软件缺陷率。整个过程始终把顾客的满意度作为关注的焦点,实现顾客需求的跟踪管理和控制。

本书还基于 QFD 的 SECI 模型应用于一个实际的外包软件项目(××项目)的开发过程中,按照顾客需求获取、顾客需求分析、软件质量需求映射以及外包软件质量控制四个部分,分别在所选项目中实现了四个子模型的应用,最终通过应用效果的分析,证明降低了软件缺陷率,保证了软件的质量,从而验证了该模型的适用性和有效性。

本研究通过一个案例,解释了 QFD 应用中的 SECI 模型,着重阐明了从隐性知识到显性知识,显性知识到隐性知识的转换,及最后实现知识创新,保证外包软件的质量。这为后面的研究提供了重要的实践基础和依据,也为我国的外包软件企业的经营模式提供了一定的参考意见。

第五章　变量定义、测量与小样本测试

本章主要在第四章的研究假设和概念模型基础上,研究各变量的具体测量,并确定本章的最终问卷。本章首先根据前人的研究,形成问卷的初始量表。然后,进行问卷的初测试,通过小样本调查来验证调查问卷的有效性和可靠性。笔者采用 CITC 法和 a 信度系数法剔除相关度较低的问题,然后运用因子分析等方法确定每个变量的最终问项。最后,根据小样本调查数据分析的结果,对问卷的措辞、顺序等内容进行修订,最终形成大规模调查的问卷。

第一节　问卷设计原则与过程

本书主要采用问卷调查和企业访谈的方法来收集所需资料。在问卷设计原则和可靠性方面,马庆国(2002)、李怀祖(2004)、王重鸣(1990)等学者提出了很多有用的建议和方法。其中,李怀祖(2004)认为,问卷量表的设计包含问卷的理论构思、问卷格式、问卷项目的语句和问卷措辞四个层次。在进行问卷设计时,问卷的具体内容和各量表构成,要根据问卷设计的目的来确定,并应尽量避免难懂的语句或带有引导性的问题,语句层次上要用语明确,尽可能避免多重含义或隐含某种假设,问卷用词要避免过于抽象以防反映定势,同时要控制反应偏向。马庆国(2002)认为,正确设计问卷的要点是问卷问项不仅要根据研究目标设立,还要根据调查对象的特点设置问题,不能设置得不到真实回答的问题,对有可能得不到真实回答而又必须了解的数据可通过其他方法来处理,如变换问题的问法,从而获得相关的数据。

荣泰生(2005)认为理想的问卷设计必须要遵循问卷的内容,必须与研究的理论框架相对应;问卷中的问题必须尽量使填写者易回答;先前的问题不能影响对后续问题的应答;在正式调查之前应经过试测的过程等原则。上述学者们提到问卷设计时的原则,本人在问卷设计时都进行了充分的考虑,同时,问卷的问项尽量不涉及企业及个人的隐私,目的是为了提高问卷的真实性。

在问卷的设计过程方面,Aaker Kinnear(1999)等认为问卷的设计有五大步骤,如图 5-1 所示。

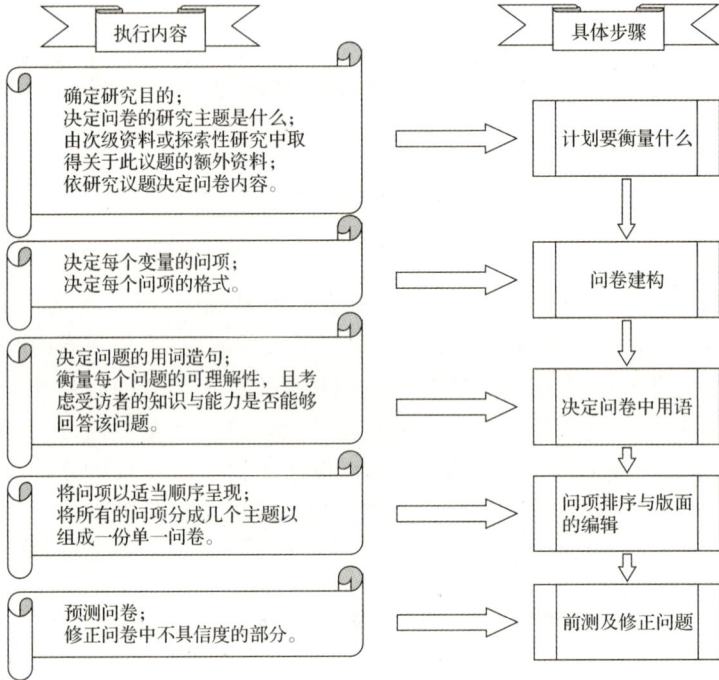

执行内容		具体步骤
确定研究目的; 决定问卷的研究主题是什么; 由次级资料或探索性研究中取得关于此议题的额外资料; 依研究议题决定问卷内容。	→	计划要衡量什么
决定每个变量的问项; 决定每个问项的格式。	→	问卷建构
决定问题的用词造句; 衡量每个问题的可理解性,且考虑受访者的知识与能力是否能够回答该问题。	→	决定问卷中用语
将问项以适当顺序呈现; 将所有的问项分成几个主题以组成一份单一问卷。	→	问项排序与版面的编辑
预测问卷; 修正问卷中不具信度的部分。	→	前测及修正问题

图 5-1　问卷设计步骤

资料来源:本研究整理。

根据本书的研究内容及参考 Aaker Kinnear(1999)等问卷设计过程建议,本研究的问卷设计流程为上图的五个步骤,可以概括为三部分进行分析,具体如下:

(1)通过搜集相关文献,来寻找与测量变量相关的量表,为变量的测量奠定基础。为方便与现有的研究结论作对比,保持研究的一致性,通过整理国内外关于服务外包关系中知识共享的影响因素、信任、知识共享维度和外包绩效的相关重要文献,并结合中国软件外包企业的实际特点,形成各个考察变量的初步测量问项。由于各位学者使用的量表并不一致,为了保证量表有关内容翻译的准确性,本研究邀请在国外留学多年的同事,老师,外教及外国友人等对进行了审核和修改,以尽量保持相应外文条款的原意。如对于问卷的日文版本,在中文问卷设计完成之后由 H 公司的日方客户及本人工作单位的日本外教等进行日语翻译的修正,完成日文问卷的设计工作,确保了日文问卷的质量。笔者还通过浙江大学图书馆电子数据库和相关研究、著作来搜寻相关实证研究中与本研究有关的结构变量的操作方式及测量量表,得到初步测量的量表。然后对这些量表进行甄别、翻译和整理,设计出问卷的草稿,在导师团队内对问卷的内容、用词等方面进行讨论和修正。

(2)通过专家小组讨论、小规模企业访谈,形成初始调查问卷。首先在由导师和 30 多个博士、硕士研究生组成的学术例会上,对测量条款的合理性等方面进行深入讨论;然后与企业界人员(如杭州 H 软件公司等)进行座谈、访谈。企业访谈的目的主要是就问卷的内容进行分析与讨论,根据访谈企业人员的工作经验,对某些变量的条款进行修改和补充。本书以相关文献分析为基础,并根据小组讨论和企业访谈内容,进一步确认本书设计中各变量选择的合适性,消除初始问项的不明确之处,形成本问卷的初始测量条款。

(3)小样本试测及结果分析。在进行正式大规模发放调查问卷之前,本研究首先进行一次试测的分析工作,目的是为了依据小规模调查来收集问卷。如在完成问卷初稿之后,笔者通过与 H 公司等从事软件外包企业的项目经理以试问卷的形式进行试调查,以进一步完善和修改问卷中的问项,使得问项能够被调查者理解。在问卷设计完成之后,进行量表的信度和效度评估。在此基础上,对问卷量表进行进一步修改。

本研究对试调查收集到的数据,以 SPSS 15.0(中文版)作为数据分析工具,进行信度分析、因子分析,从而筛选出最能度量所需测量变量的问项,最终形成用于大规模发放的有效问卷。

最后,本研究发放了正式调查问卷,并且根据回收的资料,检测量表品质,以便用于最终的实证分析。

以上问卷设计过程如图 5-2 所示。

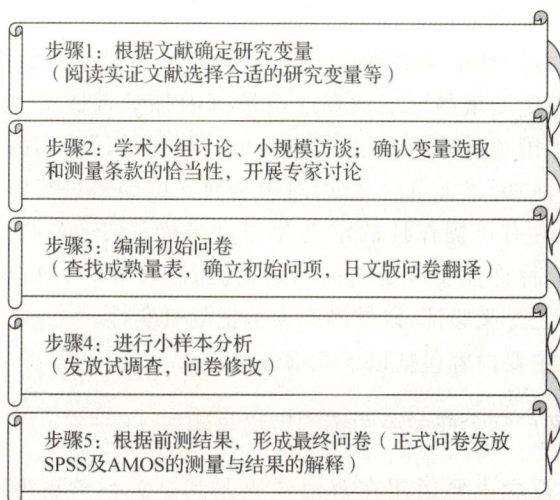

步骤1:根据文献确定研究变量
(阅读实证文献选择合适的研究变量等)

步骤2:学术小组讨论、小规模访谈;确认变量选取和测量条款的恰当性,开展专家讨论

步骤3:编制初始问卷
(查找成熟量表,确立初始问项,日文版问卷翻译)

步骤4:进行小样本分析
(发放试调查,问卷修改)

步骤5:根据前测结果,形成最终问卷(正式问卷发放 SPSS及AMOS的测量与结果的解释)

图 5-2　问卷形成与数据收集流程

第二节　变量定义与测量

　　根据第四章的概念模型和研究假设,确定问卷量表中需要测量的变量,包括企业与客户间的关系质量、外包合同的完善性、信息技术水平、领导的支持、企业文化特征、企业与客户间的信任、企业与客户间的交往经历、企业与客户间的跨文化沟通、知识共享能力及外包绩效。

　　本研究各类变量测量项目的来源主要有四个:①根据本研究的实地访谈结果进行修改,便于与现有的研究结论进行对比分析;②直接引用文献中已相对成熟的测量项目;③依据相关理论和文献研究结论分析得来;④在文献提出的量表的基础上,结合本研究的实际情况进行修改得来。本研究对各变量的测量条款,主要是在参考现有量表的基础上,结合中国及日本文化的特点进行修改而成。

　　在变量的测量方式上,学者们曾将 20 世纪 60 年代的论文加以整理,发现有 85% 以上的论文都用 5 级量表来测量(Day,1940);而最近的论文多采用 7 级量表。7 级量表可以增加变量的变异量,并提高变量间的区分度。因此,本研究也采用主观感知法,以李克特(Liken)7 级量表的方法对各变量进行测量。

　　由于本书采取问卷填写者自我报告的形式,很可能会受到社会称许性反应偏差的影响,使问卷量表的信度和效度降低。社会称许性反应偏差是指个体的行为因为受到文化价值观的影响而趋同于社会所接受的方式和程度,是被试者的一种反应偏差(韩振华,2002)。

　　为降低社会称许性反应偏差的影响,本研究中主要采取的措施主要有:在编制量表时,对每个变量尽可能选择已经被国内外学者证实、相对成熟的测量条款,同时结合中国和日本的文化和语言习惯,尽量使用恰当的词语来表达;在进行调查研究之前,阅读大量的文献,对影响研究的因素进行深入分析,确保每个研究的变量都具有可操作性的定义和测量指标;本问卷采取匿名填写的方式,从而降低社会称许性反应偏差的影响(杨志蓉,2006);问卷内容前后对应,通过一些反向问题交叉验证,以推测问卷数据的真实性。

　　本书量表的主要内容包括以下几部分。

一、企业与客户间合作关系质量的定义与测量

　　关系质量的概念主要运用在营销领域尤其是关系营销理论中,但是实际上,任何组织之间、组织与个体之间、个体之间的关系都存在质量的问题。正如

网络理论认为,任何一个企业都不是孤立存在的,而是内嵌于由供应商、客户、竞争者和其他实体构成的关系网络中。Yli-Renko,Autio 和 Sapienza(2001)等学者认为企业可以充分利用这些外部的关系资源进行知识的获取和开发。

但是对于合作关系质量的内涵,学者们的观点却差异很大。Crosby, Evans & Cowwles(1990)认为关系质量是对合作双方关系强度的整体评价,这种评价符合双方的需求与期望,而这些需求与期望都是以双方过去成功或失败的经历为基础的。Lagace,Dahlstrom 和 Gassenheimer(1991)认为合作关系质量是评价期待中交易的产品与结果。Henning-Thurau 和 Klee(1998)认为"合作关系质量,如同产品质量的概念,可被视为在满足顾客关系需求上的适当程度"。Smith(1998)定义"合作关系质量是一个包含各种正面关系的结果,反映关系的总体强度,以及关系人在需求及期望上的满足程度"。

本书根据软件外包企业与客户(发包方)之间的特定研究情境,结合 Yli-Renko 和 Autio(2001)借鉴 Garbarino 和 Johnson(1999)等学者关于合作关系质量的观点,将承接方与发包方之间的合作关系质量定义为承接方与发包方在往来过程中所形成的信任、彼此愿意维持长期合作的意愿和决心,是双方对彼此关系的一种整体评价。合作关系质量被视为是整体关系优势的一种评价(Garbarino & JoHnson,1999)。

在参考上述文献的基础上,本研究提出的企业与客户间合作关系质量的初始测量条款共有 8 个。由于中外学者开发的关于组织间关系质量的测量量表比较成熟,不同研究者在不同的国家进行经验研究时的信度系数都符合要求,依据这些量表,笔者结合中国的语言和文化习惯进行了略微修订,以求能够最大限度地降低社会称许性偏差造成的影响。

本部分关系质量的变量,全部采用 Likert 七点量表,每个题项根据实际情况答"完全不同意"为 1 分,答"完全同意"为 7 分,并以此类推。分数越高表明受测者越同意题项描述内容;反之,分数越低则表明受测者越不同意题项描述内容(以下同理)。企业与客户间关系质量的初始测量条款如表 5-1 所示。

二、企业与客户间外包契约(合同)的定义与测量

Nguyen(2001)对合同的规范性进行了分析,他认为规范的合同使员工遵守公司与客户签订的保护客户知识产权(Intellectual Property,IP)的保密协议及其他协议(Nguyen,2006)。在中国的离岸软件外包业务中,知识产品能否得到有效的保护是众多发包方的顾虑。印度之所以能成为全球软件外包的首选之地,一个主要原因是印度国内软件需求市场较小,很多软件外包承接企业专注于外包业务,而不重视面向国内市场的软件产品,发包方不必担心承接方对

其知识产权的盗用。随着中国经济的快速发展,国内企业信息化需求增加,国内软件企业面临着一个快速成长的软件需求市场,而由于过去对知识产权保护的欠缺,部分企业法律意识淡薄,导致侵犯国外发包方知识产权的事件时有发生,使得发包方对软件离岸外包的安全性产生忧虑。因此在软件外包合同中如能对知识产权保护等内容进行明确的约束,必将能够提高发包方对承接方的信任水平。

表 5-1　关系质量的测量量表

序号	测量问项	
1	双方对项目的合作都具有较高的诚意。	
2	双方共同制定统一的工作实务与合作目标。	
3	双方定期商讨合作计划与战略目标。	
4	双方经常进行协调与沟通,能够实现信息的及时、广泛共享。	合作双方关系质量
5	双方都会让对方尽快知道任何原先没有预期到的问题。	
6	我认为本公司与发包方在工作上的互信关系良好。	
7	合作双方有共渡难关的决心,并能共担风险,共享收益。	
8	发包方对本公司的员工提供专业知识培训(如跨文化知识等)。	

资料来源:Doney & Cannon(1997);Za Heer, Mc Evily & Perron(1998);杨静(2006);Doney & Cannon(1997)等。

由于离岸软件外包的合作双方的工作地点存在地理跨度,加上双方的沟通相对有限、合作双方对彼此的了解相对有限,而通过双方认可的合同,将双方职责和所需承担的任务进行明确规定,将会增加双方行为的可预测性,进而降低风险,增加彼此的互信程度。Nguyen(2006)通过案例研究发现,合同的规范性对双方建立和保持信任关系是至关重要的,并且能够确保员工遵守合同所约束的协议。日本学者池永辉之教授(2008)认为合同是外包成功的关键因素,也是实现软件外包项目预期绩效的重要机制,已有研究发现外包合同的完善性对外包项目的绩效及客户的满意度具有正向的影响。

对于软件离岸外包,合同的完善性除了对双方职责和变更在条款上进行约束外,对客户信息保密也是合同的一部分。Oza(2007)指出,承接方对于发包方所提供的机密信息的保护情况对双方信任的建立十分关键。而通过合同的形式将承接方和发包方所应承担的对有关信息保密的职责进行规范,将会加深双方的信任。Saitousinn(2005)认为合同的完善性提高了企业与客户之间的信任程度,从而有利于企业与客户之间开展有效的知识共享活动,这对提升外包的合作绩效有重要的意义。

在软件离岸外包业务中,发包方与承接方所签订的外包合同条款在权变处理、系统管理、质量问题以及价格因素等方面的完善程度决定了外包合同的完善程度。当然,合同中对知识产权保护的条款在离岸软件外包中也应该是必不可少的部分。有关 IT 外包的研究指出了组织间的外包协议对外包成功有着显著的影响。Goo 和 Nam(2007)通过实证研究的方式研究了 IT 外包中正式合同对外包关系中信任和承诺的影响,以及外包关系中的信任和承诺对 IT 外包成功的影响。其研究指出结构化良好的外包协议对 IT 外包关系的影响是显著的,并且信任和承诺对外包成功都有着显著的影响。

在参考上述文献的基础上,本研究提出的企业与客户间外包合同完善性的初始测量条款共有 8 个。企业与客户间外包合同完善性的初始测量条款如表 5-2 所示。

表 5-2 外包合同(契约)的测量量表

序号	测量问项	
1	合同中有详尽的对于发包方相关知识产权保护的条款。	外包契约的完善性
2	合同中的某些条款是不清晰的。	
3	合同中清楚地指明了承接方必须定期地做进度报告、展示系统雏形或阶段性成果。	
4	合同中清楚指明测试的环境、方法与验收的标准。	
5	合同中清楚地写明了项目期望的绩效水平(如输出质量等)。	
6	合同是基于实际提供的服务程度付费。	
7	合同中清楚指明承接方系统实施与维修的责任范围。	
8	合同中清楚指明更改系统规格与需求的方法与程序。	

资料来源:Brain S. Klass, John & Thomas(2002);Gray(1994);实地访谈。

三、企业与客户间跨文化沟通能力的定义与测量

有关沟通的研究从 20 世纪 60 年代开始,并获得迅速的发展,大多学者认为好的沟通应该是双方公开、诚实、正确和及时地分享有关信息,以开明的态度去尊重和信任别人(Lendrum,2004)。

然而在沟通的过程中,常常由于双方所处背景、认知环境等不同,导致沟通不畅,甚至产生误解。而不同国家的人在相互交流时,不但存在语言上的差异,更为重要的是不同的文化背景加剧了沟通的困难,因为在种种变量之外,又加进了异文化这个关键变量(陈晓萍,2005)。对于开展对日软件外包业务而言,沟通的双方来自中国和日本两个不同的国家和民族,因此,作为承接方的中国企业与作为发包方的日本企业之间的沟通就属于跨文化沟通。虽然相对欧美

国家,中国和日本之间在文化背景、沟通语言和价值观方面有诸多相似之处,但是总体而言双方的差异性仍然影响着沟通的有效性。

语言沟通中还存在语境的问题。语境是美国社会学家艾德豪尔在其著作中首先提出的概念(Hall,1977)。语境是指两个人在进行有效沟通之前所需要了解和共享的背景知识以及所需具备的共同点(陈晓萍,2005)。共享的背景知识越多,具备的共同点越多,语境就越高,反之,语境就越低。不同国家之间在沟通语境上的差别尤其大。Deveraux 和 JoHansen(1994)根据他们的研究,对民族文化就语境的不同进行了排列,得出中国和日本文化都处于高语境一端,而美国、北欧文化则处于低语境一端的结论。

处于不同文化背景的合作双方由于在价值观、习惯作风、思维方式等方面的差异,在外包项目的一些基本问题上往往会持有不同的态度。陈宗娴(2005)对沟通在软件外包项目开发活动中造成的影响、存在的障碍和要素、差异解决的方法和对策等方面进行了一系列的研究。

Nguyen 和 Babar 等(2006)通过案例研究的方式发现,软件外包的发包方与承接方之间有效且频繁的沟通对基于商业关系的信任和企业间的知识共享活动是十分有益的。在组织各个层面上,频繁的沟通不仅有利于避免误解,而且有利于增进双方在文化上的互相融合,而文化上的相互融合同样被认为是增加信任和提升知识共享效果的重要因素。日本学者 Ikenaga(2008)认为有效的跨文化沟通能提高软件外包企业的外包绩效。

Candace 和 Wiersema(1999)通过实证研究发现沟通对信任和知识共享等有着显著影响,而双方过去的经历和接触对信任和知识共享却没有显著影响。合作伙伴之间沟通的质量和水平对信任和知识共享有着正向的影响。Mishra发现增加真实和公正的信息有利于双方信任关系的建立,当某人撒谎或对事实有歪曲时,则公众对他的信任就会随之减少(Mishra,1994)。Saitou(2006)认为在个人或者组织之间,通畅的沟通与信任是相互促进的,有些沟通能促进企业内部和企业间的知识共享。

很多文献都强调了沟通对成功的重要性(Olkkonen,2000)。而对离岸软件外包的研究,无论是从发包方视角还是从承接方视角,都认为沟通是合作关系管理的重要因素(Kern,Willcocks,2001)。

良好的沟通有利于外包项目突发问题的技术解决,陈宗娴(2005)认为软件产品不像实物产品一样有具体的标准和检验方法,因此沟通是理解客户需求、确定软件评价标准的重要工具。沟通的成败决定整个项目的成败,沟通的效率影响整个项目的成本、进度。沟通不畅的风险是 IT 项目的最大风险之一。由此可见,沟通与外包双方对项目成功的预期有着直接的关系。Oza(2007)研究发现对于实施中的离岸外包项目,信任的维持是通过发包方和承接方持续不断的沟通来实现的。持续的沟通能够使双方就项目中的有关信息进行及时交换与共享。Ikenaga(2007)认为有效的沟通能通过提高双方的信任,促进双方的知识共享,最终提高合作绩效。

在对日软件外包合作中,中日双方的合作方式也影响着沟通。日本企业比较相信成功合作过的伙伴,不会经常更换。而中国企业中,合作意识并不强烈,往往追逐眼前的利益而放弃长远的考虑。这造成沟通过程中,日方强调稳定可靠,中方强调现实利益,导致很多有前景的项目合作失败。目前,在离岸外包或离岸软件外包的研究中,对沟通与信任之间关系的研究以案例研究较多,有少量实证分析,研究结果普遍认为外包双方良好的信息交换和沟通有利于外包关系的管理和不同维度信任的建立与维持。

在软件外包业务中,良好的沟通有利于双方进行充分的信息交流,降低信息的不对称性和不完整性,此外,良好的沟通还有利于对外包项目中出现的问题及时、有效的解决,提高项目的成功概率。良好的沟通还能加强双方的相互了解,这些因素有利于增加合作双方的信任和知识共享。Ogi Tairiku(2005)认为业务中合作伙伴之间的沟通质量和效果与业务过程中信任产生是有联系的(Moorman *et al.*,1993)。罗军(2008)对跨文化沟通采用了 8 个测量条款,信度系数 a 为 0.901。

大多数学者认为 a 系数在基础研究中至少应达到 0.8 才能接受。在探索性研究中至少应达到 0.7 才能接受,而在实务研究中只需达到 a,大多数学者认为 a 系数在基础研究中至少应达到 0.8 才能接受,在 b 即可,本研究为探求性研究,因此 a 系数要求至少要达到 0.7 以上才能接受。

在参考上述文献的基础上,本研究提出的企业与客户间跨文化沟通的初始测量条款共有 8 个。跨文化沟通的测量量表如表 5-3 所示。

四、企业间信任的定义与测量

对信任的测量有的来自于人际信任研究(George,Houston,1980),也有的来自组织间信任的研究(Anderson,1994)。本研究主要是把组织间的信任作为重点的研究对象。

根据前面的分析,本研究借鉴 Uzzi(1996)等学者的观点,认为企业与客户间的信任是双方在互惠互利条件下,一方不会为自己利益而占对方便宜的意图,并且都以双方关系为优先考虑因素。有关 IT 外包的研究指出了组织间的信任对外包成功有着显著的影响。Goo 和 Nam(2007)通过实证研究分析了外包关系中的信任和承诺对 IT 外包成功的影响情况。其研究指出信任和承诺对外包成功都有着显著的正面影响。

表 5-3　跨文化沟通能力的测量量表

序号	测量问项	
1	中日双方管理人员对矛盾冲突的处理方式比较相近,如当我们之间有冲突发生时双方可以很好地沟通解决。	跨文化沟通
2	中日双方文化的含蓄程度比较相近,不容易产生误会。	
3	我对发包方(日方)传统文化的了解程度很深。	
4	我对发包方(日方)语言理解的准确性很高。	
5	我对发包方企业的经营理念及习惯做法的理解与接受程度高。	
6	跨文化培训的效果很好。	
7	不同文化相互认同度相当高。	
8	我对发包方的企业文化无偏见和歧视。	

资料来源:Candace & Margarethe(1999),Ybarra & Wiers ema(1999),Jakki MoHr(1994)。

Anderson 和 Weitz(1989)等的研究指出信任是组织间关系建立和获得成功的一个重要因素。Lee 和 Kim(1999)以及 Sabherwal(1999)通过对 IT 外包的研究发现信任对外包成功有着显著影响,尤其是信任对外包关系会产生许多正面的影响。信任关系的建立能够使外包合作双方将精力集中在长期的战略目标之上并且减少对日常事务的担忧(Grover,Cheon & Teng,1996)。

许淑君和马士华(2000)认为供应链及联盟企业间合作关系中的信任,主要体现在减少合作企业间交易成本、促进企业间的合作、提高整个供应链的快速反应能力、减少由于选择新合作伙伴带来的行为风险和合同风险,此外信任还能减少收集信息环节带来的成本。

对于软件外包项目,尤其是对日软件外包项目,合作双方处于不同的国家,有着不同的文化背景、商业习惯和沟通方式,并且由于离岸外包使得双方在地理上间隔,因此合作双方信任关系的建立是至关重要的,这也必将在某种程度上影响到软件外包项目的成功。

在组织间信任的测量条款方面已经有很多成熟的研究,如 Dhanaraj,Lyles 和 Tihanyi(2004)对国外母公司与在匈牙利合资企业之间的信任采用了 6 个测量条款,信度系数 a 为 0.920。Li(2005)在关于欧洲企业向在华子公司知识输出的经验研究中,用 6 个条款来测量欧洲母公司与在华子公司之间的信任,信度系数 a 为 0.878。Zaheer,McEvily 和 Perrone(1998)采用李克特 7 级量表用 5 个测量条款对组织间的信任进行了测量,信度系数 a 为 0.907。Kwuon 和 Suh(2004)采用 5 个测量条款对供应链内企业间的信任进行了测量,信度系数

a 达到 0.804。Norman(2004)对高新技术联盟伙伴之间的信任测量采用了 6
个测量条款,信度系数 a 为 0.78。McEvily 和 Marcus(2005)对企业间信任的
测量采用了 4 个测量条款,信度系数 a 为 0.810。龙勇、李忠云和张宗益
(2006)对技能型战略联盟伙伴间信任的测量采取了 6 个条款。贾生华、吴波
和王承哲(2007)对战略联盟伙伴之间信任的测量采用了 4 个条款,信度系数
为 0.875。企业间信任的测量量表见表 5-4。

表 5-4　企业间信任的测量量表

序号	测量问项	
1	我经常关注该发包方企业。	信任
2	我有信心认为发包方是关心我方利益的,即使我方存在弱点(如信息不对称,合同不完善等)时也不会利用我方的弱点来损害我方的利益,其与我方的交往动机是为了共同利益。	
3	我曾经将该发包方企业推荐给别的企业或个人。	
4	我方有信心认为发包方(书面的或口头的承诺)是值得信赖的,未来有能力履行承诺。	
5	发包方是诚实、负责、公平和关心我方利益的。	
6	发包方在技术、管理、盈利能力等方面具有很强的实力。	

资料来源:Patrick Saparito & Chao Chen(1999);McAllister,(1995);Cummings & Bro-
miley,(1995);杨静(2006);Anderson & Weitz,1992;Shankar,Ganesan(1994);Patrick Sapa-
rito & Chao Chen(2002);Miguel & Daniel C. Bello & JOSÉ LUIS 等。

五、企业与客户间显性知识共享能力的定义与测量

当知识处于编码状态时,这类知识就属于显性知识,组织内成员可以通过
文件、报告、会议、电话谈话以及计算机等沟通方式将其传递出去,成为组织知
识体系中的一部分,组织就拥有了对这部分知识的所有权,个人则将所有权转
让出去了(池永辉之,2006)。

哈耶克和 Ink *et al.*(1995)等人在企业知识联盟的理论中,对组织间显性知
识的共享进行了论述。他们认为企业的显性知识一方面来自企业的内部,即企
业自己投入资源生产的知识;另一方面来自企业外部,包括市场交易、合并与
收购其他企业、战略联盟等。而依靠自力更生策略,一则需要花费大量的时
间,二则需要花费大量的资源。因此,企业可以采用知识联盟的手段,共享其
他企业的显性知识。这样知识联盟可以协助一家企业从其他企业那里学到
专业化的能力,协助一家企业和其他企业合作创造出的潜藏性知识。其中
Nonaka 和 Takeuchig 的理论对软件项目开发团队的知识共享理论具有直接
的指导意义,彼得·圣吉在企业知识联盟理论的论述中涉及知识共享方面的

知识,这对本书具有借鉴意义。该部分的理论研究比较成熟,如日本学者野中郁次郎与竹内弘高(2001)等的研究。但在实证方面的研究还不是很成熟。笔者在文献调查和企业访谈的基础上,结合中国和日本等国家的语言和文化习惯进行了略微修订,在参考上述文献的基础上,本研究提出的企业与客户间显性知识共享能力的初始测量条款共有 5 个。企业与客户间交往经历的初始测量条款如表 5-5 所示。

表 5-5 显性知识共享能力的测量量表

序号	测量问项	
1	公司利用各种文献资料并采用计算机仿真、预测等方法来制定组织战略。	交往经历
2	公司制定了完善的产品和服务手册及数据库。	
3	企业有部门可以将员工、客户、供应商的技术及经验转化到新产品的设计之中,且易于实现。	
4	公司通过收集各种管理数据和技术信息来增加组织的资料。	
5	公司在员工中积极传播新产生的概念和思想。	

资料来源:Bertand(2003);Nonaka 和 Takeuchig(2001);实地访谈。

六、隐性知识共享的定义与测量

隐性知识共享是知识管理的一个方面,隐性知识共享的观点主要来自信息的不对称性与环境所造成的困难性。隐性知识共享(Knowledge Sharing)就字面意思而言,即是分享知识,是一种知识交换的活动,通过彼此间的互动、对话及交流来分享知识(Hendriks,1999),共同达到组织的目标。软件外包企业隐性知识共享程度的高低对于能否完成外包项目有着直接的关系。本部分隐性知识共享形式主要分为隐性知识向新的隐性知识的转化及隐性知识向显性性知识的转化两个过程。该部分的理论研究比较成熟,如日本学者野中郁次郎与竹内弘高(2001)等的研究。但在实证方面的研究还不是很成熟。笔者在文献调查和企业访谈的基础上,结合中国和日本语言和文化习惯进行了略微修订,本研究提出的企业与客户间隐性知识共享的初始测量条款共有 5 个。企业与客户间隐性知识共享的初始测量条款如表 5-6 所示。

表 5-6　隐性知识共享能力的测量量表

序号	测量问项	
1	我们经常与发包方,客户及外部专家等分享信息和经验。	知识共享能力
2	我们经常与发包方,客户及竞争者进行正式或非正式的会谈。	
3	公司通过员工在企业内外的"走动"学习发现新知识和市场机会。	
4	公司有专门的人员对获取的知识进行适当的解释,使其更有利于员工的理解。	
5	公司创造了一个工作环境,适合员工通过示范和实践等方法来学习,理解专家的经验和技能。	

资料来源:野中郁次郎与竹内弘高(2001);企业访谈。

七、领导的支持

高层领导对软件外包开发项目的高度关注和支持。企业高层领导对项目的关注和支持是知识共享取得成功的一个重要因素。高层管理者对项目的支持,可以使项目获得充足的资源(包括资金、人力等)。高层领导的高度关注和支持,还表现在企业内部的特殊政策上,由于软件外包产品系统项目组一般都是跨国企业的,发包方与承接方企业之间的协调对整个项目来说极为重要,如果仅由项目组成员负责企业之间的沟通协调,其效果远不如高管层的介入,特别是涉及关键技术转移时。

企业管理者特别是高层领导者对知识共享管理的重视程度和支持力度是实施知识共享管理的前提,企业各级管理者既是知识共享管理的倡导者又是具体执行者,他们构成了企业实施知识共享管理的主要推动力量,没有他们自始至终的高度重视和支持,企业的知识管理不能产生很好的经济效益。领导的角色是提供知识创造和共享的环境。知识创造和共享的成功依赖领导的负责、公正和关心(Nonakaeta,2000)。领导的支持还有助于企业营造一种创新与共享的气氛。在企业中,雇员一般都倾向于进行那些受领导重视与支持的活动,以期获得相应的奖励与报酬。在大型企业中,由于层级较多,领导的支持效果很难实际反应在知识共享的效果上;而在软件外包企业这样的中小企业中,组织结构往往是松散的,领导的意图可以很快扩散到底层。

笔者在文献调查和企业访谈的基础上,结合中国和日本语言和文化习惯进行了略微修订,本研究提出的领导的支持程度的初始测量条款共有 5 个。领导支持程度的初始测量条款如表 5-7 所示。

表 5-7　领导的支持的测量量表

序号	测量问项	
1	公司领导积极参与制定知识管理的战略。	知识共享能力
2	公司领导在优化创新,分享和利用知识方面起模仿作用。	
3	公司领导认可和奖励员工在知识管理活动中所取得的成就。	
4	公司领导积极地为知识管理融资提供支持。	
5	公司领导非常重视员工的培训。	

资料来源:Nonakaeta(2000);企业访谈。

八、企业文化特征

现有的文献证实,开放的企业文化与知识共享密切相关。Zack 提出为提高知识创造、共享和利用的效果,需要一个组织氛围和奖励机制,用来评价和鼓励学习、诚信、合作和创新。Gupta 和 Govindarajan 认为有效实施知识共享的必要条件是营造一个有利于知识共享的环境。Wah 指出一个组织必须进行流程再造,形成一个支持知识共享的企业文化。企业文化虽然属于意识形态的东西,但具有相当大的能动作用,它可以渗透到知识共享的很多方面。所以,知识共享的文化机制是对企业现有的企业文化进行适当的改造,构建有利于知识共享的企业文化,使各个成员企业认识到知识共享的重要性,乐于共享知识,自觉地进行知识共享,而不是被动地接受;使每一个成员在实行知识共享方面的内在积极性得到充分的激发。

在知识经济时代,技术已不再是能够维系竞争优势的来源,相反的,通过对企业文化的规划和重构,让外包关系的各成员企业内的员工能与他人分享个人的经验与知识,让个人知识能迅速地流动与转换,并累积成外包企业的组织知识,才是外包关系赖以竞争与经营管理的重要优势来源。Martin 认为企业文化是知识共享成功与否的关键。创建知识共享文化须营造一个充满信任与开放的环境,在此环境中,持续的学习与实验将被赋予高度的价值,被赞赏与支持。企业文化已经从过去过度重视命令与控制的产品导向转变成顾客导向的知识共享文化。组织提供知识创造与分享的奖励与诱因,在传统上奖励大多是对个人表现的认可,知识被认为是权力的来源,而现在的改变,使员工有时间并获得支持,去做知识共享活动。

在参考上述文献的基础上,本研究提出的企业文化特征的初始测量条款共有 6 个。企业文化特征的初始测量条款如表 5-8 所示。

表 5-8　企业文化特征的测量量表

序号	测量问项	
1	我清楚地知道自己在组织中所扮演的角色。	知识共享能力
2	团队中的工作条件会促进工作效率的提高。	
3	我所在的团队领导关心并满足团队成员的需求。	
4	我拥有充分的信息来正确地完成工作。	
5	如何正确地完成工作的信息主要取决于团队领导。	
6	组织的不同部门之间会进行众多的团队协作。	

资料来源：Gupta & Govindarajan；Martin；Zack；野中郁次郎与竹内弘高（2001）；企业访谈。

九、信息技术水平

随着信息技术的快速发展，通过 IT 平台进行信息和知识的交流与共享已经成为知识共享和传递最便捷的、低成本的途径。在软件产品系统研发中，知识地图、知识挖掘等 IT 技术当然至关重要，但性能优良的硬件和先进专用软件的应用成为 IT 资源的根本。信息技术平台有利于企业内拥有不同知识基础的员工合作，有利于员工之间分享知识，这些知识包括企业内制度、规则、专家的知识及体现企业知识的系统化过程。许多大公司的知识共享都是从信息技术解决方案开始，信息技术的运用有利于加速交流，提高知识收集和知识利用的效率。

Ikenaga（2008）认为组织学习和知识共享在一个组织内能否正常运行，除合理的组织结构，民主、信任、和谐的人文文化软环境外，还必须有相应的技术支持，包括信息网络技术、基于技术的学习和电子支持系统、管理信息技术及知识传递方式技术等。相对组织文化软环境而言，组织技术环境可称为组织学习与知识共享的硬环境。组织内信息技术和网络技术的发展与完善，为组织学习搭建了良好的平台，很好地促进了信息和知识的传递与共享，提高了组织学习和知识共享的效率。组织学习和知识共享效率的提高，又对组织技术能力的提高产生反作用，因为，组织对外来技术引进需要通过技术学习过程完成消化、吸收，然后再经过个人、团队、组织学习实现技术创新，使组织的技术能力提高到新水平，实现新一轮的知识共享。技术学习也是组织学习的一种行为，组织的技术能力强弱构成技术学习的基础，也必然会影响组织学习效率和技术知识的共享程度。

另外，互联网是必需的工作环境之一。互联网可以实现知识在特定的范围内共享，有利于知识的保护，从而保护企业的知识产权，有利于企业保持其竞争优势。在与合作伙伴的信息传递过程中，一些信息是用专用软件来编辑的，因此必须通过专用的软件才能进行传递,因此,承接方与发包方在专用软件方面的匹配性至关重要。在参考上述文献的基础上,本研究提出的信息技术水平的初始测量条款共有 6 个。信息技术水平的初始测量条款如表 5-9 所示。

表 5-9　信息技术水平的测量量表

序号	测量问项	
1	公司拥有最先进的电脑及软件。	知识共享能力
2	不同部门的员工通过电脑沟通,大大提高了工作效率。	
3	拥有非常完善的电脑系统,协调公司的运营。	
4	员工可以方便地通过电脑获得工作所需信息。	
5	拥有非常灵活的 IT 系统和网络系统。	
6	公司总体上信息技术能力比较强。	

资料来源:野中郁次郎与竹内弘高(2001);Ikenaga(2008);企业访谈。

十、企业外包绩效的定义与测量

衡量一个软件外包项目的成功与否(外包绩效),从宏观方面而言应该是使双方利益最大化,实现双赢。而从微观的项目角度来讲,首先要实现按时交付且满足质量的需求,使后续维护成本减少。目前中国企业在进行软件外包项目管理中基本都实行了客户满意调查,主要调查指标包括项目进度控制、系统质量、项目的后期收益等情况,以及在项目过程中双方的沟通顺利程度等。双方在沟通中的顺利与否,在出现问题之后双方能否通过沟通有效地解决问题都决定了项目的最终成败,并且影响到承接方与发包方是否可能进行后续合作,发包方是否还会选择该家企业进行发包。

此外,还有一种情况是项目的进度被延迟,且品质一般,但是由于在前期发包方对现实情况有足够预期,受制于各种现实条件,发包方一开始对整个项目预期较低,而最终结果虽然未能达到按期保质交付,但仍然超出发包方期望,此时仍然认为项目是成功的。因此,软件外包项目中客户的认同程度是衡量项目成功的关键因素。

本研究认为外包绩效主要包括外包软件产品外观和内在质量满足顾客(如发包方)的要求,也包括软件产品的开发能力等方面。对于外包绩效的衡量,有些学者采取客观数据测量企业的外包绩效,如 Gemunden.,Ritter 和 Heydebrek(1996),而其他很多的学者则采用主观性指标来测量企业的外包绩效,如 Subramaniam 和 Venkatraman(2001)采用了 5 个条款来测量跨国公司的新产品开发能力,信度系数 a 达到 0.804。黄延聪(2002)采用了 5 个条款来测量企业代工过程中的产品创新能力,信度系数 a 达到 0.891。林义宝(2001)研究了知识共享与整合对流程创新和产品创新的影响,其中对产品创新绩效的测量采用了 6 个条款,信度系数 a 达到 0.809。许世英(2005)借鉴 Nonaka 和 Takeuchi(1995)对产品创新绩效的测量采用了 4 个条款,信度系数 a 达到 0.874。

对于外包产品绩效的测量,一般包括产品更新的速度、产品品牌知名度的提升、产品质量的改进、产品市场竞争力的提升、新产品的上市速度、产品的获利能力、产品开发成本的降低和产品对客户的需求响应等 6 个项目。Chandler 和 Hanks(1994),Covin 和 Slevin(1994)等人通过研究发现,主观绩效与客观绩效在统计上具有显著相关关系,用主观绩效代替客观绩效不会影响研究的信度和效度。本研究在借鉴相关研究和企业访谈的基础上,采用主观指标来测量外包软件产品的绩效。根据软件行业企业产品交付的实际情况,采用了 8 个条款来测量企业获取和共享的知识对产品创新及外包绩效的影响。企业与客户间交往经历的初始测量条款如表 5-10 所示。

表 5-10 外包绩效(项目完成度)的测量量表

序号	测量问项	
1	该项目的完成情况达到或超出了客户的预期。	
2	该外包项目实现了按期交付。	
3	该项目很好达到了合同规定的质量要求。	
4	提高了企业流程的整体质量,使其简化并更加有效率。	外包绩效
5	该项目取得了很好的客户满意度。	
6	该项目给客户带来了很好的收益。	
7	能够更好地适应客户需求的变化,提升了客户满意度。	
8	进一步强化了以客户为中心的导向,更好地为客户创造价值。	

资料来源:Chandler & Hanks(1994);Covin & Slevin(1994);Nonaka & Takeuchi(1995);实地访谈。

十一、控制变量的测量

本研究认为,软件外包企业的外包绩效除了受到所提到的服务外包的各维度和企业的知识共享能力影响之外,还可能受到诸如企业规模等因素的影响,因此有必要引入控制变量。根据相关的文献,本研究选择了企业规模和企业与客户的交往时间及 CMM 认证水平三个控制变量。这三个控制变量都是分类型变量,分别对应问卷第 2 部分的问题。其中,企业规模按照企业的员工人数来划分,分为 50 人以下,51~100 人,101~500 人,501~1000 人,1001~2000,2001~5000 人和 5001 以上共 7 个等级。企业与客户的交往时间具体分为 1 年以下,1~

3 年,3~5 年,5~8 年,8~10,10~15 年和 15 年以上 7 种类型。CMM 认证水平为 CMM 1,CMM 2,CMM 3 和 CMM 4 和 CMM 5,共五个等级。

第三节　小样本数据的收集和分析

小样本调研是 2009 年 6 月在杭州市进行的,根据从有关部门(杭州市和浙江省软件外包服务协会)获取的杭州市及浙江省软件企业的目录,从外包业务范围(以软件为主)和承接业务对象(主要以日本为主)两方面确定企业名单,然后根据简单随机抽样(simplified random sampling)的原则选取了调查企业,调查对象主要是企业的项目主管、研发主管以及其他中高层管理人员。此次调查共发放问卷 80 份,共回收问卷 66 份,对问卷的有效性进行检测,将无效问卷予以删除。删除无效问卷的原则有三条:①问卷中有多处缺答的;②问卷回答中存在前后矛盾的现象;③问卷中"不确定"选项过多。经过以上三个原则的筛选,最后获得有效问卷 58 份。在企业规模方面,100~500 人之间的企业有 28 家,50 人以下的企业有 7 家,500 人以上的企业有 5 家。

一、小样本数据描述

小样本调查问卷中各变量测量条款的标准差、偏态、均值和峰度等描述性统计量详见附录 4(小样本数据的描述性统计和正态分布)。大多数学者认为当偏度绝对值小于 3,峰度绝对值小于 10 时,说明本样本基本上服从正态分布(Kline,1998)。从附录 4 可以看出,偏度绝对值均小于 2,而峰度绝对值均小于 5。各测量条款的值基本上服从正态性分布,可以进行下一步分析。

二、小样本检验的程序与标准

本研究为提高问卷的效度与信度,在大规模发放问卷和收集数据之前,就进行问卷试测(pretest),即对要进行问卷的小样本进行预检验。在试测阶段,本书主要从信度分析和探索性因素分析两个方面进行筛选变量的测量问项。其中,信度分析是用来精简问卷,删除对测量变量毫无贡献的问卷项目,以增进每个测量变量的信度;探索性因素分析是确定量表的基本构成与问项。试测分析是要得到精简的、有效的变量测量量表。具体步骤如下:

首先,对各潜变量的测量条款进行净化(purify),剔除信度较低的条款。Churc hill(1979)认为在进行探索性因子分析前要进行测量条款的净化,并删除"垃圾测量条款"(garbage items)。假如没有净化测量条款,直接进行因子分析,很可能导致多维度结果的产生,因而很难解释每个因子的含义。采用的方法是利用纠正条款的总相关系数(CITC)进行测量条款的净化,对于 CITC 值小于 0.3,且删除后可以增加。该值的条款予以删除(卢纹岱,2002)。本研究以0.3 作为净化测量条款的标准,并利用 a 信度系数法(简称 a 系数)检验测量条款的信度。假如删除某个条款,a 系数会增大,则表示可以删除该条款。在测量条款净化前后,都要重新计算 a 系数。刘怀伟(2003)认为剩余测量条款的 a 系数超过 0.70,说明信度符合要求。

其次,对所有变量的测量条款进行净化后,要对样本进行 KMO 样本充分性测度和巴特莱特球体检验,以判断是否可以进行因子分析。一般认为 KMO在 0.90 以上,非常适合;0.8~0.9,很适合;0.7~0.8,适合;0.6~0.7,不太适合;0.5~0.6 很勉强;0.5 以下,不适合。巴特莱特球体检验的统计值显著性概率小于等于显著性水平时,可以做因子分析(马庆国,2002)。根据这一原则对 KMO 值在 0.6 以下的,不进行进一步分析;对 KMO 值在 0.7 以上的,则进行因子分析;对0.6~0.7 的,以理论研究为基础,根据实际情况决定是否进行因子分析。

最后,对所有变量进行探索性因子分析。其目的是从一群杂乱无章的数据中找出共同的属性,并检验不同变量间的区分效度,即不同变量测量之间的差异化程度(Simonni,1999)。区分效度主要通过评价测量项目的因子载荷,进行评价。本书采用的 EFA 主要利用主成分方法,并采用最大方差法进行分析,在因子个数的选择方面,采用特征值大于 1 的标准,同时,在对项目的区分效度评价时,遵循 3 个原则:①一个项目自成一个因子时,则删除,因为它没有内部一致性;②项目在所属因子的载荷量必须大于 0.5,具有收敛效度,否则删除;③每一项目所对应的因子载荷必须接近 1,但其他因子的载荷必须接近于 0,这样才具有区分效度,因此,如果项目所有因子的载荷均小于 0.5,或者在两个或两个以上因子的载荷大于 0.5,属于横跨因子现象,应该删除。

以上标准保证了每一个概念测量的单因子性,同时防止了测量项目横跨因子现象,经过以上分析后,将探索性因子分析剔除测量条款的变量重新计算信度。

三、小样本量表的检验

按照上一节的分析方法对模型中的各个变量进行数据分析,具体分析结果如下。

1. 隐性知识共享能力量表的 CITC 和信度分析

首先采用 CITC 法和 a 信度系数法净化量表的测量条款。从表 5-11 可以看出,隐性知识共享能力的测量条款中,5 个测量条款的 CITC 指数都远远大于0.3,如测量条款的 CITC 值依次为 0.683、0.643、0.620、0.472、0.591。知识共享能力量表整体的信度系数 a 为 0.821,大于 0.7,说明量表符合研究的要求。

表 5-11　隐性知识共享能力的 CITC 和信度分析

项目	初始 CITC	最后 CITC	删除该项目后的 a 系数	a 系数
A1	0.654	0.683	0.606	
A2	0.603	0.643	0.600	
A3	0.579	0.620	0.592	初始 a=0.630 最终 a=0.821
A4	0.420	0.472	0.581	
A5	0.495	0.591	0.590	

然后,对隐性知识共享能力变量的剩余测量条款进行探索性因子分析,对测量条款的 KMO 值和巴特利特球体进行显著性检验,结果表 5-12 所示,KMO 值为 0.729,大于 0.7,且巴特利特统计值不显著,说明变量间共同因子多,说明变量之间的相关性较强,适合进行因子分析,以下同理。

表 5-12　KMO 样本测度和巴特利特球体检验结果

KMO 值		0.729
巴特利特球体检验	卡方值	70.091
	自由度	15
	显著性概率	0.000

2.企业领导的支持程度量表的 CITC 和信度分析

首先采用 CITC 法和 a 信度系数法净化量表的测量条款。从表 5-13 可以看出,企业领导的支持程度的测量条款中,6 个测量条款的 CITC 指数都远远大于 0.3,分别为 0.580、0.638、0.592、0.738、0.480、0.600。领导的支持程度量表整体的信度系数 a 为 0.780,大于 0.7,说明量表符合研究的要求。

表 5-13　领导的支持的 CITC 和信度分析

项目	初始 CITC	最后 CITC	删除该项目后的 a 系数	a 系数
B1	0.423	0.489	0.580	
B2	0.380	0.542	0.638	
B3	0.479	0.502	0.592	初始 a=0.578 最终 a=0.780
B4	0.678	0.702	0.738	
B5	0.408	0.430	0.480	
B6	0.580	0.598	0.600	

然后,对领导的支持变量的剩余测量条款进行探索性因子分析,对测量条款的 KMO 值和巴特利特球体进行显著性检验,结果表 5-14 所示,KMO 值为 0.859,大于 0.7,且巴特利特统计值不显著。

表 5-14　KMO 样本测度和巴特利特球体检验结果

KMO 值		0.859
巴特利特球体检验	卡方值	170.473
	自由度	21
	显著性概率	0.000

3.企业信息技术水平量表的 CITC 和信度分析

首先采用 CITC 法和 a 信度系数法净化量表的测量条款。从表 5-15 可以看出,企业信息技术水平的测量条款中,6 个测量条款指数都大于 0.3,信息技术水平量表整体的信度系数 a 为 0.803,大于 0.7,说明量表符合研究的要求。

表 5-15　信息技术水平的 CITC 和信度分析

项目	初始 CITC	最后 CITC	删除该项目后的 a 系数	a 系数
C1	0.354	0.383	0.606	
C2	0.303	0.401	0.630	
C3	0.479	0.520	0.592	初始 $a=0.759$
C4	0.520	0.572	0.581	最终 $a=0.803$
C5	0.485	0.529	0.590	
C6	0.406	0.490	0.501	

然后,对信息技术水平变量的剩余测量条款进行探索性因子分析,对测量条款的 KMO 值和巴特利特球体进行显著性检验,结果如表 5-16 所示,KMO 值为 0.749,大于 0.7,且巴特利特统计值不显著。

表 5-16　KMO 样本测度和巴特利特球体检验结果

KMO 值		0.749
巴特利特球体检验	卡方值	127.890
	自由度	28
	显著性概率	0.000

4. 企业文化特征量表的 CITC 和信度分析

首先采用 CITC 法和 a 信度系数法净化量表的测量条款。从表 5-17 可以看出,企业文化特征的测量条款中,5 个测量条款的 CITC 指数都远远大于 0.3,如测量条款的 CITC 值分别为 0.620、0.614、0.623、0.606、0.590。企业文化特征量表整体的信度系数 a 为 0.790,大于 0.7,说明量表符合研究的要求。

表 5-17 企业文化特征的 CITC 和信度分析

项目	初始 CITC	最后 CITC	删除该项目后的 a 系数	a 系数
D1	0.438	0.482	0.620	
D2	0.391	0.355	0.614	
D3	0.319	0.373	0.623	初始 a=0.580 最终 a=0.790
D4	0.480	0.501	0.606	
D5	0.485	0.529	0.590	

然后,对内化变量的剩余测量条款进行探索性因子分析,对测量条款的 KMO 值和巴特利特球体进行显著性检验,结果表 5-18 所示,KMO 值为 0.799,大于 0.7,且巴特利特统计值不显著。

表 5-18 KMO 样本测度和巴特利特球体检验结果

KMO 值		0.799
巴特利特球体检验	卡方值	164.556
	自由度	28
	显著性概率	0.000

5. 企业与客户跨文化沟通能力量表的 CITC 和信度分析

首先采用 CITC 法和 a 信度系数法净化量表的测量条款。从表 5-19 可以看出,企业与客户间跨文化沟通能力的测量条款中,第 3 和 5 个测量条款(E3 和 E5)的 CITC 指数分别为 0.172 和 0.090,远远小于 0.3,且删除这两个测量条款后,系数从 0.549 上升到 0.780,所以将这两个测量项目予以删除。测量条款(E3 和 E5)删除后,其他测量条款的 CITC 值分别为 0.443、0.520、0.529、0.479、0.353、0.373。企业与客户间信任量表整体的信度系数为 0.780,大于 0.7,说明量表符合研究的要求。

表 5-19　跨文化沟通能力的 CITC 和信度分析

项目	初始 CITC	最后 CITC	删除该项目后的 a 系数	a 系数
E1	0.368	0.443	0.419	
E2	0.431	0.520	0.398	
E3	0.172		0.593	
E4	0.533	0.529	0.384	初始 a=0.549
E5	0.090		0.656	最终 a=0.780
E6	0.397	0.479	0.404	
E7	0.364	0.353	0.445	
E8	0.309	0.373	0.432	

　　然后,对跨文化管理能力变量的剩余测量条款进行探索性因子分析,对测量条款的 KMO 值和巴特利特球体进行显著性检验,结果如表 5-20 所示,KMO 值为 0.837,大于 0.7,且巴特利特统计值不显著。

表 5-20　KMO 样本测度和巴特利特球体检验结果

KMO 值		0.837
巴特利特球体检验	卡方值	206.965
	自由度	28
	显著性概率	0.000

6.企业与客户间信任量表的 CITC 和信度分析

　　首先采用 CITC 法和 a 信度系数法净化量表的测量条款。从表 5-21 可以看出,企业与客户间信任的测量条款中,所有的 CITC 指数均远远大于 0.3。企业与客户间信任量表整体的信度系数为 0.815,大于 0.7,说明量表符合研究的要求。

　　然后,对信任变量的剩余测量条款进行探索性因子分析,对测量条款的 KMO 值和巴特利特球体进行显著性检验,结果如表 5-22、表 5-23 所示,KMO 值为 0.729,大于 0.7,且巴特利特统计值不显著。

表 5-21　信任的 CITC 和信度分析

项目	初始 CITC	最后 CITC	删除该项目后的 a 系数	a 系数
F1	0.590	0.590	0.786	
F2	0.719	0.719	0.754	
F3	0.658	0.658	0.767	初始（最终）
F4	0.575	0.575	0.790	$a=0.815$
F5	0.580	0.580	0.786	
F6	0.391	0.391	0.826	

表 5-22　KMO 样本测度和巴特利特球体检验结果

KMO 值		0.729
巴特利特球体检验	卡方值	140.760
	自由度	15
	显著性概率	0.000

7. 企业与客户间合作关系质量量表的 CITC 和信度分析

首先采用 CITC 法和 a 信度系数法净化量表的测量条款。从表 5-23 可以看出，企业与客户间关系质量的测量条款中，第 2 个和 6 个测量条款（G2，G6）的 CITC 指数分别为 0.107 和 0.027，远远小于 0.3，且删除这两个测量条款后，系数从 0.729 上升到 0.842，所以将这两个测量项目予以删除。测量条款 G2 和 G6 删除后，其他测量条款的 C1TC 值分别为 0.630、0.645、0.748、0.575、0.630、0.649。企业与客户间关系质量量表整体的信度系数为 0.842，大于 0.7，说明量表符合研究的要求。

表 5-23　合作关系质量的 CITC 和信度分析

项目	初始 CITC	最后 CITC	删除该项目后的 a 系数	a 系数
G1	0.611	0.630	0.650	
G2	0.107	删除	0.652	
G3	0.562	0.645	0.666	
G4	0.707	0.748	0.612	初始 $a=0.729$
G5	0.531	0.575	0.670	最终 $a=0.842$
G6	0.027	删除	0.842	
G7	0.611	0.630	0.650	
G8	0.607	0.649	0.652	

然后,对合作关系质量变量的剩余测量条款进行探索性因子分析,对测量条款的 KMO 值和巴特利特球体进行显著性检验,结果如表 5-24 所示,KMO 值为 0.783,大于 0.7,且巴特利特统计值不显著。

表 5-24　KMO 样本测度和巴特利特球体检验结果

KMO 值		0.783
巴特利特球体检验	卡方值	163.500
	自由度	28
	显著性概率	0.000

8.企业显性知识共享能力量表的 CITC 和信度分析

首先采用 CITC 法和 a 信度系数法净化量表的测量条款。从表 5-25 可以看出,企业显性知识共享能力的测量条款中,所有的测量条款的 CITC 指数均远远大于 0.3。企业显性知识共享能力量表整体的信度系数为 0.800,大于 0.7,说明量表符合研究的要求。

表 5-25　企业显性知识共享能力的 CITC 和信度分析

项目	初始 CITC	最后 CITC	删除该项目后的 a 系数	a 系数
H1	0.440	0.444	0.420	
H2	0.318	0.469	0.408	
H3	0.358	0.522	0.408	初始(最终) $a=0.800$
H4	0.306	0.456	0.414	
H5	0.446	0.634	0.386	

然后,对显性知识共享能力变量的剩余测量条款进行探索性因子分析,对测量条款的 KMO 值和巴特利特球体进行显著性检验,结果如表 5-26 所示,KMO 值为 0.762,大于 0.7,且巴特利特统计值不显著。

表 5-26　KMO 样本测度和巴特利特球体检验结果

KMO 值		0.762
巴特利特球体检验	卡方值	81.254
	自由度	10
	显著性概率	0.000

9.企业与客户间外包合同(契约)量表的 CITC 和信度分析

首先采用 CITC 法和 a 信度系数法净化量表的测量条款。从表 5-27 可以看出,企业与客户间外包合同的测量条款中,第 3 和 6 个测量条款(13,16)的 CITC 指数分别为 0.068 和 0.106,远远小于 0.3,且删除这两个测量条款后,系数从 0.544 上升到 0.780,所以将这两个测量项目予以删除。测量条款 13 和 16 删除后,其他测量条款的 C1TC 值分别为 0.479、0.459、0.578、0.638、0.479、0.591。企业与客户间外包合同量表整体的信度系数为 0.780,大于 0.7,说明量表符合研究的要求。

表 5-27　外包合同(契约)的 CITC 和信度分析

项目	初始 CITC	最后 CITC	删除该项目后的 a 系数	a 系数
11	0.470	0.479	0.403	
12	0.441	0.459	0.412	
13	0.068	删除	0.341	
14	0.327	0.578	0.432	初始 a=0.544
15	0.527	0.638	0.446	最终 a=0.780
16	0.106	删除	0.800	
17	0.421	0.479	0.599	
18	0.432	0.591	0.387	

然后,对外包合同变量的剩余测量条款进行探索性因子分析,对测量条款的 KMO 值和巴特利特球体进行显著性检验,结果如表 5-28 所示,KMO 值为 0.861,大于 0.7,且巴特利特统计值不显著。

表 5-28　KMO 样本测度和巴特利特球体检验结果

KMO 值		0.861
巴特利特球体检验	卡方值	200.414
	自由度	28
	显著性概率	0.000

10. 企业与客户间外包绩效量表的 CITC 和信度分析

首先采用 CITC 法和 a 信度系数法净化量表的测量条款。从表 5-29 可以看出,企业与客户间外包绩效的测量条款中,第 1、第 4 和第 5 个测量条款(J1,J4,J5)的 CITC 指数分别为 0.170,0.127 和 0.027,远远小于 0.3,且删除这 3 个测量条款后,系数从 0.530 上升到 0.818,所以将这 3 个测量项目予以删除。测量条款 J1、J4 和 J5 删除后,其他测量条款的 CITC 值分别为 0.571、0.568、0.811、0.844、0.819。企业与客户间外包绩效量表整体的信度系数为 0.818,大于 0.7,说明量表符合研究的要求。

表 5-29　外包绩效的 CITC 和信度分析

项目	初始 CITC	最后 CITC	删除该项目后的 a 系数	a 系数
J1	0.170	删除	0.403	
J2	0.441	0.571	0.412	
J3	0.368	0.568	0.341	
J4	0.127	删除	0.322	初始 $a=0.530$
J5	0.027	删除	0.446	最终 $a=0.818$
J6	0.703	0.811	0.703	
J7	0.531	0.844	0.531	
J8	0.671	0.819	0.671	

　　然后,对外包绩效变量的剩余测量条款进行探索性因子分析,对测量条款的 KMO 值和巴特利特球体进行显著性检验,结果如表 5-30 所示,KMO 值为 0.819,大于 0.7,且巴特利特统计值不显著。

表 5-30　KMO 样本测度和巴特利特球体检验结果

KMO 值		0.819
巴特利特球体检验	卡方值	267.049
	自由度	28
	显著性概率	0.000

四、小样本的探索性因子分析

　　对测量条款进行初步净化后,就要进行 KMO 样本充分性测度(Kaiser-Meyer-Olykin Measure of Sampling Adequacy)和巴特利特球体检验(Bartlett Test of Sphericity)以判断是否可以进行因子分析。本书首先对 10 个变量的 72 个测量项目(10 个变量的初始测量条款共有 72 个,根据量表净化结果,删除 16 个)进行了 KMO 和 Bartlett 球体检验,其结果如表 5-31 所示。

表 5-31　KMO 样本测度和巴特利特球体检验结果

KMO 值		0.780
巴特利特球体检验	卡方值	3508.185
	自由度	1540
	显著性概率	0.000
cummulative‰of Variance		80.780

由表 5-31 可知,KMO 系数为 0.780,介于 0.70~0.80 之间;而 Bartlett 检验不显著,根据前述规则,56 个项目适合进一步作因子分析。

根据前面的探索性因子分析对区分效度的分析方法与判断标准,采用特征值大于 1 作为因子选择标准,利用主成分计算方法,并采用 Varimax 旋转,得到不同项目的因子载荷系数,通过将因子与变量进行一一对应,得到表 5-32 的探索性因子分析结果。

表 5-32　探索性因子分析结果

变量	项目	因子									
		1	2	3	4	5	6	7	8	9	10
知识共享	A1	0.862	0.085	0.172	0.148	0.011	0.071	0.166	0.096	0.233	0.072
	A2	0.834	0.072	0.078	0.079	0.037	0.173	0.282	0.275	0.187	0.165
	A3	0.736	0.035	0.143	0.155	0.048	−0.022	0.055	0.020	0.268	0.254
	A4	0.721	0.188	0.235	0.152	0.004	−0.101	0.112	0.248	0.229	0.115
	A5	0.695	0.037	0.281	0.136	0.108	−0.205	0.318	0.094	0.020	0.366
领导的支持	B1	0.068	0.783	0.175	0.101	0.158	−0.048	0.016	0.018	0.001	0.171
	B2	0.022	0.667	0.162	0.126	0.191	0.070	0.019	0.074	0.145	0.054
	B4	0.162	0.781	0.061	0.104	0.100	0.040	0.041	0.020	0.091	0.047
	B5	0.053	0.831	0.094	0.079	0.046	0.008	0.190	0.120	0.061	0.123
	B6	0.022	0.817	0.033	0.027	0.039	−0.099	0.040	0.022	0.052	0.184
企业文化	C1	0.035	0.071	0.683	0.064	0.043	−0.190	0.445	0.362	0.112	−0.067
	C3	0.079	0.741	0.802	0.194	0.192	−0.099	0.218	0.110	0.227	0.225
	C4	0.096	0.029	0.702	0.109	0.088	−0.042	0.026	0.160	0.086	0.040
	C5	0.067	0.022	0.779	0.172	0.018	0.285	0.299	0.045	0.148	0.266
	C6	0.079	0.015	0.769	0.157	0.017	−0.185	0.263	0.110	0.286	0.132
	C7	0.341	0.700	0.679	0.114	0.044	0.192	0.069	0.101	0.120	0.143
信息技术	D1	0.053	0.178	0.172	0.806	0.034	−0.035	0.100	0.183	0.022	0.067
	D2	0.010	0.171	0.152	0.742	0.003	0.159	0.134	0.098	0.018	0.227
	D3	0.042	0.168	0.062	0.779	0.102	0.041	0.108	0.127	0.345	0.262
	D5	0.113	0.062	0.250	0.812	0.121	0.111	0.264	0.226	0.117	0.067
	D7	0.024	0.029	0.084	0.749	0.142	0.127	0.117	0.286	0.179	0.186
	D8	0.124	0.121	0.048	0.799	0.042	0.243	0.310	0.012	0.146	0.407

变量	项目	因子									
		1	2	3	4	5	6	7	8	9	10
跨文化沟通	E1	0.079	0.591	0.322	0.268	0.691	0.090	0.293	0.283	0.110	0.154
	E2	0.071	0.040	0.026	0.064	0.724	0.074	0.295	0.076	0.087	-0.002
	E4	0.380	0.027	0.037	0.086	0.821	0.042	0.112	0.380	0.329	0.290
	E6	0.132	0.201	0.735	0.011	0.803	0.101	0.208	0.068	0.358	0.368
	E7	0.221	0.261	0.074	0.243	0.742	-0.223	0.356	0.007	0.157	0.016
	E8	0.113	0.185	0.061	0.157	0.783	0.177	0.041	0.251	0.188	0.253
信任	F1	0.221	0.094	0.155	0.270	0.540	0.722	0.006	0.279	0.300	0.237
	F2	0.104	0.302	0.082	0.155	0.214	0.748	0.142	0.081	0.126	0.119
	F3	0.297	0.101	0.258	0.010	0.322	0.683	0.251	0.175	0.258	0.138
	F4	0.296	0.150	0.053	0.070	0.029	0.753	0.014	0.391	0.069	0.106
	F5	0.100	0.077	0.254	0.008	0.392	0.785	0.140	0.002	0.086	0.136
	F6	0.557	0.260	0.360	0.062	0.057	0.839	-0.053	0.017	0.179	0.109
关系质量	G1	0.039	0.027	0.219	0.425	0.937	0.072	0.746	0.222	0.176	0.169
	G3	0.047	0.172	0.119	0.113	0.103	0.283	0.751	0.267	0.145	0.222
	G4	0.342	0.069	0.354	0.362	0.139	-0.057	0.694	0.048	0.025	0.238
	G5	0.145	0.357	0.190	0.045	0.024	0.199	0.767	0.302	-0.013	0.153
	G7	0.235	0.243	0.209	0.080	0.259	0.091	0.836	0.126	0.168	0.132
	G8	0.230	0.229	0.289	0.114	0.159	0.016	0.881	0.326	0.148	0.086
交往经历	H1	0.228	0.404	0.213	0.212	0.302	0.188	0.876	0.732	0.153	0.138
	H2	0.250	0.207	0.191	0.001	0.132	0.296	0.036	0.774	-0.053	0.203
	H3	0.119	0.096	0.292	0.074	0.073	0.069	0.054	0.833	0.154	0.185
	H4	0.296	0.375	0.045	0.159	0.016	-0.015	0.130	0.770	0.160	0.053
	H5	0.103	0.029	0.036	0.026	0.054	-0.282	0.072	0.772	0.235	0.063
	H6	0.269	0.225	0.264	0.276	0.048	0.092	0.188	0.823	0.715	0.191
外包合同	I1	0.014	0.106	0.043	0.088	0.226	-0.073	0.019	0.185	0.619	0.078
	I2	0.265	0.105	0.213	0.181	0.079	0.088	0.015	0.081	0.717	-0.027
	I4	0.055	0.052	0.094	-0.078	0.183	0.124	0.057	-0.045	0.505	0.163
	I5	0.029	0.130	0.038	0.138	0.075	0.102	0.101	0.227	0.812	0.025
	I7	0.075	0.115	0.066	0.173	0.087	-0.112	0.167	0.174	0.799	0.061
	I8	0.225	0.348	0.261	0.301	0.049	-0.077	0.097	0.177	0.813	0.075

续表

变量	项目	因子									
		1	2	3	4	5	6	7	8	9	10
外包绩效	J2	0.263	0.142	0.051	0.028	0.044	0.086	0.013	0.320	0.264	0.807
	J3	0.108	0.062	0.310	0.068	0.276	−0.192	0.041	0.033	0.259	0.826
	J6	0.064	0.045	0.268	0.013	0.245	0.095	0.283	−0.029	0.084	0.747
	J7	0.107	0.093	0.063	0.250	0.020	−0.067	0.280	0.148	0.297	0.753
	J8	0.062	0.085	0.072	0.148	0.411	0.071	0.166	0.096	0.233	0.772
特征根入值		7.326	7.278	7.078	6.932	6.832	6.532	5.231	4.278	3.128	1.245
方差解释量%		9.230	8.468	8.289	7.578	7.456	7.358	7.256	6.278	4.126	1.034

由表 5-32 可以看出,共得到 10 个特征根大于 1 的因子,分别对应本研究的 10 个变量,它们总共解释了方差变异的 80.780。经过 Varimax 旋转后,发现同属一个变量的测量项目,其最大因子负荷具有聚积性,即同一变量的测量项目在对应的因子上相对于其他因子而言,具有最大载荷(超过 0.5)。这说明了目前的测量量表具有一定的区分效度。

本研究用于正式调查的问卷共包含 56 个测量条款。通过量表的初步净化和探索性因子分析,删除 16 个测量条款之后,对量表的测量信度进行计算。本研究的变量测量,通过对 10 个变量的信度进行测算,其结果如表 5-33 所示。

表 5-33　变量测量的信度分析结果汇总

变量	测量项目数量	信度 α 系数
知识共享	5	0.821
领导的支持	5	0.780
企业文化特征	6	0.803
信息技术能力	6	0.790
跨文化管理能力	6	0.780
信任	6	0.815
关系质量	6	0.842
交往经历	5	0.800
外包合同	6	0.780
外包绩效	5	0.818

第四节　本章小结

　　本章首先说明了问卷的设计原则和过程,包括测量条款的理论依据和产生过程。其次,对问卷进行前测分析以检验问卷初稿的有效性和可靠性,通过小样本分析发现问卷初稿中存在的问题,比如有少数的测量条款虽然表述有差异,但是内涵相同,或者有些测量条款的表述不够规范等。经过对小样本问卷进行 CITC 和信度分析、探索性因子分析,删除了不理想的问项,并进一步对问卷的措辞进行了修改,调整了文字语意不清、题意被误解或语句不通顺的测量条款,并调整了部分剩余问项的排序,最终确定了本研究大规模发放的问卷,问卷调查和访谈提纲详见附录 1(中文版问卷调查表)、附录 2(日文版问卷调查表)和附录 3(访谈提纲)。

第六章 大样本调查与数据质量评估

本章内容主要分为两大部分,一部分是对数据收集方法进行说明,并对收集的样本情况进行描述性统计;另一部分是对数据质量进行初步评估,主要是针对论文的研究设计,运用结构方程统计软件(AMOS 17.0)对测量方程进行验证性因子分析,以评估测量的信度和效度。

第一节 数据收集与描述

一、数据收集

本研究概念模型中的各个变量,由于没有现成可以利用的二手数据,因此利用问卷调查法来获取经验分析所需的数据。问卷的大规模发放和数据收集,具体来说主要有以下几步。

1. 研究母体的界定

本书主要研究企业的知识共享与外包项目的合作绩效之间的关系,因此将目标母体界定为软件外包企业,在此本研究排除了制造业。

2. 分析单位的界定

本书主要从企业与客户之间的服务外包角度分析企业的知识共享与外包项目的合作绩效,因此本研究以企业层面作为分析的单位。

3. 抽样架构与抽样方法

由于企业调研的难度较大,为保证调研的顺利进行和提高问卷的回收率,笔者选择具有一定社会关系的调查地区,并让该地区的人员协助进行问卷的调查和回收。笔者最终确定本次调查的区域为杭州的滨江高新技术开发区及浙江省其他地区的软件企业,国外的以日本的神户、东京、大阪等地为主开展问卷调查。然后根据从有关部门(杭州软件外包协会)获取的杭州市软件外包企业目录,从软件业务外包对象等方面确定软件外包企业名单作为抽样架构,用简单随机抽样法选择拟调查企业。

4. 决定样本量大小

结构方程模型(SEM)是本研究的主要分析方法。关于结构方程所要求的样本量,不同学者的看法差异较大。Bagozzi 和 Yi(1988)认为线性结构方程模型所要求的样本数至少超过 50 个,最好达到估计参数五倍以上。Gerbing 和 Anderson(1988)则建议在应用结构方程模型时,样本至少要有 150 个。Hair 等(1998)认为样本数量起码要大于 100,但是也不能太大,如果样本数超过了 400,则最大似然估计法将会变得非常的敏感,从而使所有的适合度指标变得很差。应用比较广泛的标准是 Gorsuch(1983)的观点,他认为样本量的大小,应保证测量问项与受访者的比例应在 1:5 以上,最好达到 1:10。本研究依据这一标准,共有 56 个问项,所以总体研究样本应该在 280 个以上。

5. 问卷填写人员的选择

为了确保填卷人有足够的知识来填答问卷,本研究所设定的受访对象是该企业中与客户联系较多的中高级经理人员,例如负责软件外包项目的经理、软件研发主管、负责客户业务的营销或主管经理等中高层管理人员及软件开发的技术人员等。

6. 调查方法的选择

在调查方法的选择上,根据张绍勋(2004)对小规模访谈、邮寄问卷、电话访谈及互联网四种调查法的综合比较,本研究明确了最优的问卷发放方法,依次采用了小规模访谈、邮寄问卷、问卷调查及互联网等方法。

本书选择杭州高新技术区软件外包企业作为研究范围。访谈的对象主要集中在软件外包企业的研发团队,研发团队作为企业的一个特殊群体,大多分布在高科技企业中,根据工作的需要,由来自不同工作领域的各类专业人员组成。经过与多家软件外包企业的研发团队领导访谈,以及与多家软件外包企业的研发团队成员进行座谈、电话访谈等方式的预调研后,我们发现这些企业的研发团队成员有四个基本特点:①产权保护意识强,他们注重合作创新成果的利益分配问题;②个人成就感强烈,比较注重自身价值的实现,并期望得到同事和组织的认同,重视个人成就,渴望精神上的激励;③团队成员间合作频繁,彼此关系紧密,与一般的组织相比,人际交往的针对性更强、频率更高;④对团队充满深厚的感情,认为自己的成就感和价值可以通过团队这个平台得以尽情体现,因此有着强烈的责任感和使命感。这些拥有高知识资本的成员,大多比较年轻,年龄分布在 26 岁至 45 岁之间,工作经验以 5 年至 15 年为主。本书的研究对象主要是这些企业研发团队中的成员,这些成员个体的跨文化沟通能力将在很大程度上影响他们的知识分享行为,而他们知识共享行为的频繁程度将影响所在团队的知识共享效果及外包项目的绩效。

截至笔者进行数据分析时,共收到数据样本 309 份,其中有效数据样本共278 份,问卷回收率为 42.77%,有效样本比率 89.97%。这次调研虽然遇到了比较多的困难,但是从回收的数据来看,样本的有效率较高,具体见表 6-1。本研究的部分问卷是在日本进行发放的,这些都多亏日本 H 株式会社三浦友和池先生的大力支持,是他把一些问卷通过日本外包大学每年一度举办的外包大会及其他方式发放和回收,日本方面回收率相对比较高,这与日本企业和员工的做事风格也比较一致。受访者或者委婉拒绝填写问卷,而一旦进行填写则都比较认真,并且很多都写出了对问卷的改进意见。

本研究的对象设定以中日两国的外包软件企业为主。日本方面的软件企业主要为发包方企业,中国的软件企业主要是承接方企业。本研究主要针对服务外包模式下软件外包企业的知识共享的影响因素及知识共享和信任对外包绩效的影响,因此问卷的母体主要为承接软件外包业务的中国企业。但外包的成功与否往往需要发包方企业的积极配合,因此本研究的对象也包括向中国进行软件业务发包的日本企业,既包括一般性的日本大型跨国公司如 NEC 等,也包括专门进行软件系统开发的日本企业。由于本研究涉及中日两国企业间的信任和跨文化沟通等问题,对日本企业进行调研的工作量比较大,并且问卷的回收效率较高,但问卷数量不是很多。而能否顺利进行调查问卷的发放和回收也决定了本研究能否成功进行。

因为受各种因素的影响,中国方面主要的问卷调查以杭州为主,而且大部分的问卷调查都来自杭州周边的高新技术开发区。日本方面主要集中在东京、大阪、神户这些城市。对于杭州市软件外包企业的调查主要是通过杭州市软件服务外包协会来开展,对于日本方面的调查主要是依靠日本软件外包大学及杭州 H 软件有限公司的总部——东京 H 软件株式会社等的协助来开展问卷调查。本书样本选取以 2009 年度浙江省 230 家软件企业为主,选取其中 208 家有明确联系方式的软件企业。

2010 年 1 月 10 日发出问卷,本书委托杭州市软件服务外包协会以邮寄方式及 E-mail 方式发出问卷,共计发出 300 份,经 E-mail 及电话催收、共计回收133 份问卷,共有 66 个单位发回了问卷(部分企业名单见附录 9)。问卷回收率为 44.3%,去除 10 份填答不全的无效问卷,有效问卷合计 123 份,有效问卷占回收问卷的 92.5%。根据学者 Wimme 指出一般的邮寄问卷调查研究的回收率约在 10% 到 40% 之间,而本书的问卷回收率为 44.3%,已达到一定程度的研究有效性认定标准。

对于日本方面的问卷,笔者于 2010 年 1 月 20 日向日本东京及大阪、神户、静冈市四个大城市发出 300 份电子问卷,共有 55 个公司发回 200 份问卷(部分企业名单见附录 8),问卷回收率为 66.6%,去除 49 份填答不全的无效问卷,有效问卷合计 151 份,有效问卷占回收问卷的 75.5%。

其他的问卷都集中在杭州 H 软件有限公司进行现场发放,现场回收。笔者于 2010 年 1 月 8 日向该公司共发放问卷 50 份,回收 45 份,问卷回收率为 90.0%,去除 6 份填答不全的无效问卷,有效问卷合计 39 份,有效问卷占回收问卷的 86.7%。

综上所述,本研究共收集了 278 份问卷。共对 121 家企业进行了问卷调查,具体见表 6-1。

表 6-1　样本调查方式和分布情况

城市数量	实地调研	邮件调研		合计
	杭州 H 有限公司	杭州软件外包服务协会下部分企业实地调研(邮件调研)	日本	
发放问卷数	50	150(150)	300	
回收问卷数	45	93(40)	200	
回收问卷比率	90%	44.3%	66.6%	
有效问卷数	39	88(35)	151	278
有效问卷比率	86.7%	92.5%	75.5%	

本问卷内容共分为两大部分,第一部分为背景资料的调查。主要针对问卷对象及企业的基本资料进行调查,包含了软件产业规模(员工人数)、合作年限、CMM 认证水平等。目的是了解样本的基本资料信息。

二、样本描述

样本分布情况主要通过企业的规模、CMM 认证水平以及合作年限等指标进行分析。

1. 企业规模

将样本企业的规模按照员工人数进行分类,详细分布如表 6-2 所示。从根据企业员工人数衡量的样本企业的规模分布状况来看,员工人数在 101~500 人之间的企业数量为 88 家,所占比重最大,达到 31.65%。其他的依次是 501~1000 人之间的企业数为 80,所占比例为 28.77%;1001~2000 人之间的企业数为 68,所占比例为 21.18;50 人以下的企业数为 8 家,所占比例为 2.87％。其他员工人数很少或员工人数很多的企业都较少,员工人数在 2001～5000 人的企业有 15 家,所占比例 5.39％。员工人数在 5001 人以上的企业共计 4 家,所占比例为 3.31％,为 5％以内,具体如表 6-2 所示。

表 6-2　样本企业的规模分布状况

企业员工人数	测量代码	样本个数	所占比例％
50 人以下	1	8	2.87
51～100 人	2	19	6.83
101～500 人	3	88	31.65
501～1000 人	4	80	28.77
1001～2000 人	5	68	21.18
2001～5000 人	6	15	5.39
5001 人以上	7	4	3.31
合计		278	100％

2.问卷填写人员信息

将样本企业填写人员的信息及其与客户的交往时间等信息进行汇总,详细分布如表 6-3 所示。从问卷填写人员的部门分布状况来看,技术研发、管理部门的填写人员较多,所占比例分别为 59.71％和 31.65％。而销售和其他部门的问卷填写人员共有 20 个和 4 个,所占比例为 7.20％和 1.44％。从问卷填写人员在企业内的职位分布状况来看,中层和高层员工所占比重最大,分别为 67.27％和 28.06％,各有 187 人和 78 人。问卷填写人员中基层技术人员和其他所占的比例都较少,分别为 3.60％和 1.07％,各有 10 人和 3 人,具体见表 6-3。

表 6-3　样本的问卷填写人员所在部门和职位的分布情况

	类别	频次	所占比例％
所在部门	管理	88	31.65
	技术研发	166	59.71
	销售	20	7.20
	其他	4	1.44
合计		278	100％
企业职位	高层	78	28.06
	中层	187	67.27
	基层技术人员	10	3.60
	其他	3	1.07
合计		278	100％

从问卷填写人员在企业内的工作时间分布状况来看,在企业内工作时间在3~5年内的问卷填写人员最多,有83人,所占比例为29.86%。在企业内工作时间在1年以内和15年以上的人员较少,分别为16人和15人,所占比例分别为5.76%和5.40%。其他具体见表6-4所示。

表6-4　问卷填写人员在企业工作时间

企业员工人数	测量代码	样本个数	所占比例%
0~1年	1	16	5.74
1~3年	2	68	24.46
3~5年	3	83	29.86
5~8年	4	41	14.75
8~10年	5	30	10.80
10~15年	6	25	8.99
15年以上	7	15	5.40
合计		278	100

3. 本企业与客户的合作年限情况

从问卷填写人员所在企业与客户合作年限分布状况来看,5~8年合作的客户,有80家,所占比例为28.77%。合作年限在1年以内的企业较少,有8家,所占比例为2.87%,具体见表6-5。

表6-5　本企业与客户的合作年限情况

企业员工人数	测量代码	样本个数	所占比例%
0~1年	1	8	2.9
1~3年	2	28	10.07
3~5年	3	19	6.83
5~8年	4	80	28.77
8~10年	5	60	21.58
10~15年	6	68	24.46
15年以上	7	15	5.39
合计		278	100

4. 本企业CMM认证水平情况

从问卷填写人员所在企业CMM认证水平的分布状况来看,CMM 4级认证水平最多,有102家,所占比例为36.69%。CMM 1认证水平的企业较少,有

3家,所占比例为 1.07%。具体见表 6-6 所示。

表 6-6　CMM 认证水平情况

公司 CMM 认证水平情况	测量代码	样本个数	所占比例%
CMM 1 级	1	3	1.1
CMM 2 级	2	8	2.87
CMM 3 级	3	90	32.37
CMM 4 级	4	102	36.69
CMM 5 级	5	75	26.97
合计		278	100

三、数据描述

问卷中各变量测量条款的均值、标准差、偏态和峰度等描述性统计量详见附录 5。一般认为,当偏度绝对值小于 3,峰度绝对值小于 10 时,表明样本基本上服从正态分布(Kline,1998)。从附录 5(大样本数据的描述性统计和正态分布性)可以看出,偏度绝对值均小于 2,而峰度绝对值均小于 5。各测量条款的值基本服从正态性分布,因此可以进行下一步分析。

第二节　结构方程的验证性因子分析简述

本书的大样本调查数据分析主要采用结构方程来进行。因此,本研究首先对结构方程的主要内容进行说明。

结构方程模型(Structural Equation Modeling)是应用线性方程系统来表示观测变量与潜在变量之间及潜在变量之间关系的一种统计方法。结构方程模型没有严格的假定限制性条件,允许因变量和自变量之间存在测量误差,并且可以分析潜在变量之间的结构关系,因而广泛应用于社会学、经济学、心理学和行为科学等领域的研究。结构方程模型融合了因子分析(fator analysis)和路径分析中的两大统计技术,相对于传统的回归分析更有显著的优越性。

简单来说,结构方程分析法具有如下优点:①容许更大弹性的测量模型;②同时估计因子结构和因子关系;③容许自变量和因变量有测量误差;④同时处理多个因变量;⑤能估计整体模型的拟合度。

结构方程模型可分为测量方程和结构方程两部分。测量方程描述潜变量与观测指标之间的关系,其本质是验证性因子分析(CFA),而结构方程则描述潜变量之间的关系。以下介绍测量方程的理论和验证方法,关于结构方程的相关内容在后续的章节进行介绍。

一、验证性因子分析的步骤

结构方程模型中的测量模型就是验证性因子分析,验证性因子分析是在对研究问题有所了解的基础上,对现有的理论模型与数据拟合程度的一种验证。在进行验证性因子分析时必须明确观测变量的个数、公共因子的个数、观测变量与公共因子之间的关系、观测变量与特殊因子之间的关系以及特殊因子之间的关系。

结构方程中的验证性因子分析步骤如下。

1. 模型设定

在进行模型估计之前,首先要根据理论或以往的研究成果来建构假设的初始理论模型,包括指定观测变量与潜变量的关系;在进行验证性因子分析之前,一定要考虑模型在理论上的合理性,因为一个没有理论支持的模型,数据拟合再好也是没有实际意义。

2. 模型识别

验证性因子分析模型一般分超识别、恰好识别和不可识别三种。一个可识别的因子模型应该满足下面的必要条件和充分条件:

必要条件是模型中待估计的参数个数小于或等于 $q(q+1)/2$,其中 q 为观测变量个数。即 t 规则(t-rule)。

充分条件可根据情况采取两指标或三指标法则。

三指标法则(three-indicator rule)的条件是每个潜变量有三个或三个以上的测量变量;一个测量变量只测量一个特质量;特殊因子之间相互独立。如果同时满足上述三条件,则模型可识别。

二指标法则(two-indicator rule)是指如果每个潜变量至少有两个非零的测量变量;一个测量变量只测量一个特质量;特殊因子之间相互独立;至少有两个潜变量之间相关。如果同时满足上述四个条件,则模型可识别。

3. 参数估计

在测量方程验证性因子分析中,常用的参数估计方法有广义最小二乘法(GLS)、未加权最小二乘法(ULS)和极大似然法(ML)。其中,极大似然法(ML)是验证性因子分析中最常用的参数估计方法。但是极大似然法和广义最小二乘法都要求观测变量的总体服从多元正态分布,在正态分布假设不成立的情况下,要考虑其他对分布要求较低的参数估计方法。

4. 模型评价

得到参数估计值后,需要对模型与数据间是否拟合进行评价,并与替代模型拟合指标进行比较。在评价一个验证性因子分析模型时，必须检查多个拟合指数，而不能依赖某一个指数，一般需要考虑的指标有 χ^2 统计量、RMSEA、CFI、GFI、AGFI 和 NFI 等。

其中，卡方指数（χ^2）一般要大于 0.05 的显著水平，说明假设的模型与观测数据之间存在较好的拟合度。但是 χ^2 值对样本量非常敏感，样本越大时，χ^2 值就越容易显著，导致理论模型被拒绝（黄芳铭，2005）。因此，现在多采用 χ^2/df 指标，有些学者认为 χ^2/df 值应该不大于 3（Medsker *et al.*，1994），但是也有一些学者认为该值稍高一些也是可以接受的，只要不超过 5 就可以（Wheaton，1977）。

本书相关指标的数值范围以及理想数值如表 6-7 所示。

表 6-7　常用的模型拟合指数

拟合指数	指标	数值范围	理想的数值
绝对拟合指数	χ^2/df 指标	0 以上	小于 3 更好
	AGFI 指标	0～1 之间	大于 0.9 更好
	GFI 指标	0～1 之间	大于 0.9 更好
	RMSEA 指标	0 以上	小于 0.08 更好
相对拟合指数	NFI 指标	0～1 之间	大于 0.9 更好
	IFI 指标	0 以上，大多在 0～1 之间	大于 0.9 更好
	CFI 指标	0～1 之间	大于 0.9 更好

资料来源：转引自黄芳铭（2005）。

5. 模型修正

如果模型不能很好地拟合数据，那么就需要对模型进行修正和再次设定。模型的修正需要决定如何删除、增加和修改模型参数，以增进模型的拟合程度，任何一次模型的修正和设定都要重复上述步骤。总的来说，一个拟合较好的模型需要反复进行上述几个步骤，当然，对于模型的选取应遵循省俭原则。

二、验证性因子分析的评估指标

Bollen（1989）认为除了对模型整体拟合程度的评估以外，还要评估观察变量与潜在变量的信度、估计参数、效度的显著水平。一般来说，测量模式的内在质量评估主要涉及检验模式中各因子的信度和效度。

1. 信度评估

本研究对测量信度的评估主要从个别指标信度和因子整体信度（即建构信度）两个方面来进行。

(1)个别指标信度评估

Bollen(1989)认为测量模型中,个别指标的效度评估可以使用指标与潜在变量之间系数的大小及其显著性来表示。在验证性因子分析中,可以分别计算出个别变项的 R^2,即各测量指标是标准化负荷系数的平方,作为个别变项的信度指标(Bollen,1989)。检验 R^2 是为了了解每一个变项,解释潜在变项的变异程度,R^2 值越高则解释力越强。Bagozzi 和 Yi(1988)认为个别指标的信度,即 R^2 大于 0.5。但是,如果以 R^2 大于 0.5 作为参照标准,则每个测量指标的标准化因子负荷应在 0.70 以上,在有些情况下较难达到这个标准。因此,按照 Bollen(1989)的观点,一般对个别指标的检验是标准化因子负荷大于 0.5,且 t 值大于显著性水平即可。

(2)因子建构信度评估

建构信度主要是评估一组潜在建构指标的一致性程度,信度高则表示测量指标之间的关联度高(黄芳铭,2005)。建构信度在结构方程模式中有时又称为组合信度。对建构信度指标的要求,学者们的看法也不一致。Bagozzi 和 Yi(1988)认为潜变量的建构信度宜大于 0.60。Kline(1998),Raine-Eudy(2000)等学者认为建构信度在 0.5 以上就可以接受。本研究采用黄芳铭(2005)的观点,以 0.6 作为建构信度(CR)的参照指标。

2.测量因子效度

效度是指测量工具能真正测得研究人员所想要衡量事物的程度,效度高,表示测量的结果能显现出研究人员所欲测量事物的真正特征。对测量方程效度的检验,一般要考察准则效度、聚合效度、内容效度和区分效度。

内容效度是指测量工具内容的适合性,如果测量问卷涵盖研究计划所要探讨的内容,就说明具有较高的内容效度。变量测量的内容效度评价,一般都通过文献分析和访谈对测量项目的代表性和综合性进行评估(谢荷峰,2007)。

本书对测量项目的内容效度,也采用了上面的两种方法进行控制。首先,本书的所有变量测量项目的设置,以知识共享理论、信任理论、服务外包理论以及知识共享和外包绩效的理论为基础,均是参考了已有的相关研究文献,直接对已有的量表进行修正后采用,在没有合适的量表直接采用时,则根据概念定义,结合实际问题的研究背景进行项目设置。然后,在文献分析的基础上,采用预测试的方式,通过企业相关人员的反馈和评价,对问题的表述、设置等方面进行修正。因此,本研究的各个变量具有一定程度的内容效度,在下面的分析中不再个别讨论。

准则效度包括预测(predivitive)效度和同时(concurrent)效度,主要指衡量工具是否足以显示所要测量的变量的特质。本研究在问卷的条款设计上,大多数测量条款都参考现有的相关研究,并考虑本研究的目的和中国及日本的文化背景加以修改而成,虽然没有与其他已有效度的工具相比较,但问卷在对变量的衡量上,绝大多数都有文献作为依据;此外,本研究在问卷实际发放前,先开展了小规模访谈,并进行了问卷测量条款的评估,目的是为了验证问项是否合适及其与研究变量间的关联性,之后才进行问卷的正式调研,所以本研究也具有一定的准则效度,在下面的分析中不再具体讨论。

聚合效度。一般认为各潜变量所属的因素负荷大于 0.7 标准且估计参数的 t 值要大于 2.0,则表示量表的潜变量具备聚合效度。在 SEM 分析中,也可使用平均变异数抽取量(AVE)来说明。AVE 评价了潜在构思变量相对测量误差来说所解释的方差总量。如果提取的平均方差在 0.5 或以上,则表示构思变量的测量有足够的聚合效度,AVE 的值应在 0.5 以上(Bagozzi & Yi,1989)。

区分效度是指在运用相同测量方法时,测定不同特征或构思时,辨别不同特征的程度,也就是说不同特征的测量结果之间不应该高度相关。就结构方程而言,两个因子之间的区分效度检验是求限制模式与未限制模式两者之间 χ^2 值的差并检验是否显著,若两者 χ^2 值差距愈大,就表示这两个因子的区分效度愈大。限制模式与非限制模式两者主要的差别是,前者要限制这两个潜在变量之间的相关系数为 1.0,但后者则界定相关系数为自由参数,并且让统计软件计算其模式适配度 χ^2 值。非限制模式的适配度 χ^2 值愈小,就表示这些特质的相关性愈低,其区分效度就愈高。即限制模式与非限制模式两者 χ^2 值的差达到显著水平($p<0.05$),就表示这两个因子具有较高的区分效度(Simonin,1999;张绍勋,2004)。

第三节　调查方法的偏差分析

对于调查方法可能造成的数据偏差,本研究主要分析了两种:①传统问卷(包括邮寄问卷和走访问卷等实地调查)与电子邮件(主要以邮件问卷调查和网上问卷为主)问卷之间的差异;②共同方法变异(commen-method variance)的影响。

1.传统问卷和电子问卷之间的差异

对于以传统方式获得的问卷(共 127 份)和以电子邮件方式获得的问卷(共 151 份),用独立样本 t 检验的方法对两类问卷对应问项的均值和方差进行对比检验。检验结果表明,除了 E8、14 等极少数的问项存在差异外[E8 的 Sig.(双侧)为 0.046 和 0.045 都小于 0.05;14 的 Sig.(双侧)为 0.041 和 0.038 都小于

0.05〕,其他的问项间均没有显著性差异。由此可以推断,这两种调查方式所获取的问卷不存在显著性差异。检验结果见附录7"传统问卷和电子邮件方式的独立样本 t 检验"。

2. 共同方法变异的影响

本书主要采用 Harman 的单因子检验方法来检验共同方法变异的影响(Schriesheim,1979)。如果数据中存在大量的共同方法变异,那么将问卷中所有的变量都将纳入因子分析过程,就会出现一个单独因子,或者一个共同因子能解释变量的大部分变异。在本研究中,对问卷中所有测量信任、服务外包维度(跨文化沟通能力、外包合同完善性、外包合作关系质量、企业文化特征、信息技术水平、领导的支持)、知识共享和外包绩效的问项进行因子分析,结果得到 10 个特征值大于 1 的因子,共解释了 80.058% 的总变异,其中最大的一个因子仅解释了总变异的 34.521%,表明共同方法变异的影响在本研究中并不显著。

第四节　变量的验证性因子分析

一、企业隐性知识共享的验证性因子分析

在第五章第三节的探索性因子分析中,隐性知识共享能力已经是单维度,经过净化相关条款后还剩 5 个测量项目。基于这一模式,本章再对知识共享的测量进行验证性因子分析。如图 6-1 所示:

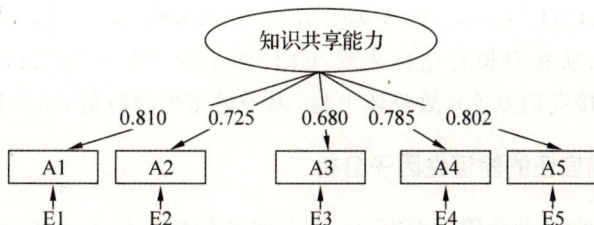

图 6-1　隐性知识共享能力测量的验证性因子分析模型

运用 AMOSS 17.0 软件,基于固定负荷法,验证性因子分析的信度和效度分析结果如下:

表 6-8　企业隐性知识共享能力的测量模式参数估计表

潜变量	测量条款	标准化系数	t 值	p	建构信度（C R）	AVE
企业隐性知识共享能力	A1	0.810			0.8733	0.5807
	A2	0.725	19.372	***		
	A3	0.680	18.797	***		
	A4	0.785	19.271	***		
	A5	0.802	20.258	***		
拟合优度指标（效度分析）：$\chi^2=13.458$			$df=5$		$p=0.102$	
χ^2/df	GFI		NFI	IFI	CFI	RMSEA
2.691	0.902		0.911	0.892	0.899	0.038

注：未列 t 值者为参照指标，是限制估计参数。*** 代表 $p<0.01$，** 表示 $p<0.05$。

通过以上的确定因子分析，可以得到以下结果：

（1）从单个测量项目的信度指标来看，所有指标的标准化负荷都在 0.6 以上，而且所有的标准化系数都具有较高的显著水平。

（2）潜变量的建构信度（CR）为 0.8733，远大于 0.6 的可接受标准，表明测量条款的整体信度以及内部一致性较高。同时，潜变量的平均变异抽取量（AVE）为 0.5807，也具有较好的聚合效度。

（3）从模型的拟合效果来看，所有的拟合优度指标都非常理想。从表 6-8 可以看出，$\chi^2/df=1.723$，不仅远小于指标值 5，也小于更严格的指标值 3，同时 $p=0.102$，大于 0.05，没有达到显著水平，这表明本研究测量模式的协方差矩阵与实证资料的协方差矩阵之间没有显著性的差异存在，数据质量较高。从绝对拟合指标来看，GFI＝0.902，大于接受值 0.90，RMSEA＝0.038，故总体上显示模型可以接受；从相对拟合指标来看，CFI＝0.899，NFI＝0.911，NFI＝0.911，均大于或接近接受值 0.90，故整体上看，因子模型拟合较好，可以接受。

二、企业间信任的验证性因子分析

在第五章的探索性因子分析中，企业间的信任已经是单维度，经过净化相关条款后还剩 6 个测量项目。基于这一模式，本章再对信任的测量进行验证性因子分析，如图 6-2 所示。

运用 AMOSS 17.0 软件，基于固定负荷法，验证性因子分析的信度和效度分析结果如表 6-9 所示。

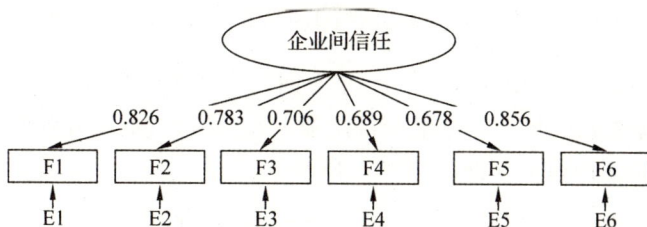

图 6-2　企业间信任测量的验证性因子分析模型

表 6-9　企业间信任的测量模式参数估计表

潜变量	测量条款	标准化系数	t 值	p	建构信度（C R）	AVE
企业间信任	F1	0.826			0.8902	0.5768
	F2	0.783	19.877	***		
	F3	0.706	19.640	***		
	F4	0.689	18.302	***		
	F5	0.678	17.007	***		
	F6	0.856	19.106	***		
拟合优度指标（效度分析）：$\chi^2 = 20.645$			$df = 9$		$p = 0.128$	
χ^2/df	GFI		NFI	IFI	CFI	RMSEA
2.293	0.902		0.921	0.896	0.908	0.047

注：未列 t 值者为参照指标，是限制估计参数。*** 代表 $p<0.01$，** 表示 $p<0.05$。

通过以上的确定因子分析，可以得到以下结果：

（1）从单个测量项目的信度指标来看，所有指标的标准化负荷都在 0.6 以上，而且所有的标准化系数都具有较高的显著水平。

（2）潜变量的建构信度（CR）为 0.8902，远大于 0.6 的可接受标准，表明测量条款的整体信度以及内部一致性较高。同时，潜变量的平均变异抽取量（AVE）为 0.5768，也具有较好的聚合效度。

（3）从模型的拟合效果来看，所有的拟合优度指标都非常理想。从表 6-9 可以看出，$\chi^2/df = 1.578$，不仅远小于指标值 5，同时 $p = 0.128$，大于 0.05，没有达到显著水平，这表明本研究测量模式的协方差矩阵与实证资料的协方差矩阵之间没有显著性的差异存在，数据质量较高。从绝对拟合指标来看，GFI = 0.902，大于接受值 0.90，RMSEA = 0.047，故总体上显示模型可以接受；从相对拟合指标来看，CFI = 0.908，NFI = 0.921，NFI = 0.921，均大于接受值 0.90，故整体上看，因子模型拟合较好，可以接受。

三、企业间合作关系质量的验证性因子分析

在第五章的探索性因子分析中,企业间的合作关系质量已经是单维度,经过净化相关条款后还剩 6 个测量项目。基于这一模式,本章再对合作关系质量的测量进行验证性因子分析,如图 6-3 所示。

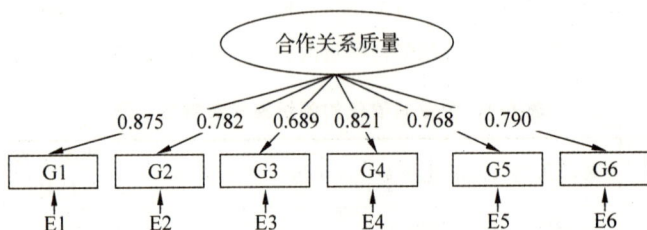

图 6-3　企业间合作关系质量测量的验证性因子分析模型

运用 AMOSS 18.0 软件,基于固定负荷法,验证性因子分析的信度和效度分析结果如表 6-10 所示。

表 6-10　企业间合作关系质量的测量模式参数估计表

潜变量	测量条款	标准化系数	t 值	p	建构信度（C R）	AVE
企业间合作关系质量	G1	0.875			0.9081	0.6233
	G2	0.782	15.870	***		
	G3	0.689	16.241	***		
	G4	0.821	19.478	***		
	G5	0.768	18.127	***		
	G6	0.790	20.106	***		

拟合优度指标(效度分析):$\chi^2 = 15.786$　　$df = 9$　　$p = 0.087$

χ^2 / df	GFI	NFI	IFI	CFI	RMSEA
1.754	0.912	0.897	0.902	0.934	0.038

注:未列 t 值者为参照指标,是限制估计参数。*** $p < 0.01$,** 表示 $p < 0.05$。

通过以上的确定因子分析,可以得到以下结果:

(1)所有指标的标准化负荷都在 0.6 以上,而且所有的标准化系数都具有较高的显著水平。

(2)潜变量的建构信度(CR)为 0.9081,远大于 0.6 的可接受标准,表明测量条款的整体信度以及内部一致性较高。同时,潜变量的平均变异抽取量(AVE)为 0.6233,也具有较好的聚合效度。

（3）从模型的拟合效果来看，所有的拟合优度指标都非常理想。从表 6-10 可以看出，$\chi^2/df=2.780$，不仅远小于指标值 5，也小于更严格的指标值 3，同时 $p=0.087$，大于 0.05，没有达到显著水平，这表明本研究测量模式的协方差矩阵与实证资料的协方差矩阵之间没有显著性的差异存在，数据质量较高。从绝对拟合指标来看，GFI＝0.912，大于接受值 0.90，RMSEA＝0.038，故总体上显示模型可以接受；从相对拟合指标来看，CFI＝0.934，NFI＝0.897，IFI＝0.902，均大于接受值 0.90，故整体上看，因子模型拟合较好，可以接受。

四、企业跨文化沟通能力的验证性因子分析

在第五章的探索性因子分析中，企业的跨文化沟通能力已经是单维度，经过净化相关条款后还剩 8 个测量项目。基于这一模式，本章再对跨文化沟通能力的测量进行验证性因子分析，如图 6-4 所示。

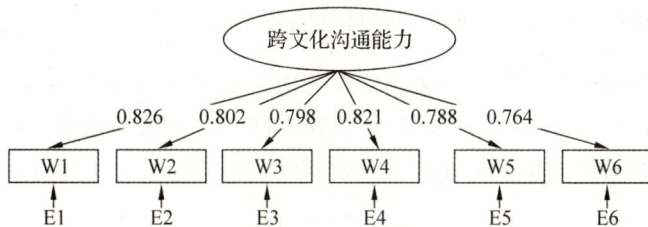

图 6-4　对企业跨文化沟通能力测量的验证性因子分析模型

运用 AMOSS 17.0 软件，基于固定负荷法，验证性因子分析的结果如表 6-11所示。

表 6-11　企业跨文化沟通能力的测量模式参数估计表

潜变量	测量条款	标准化系数	t 值	p	建构信度（CR）	AVE
企业间跨文化沟通能力	W1	0.826			0.9413	0.6402
	W2	0.802	14.270	***		
	W3	0.798	16.250	***		
	W4	0.821	15.123	***		
	W5	0.788	17.134	***		
	W6	0.764	15.406	***		
拟合优度指标(效度分析)：$\chi^2=32.932$			$df=9$		$p=0.138$	

χ^2/df	GFI	NFI	IFI	CFI	RMSEA
3.555	0.923	0.911	0.912	0.913	0.068

注：未列 t 值者为参照指标，是限制估计参数。*** $p<0.01$，** 表示 $p<0.05$。

通过以上的确定因子分析，可以得到以下结果：

(1)从单个测量项目的信度指标来看,所有测量指标的标准化因子负荷都超过 0.7,所有的标准化系数都具有较高的显著水平。

(2)潜变量的建构信度(CR)为 0.9413,远大于 0.6 的可接受标准,表明测量条款的整体信度以及内部一致性较高。同时,潜变量的平均变异抽取量(AVE)为 0.6402,也表明具有较好的聚合效度。

(3)从模型的拟合效果来看,所有的拟合优度指标都非常理想。从表 6-11 可以看出,$\chi^2/df=3.555$,小于指标值 5,同时 $p=0.138$,大于 0.05,没有达到显著水平,这表明本研究测量模式的协方差矩阵与实证资料的协方差矩阵之间没有显著性的差异存在,数据质量较高。从绝对拟合指标来看,GFI=0.923,大于接受值 0.90,RMSEA=0.068,故总体上显示模型可以接受;从相对拟合指标来看,CFI=0.913,NFI=0.911,IFI=0.912,均大于接受值 0.90 所以整体上看,因子模型拟合程度较好,可以接受。

五、企业间外包合同完善性的验证性因子分析

在第五章的探索性因子分析中,企业间外包合同完善性变量已经是单维度,经过前面的量表净化后还剩 6 个测量项目。基于这一模式,本章再对外包合同完善性的测量进行验证性因子分析,如图 6-5 所示。

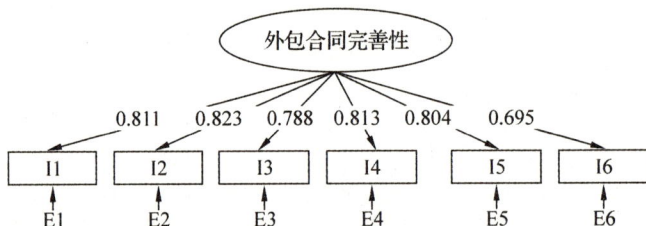

图 6-5　对企业间外包合同完善性测量的验证性因子分析模型

运用 AMOSS 17.0 软件,基于固定负荷法,验证性因子分析的结果如下。

通过以上的验证性因子分析,可以得到以下结果:

(1)从单个测量项目的信度指标来看,所有测量指标的标准化因子负荷范围为 0.695~0.823,基本上都超过 0.7,所有的标准化系数都具有较高的显著水平。

(2)潜变量的建构信度(CR)为 0.9159,远大于 0.6 的可接受标准,表明测量条款的整体信度以及内部一致性较高。同时,潜变量的平均变异抽取量(AVE)为 0.6458,也具有较好的聚合效度。

最后,从模型的拟合效果来看,所有的拟合优度指标都基本达到要求。从表 6-12可以看出,$\chi^2/df=4.272$,小于 5 的指标值,从绝对拟合指标来看,GFI=0.921,大于接受值 0.90;RMSEA=0.045,小于 0.08 的可接受值,故总体上显示模型可以接受;从相对拟合指标来看,CFI=0.946,NFI=0.956,IFI=0.912,均大于接受值 0.90,故整体上看,因子模型拟合良好,可以接受。

表 6-12 企业间外包合同完善性的测量模式参数估计表

潜变量	测量条款	标准化系数	t 值	p	建构信度(CR)	AVE
企业间外包合同完善性	I1	0.811				
	I2	0.823	16.370	***		
	I3	0.788	15.450	***	0.9159	0.6458
	I4	0.813	18.456	***		
	I5	0.804	18.564	***		
	I6	0.695	19.306	***		
拟合优度指标(效度分析):$\chi^2=38.456$			$df=9$	$p=0.059$		
χ^2/df	GFI		NFI	IFI	CFI	RMSEA
4.272	0.921		0.956	0.912	0.946	0.045

注:未列 t 值者为参照指标,是限制估计参数。*** $p<0.01$,** 表示 $p<0.05$。

六、企业显性知识共享能力的验证性因子分析

在第五章的探索性因子分析中,企业显性知识共享能力变量已经是单维度,经过前面的量表净化后还剩 5 个测量项目。基于这一模式,本章再对显性知识共享能力的测量进行验证性因子分析,如图 6-6 所示。

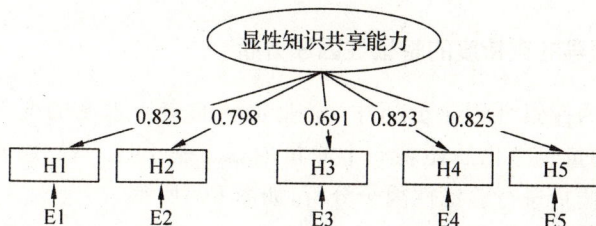

图 6-6 对企业显性知识共享能力测量的验证性因子分析模型

运用 AMOSS 17.0 软件,基于固定负荷法,验证性因子分析的结果如表 6-13所示。

表 6-13 企业显性知识共享能力的测量模式参数估计表

潜变量	测量条款	标准化系数	t 值	p	建构信度(CR)	AVE
企业显性知识共享能力	H1	0.823			0.8945	0.6299
	H2	0.798	15.350	***		
	H3	0.691	19.455	***		
	H4	0.823	19.459	***		
	H5	0.825	18.564	***		
拟合优度指标(效度分析):$\chi^2=28.589$ $df=5$ $p=0.116$						

χ^2/df	GFI	NFI	IFI	CFI	RMSEA
5.717	0.896	0.902	0.926	0.909	0.057

注:未列 t 值者为参照指标,是限制估计参数。*** $p<0.01$,** 表示 $p<0.05$。

通过以上的验证性因子分析,可以得到以下结果:

(1)从单个测量项目的信度指标来看,所有测量指标的标准化因子负荷范围 0.691~0.825,基本上都达到或超过 0.7,所有的标准化系数都具有较高的显著水平。

(2)潜变量的建构信度(CR)为 0.8945,远大于 0.6 的可接受标准,表明测量条款的整体信度以及内部一致性较高。同时,潜变量的平均变异抽取量(AVE)为 0.6299,也具有较好的聚合效度。

(3)从模型的拟合效果来看,所有的拟合优度指标都基本达到要求。从表 6-13 可以看出,$\chi^2/df=5.717$,接近 5 的指标值,从绝对拟合指标来看,GFI=0.896,大于接受值 0.90;RMSEA=0.057,小于 0.08 的可接受值,故总体上显示模型可以接受;从相对拟合指标来看,CFI=0.909,NFI=0.902,IFI=0.926,均大于接受值 0.90,故整体上看,因子模型拟合良好,可以接受。

七、企业领导的支持度的验证性因子分析

在第五章的探索性因子分析中,企业领导的支持程度的变量已经是单维度,经过前面的量表净化后还剩 5 个测量项目。基于这一模式,本章再对领导的支持程度的测量进行验证性因子分析,如图 6-7 所示。

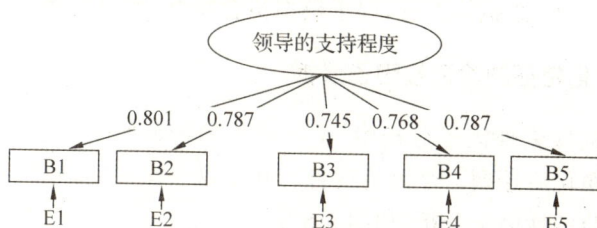

图 6-7 对领导的支持度历测量的验证性因子分析模型

运用 AMOSS 17.0 软件,基于固定负荷法,验证性因子分析的结果如表 6-14。

表 6-14 领导的支持度的测量模式参数估计表

潜变量	测量条款	标准化系数	t 值	p	建构信度(CR)	AVE
领导的支持程度	B1	0.801			0.8845	0.605
	B2	0.787	13.250	***		
	B3	0.745	18.455	***		
	B4	0.768	16.459	***		
	B5	0.787	17.001	***		

拟合优度指标(效度分析):$\chi^2 = 27.598$ $df = 5$ $p = 0.120$

χ^2/df	GFI	NFI	IFI	CFI	RMSEA
5.519	0.921	0.913	0.931	0.878	0.068

注:未列 t 值者为参照指标,是限制估计参数。*** $p < 0.01$,** 表示 $p < 0.05$。

通过以上的验证性因子分析,可以得到以下结果:

(1)从单个测量项目的信度指标来看,所有测量指标的标准化因子负荷范围为 0.745~0.801,基本上都达到或超过 0.7,所有的标准化系数都具有较高的显著水平。

(2)潜变量的建构信度(CR)为 0.8845,远大于 0.6 的可接受标准,表明测量条款的整体信度以及内部一致性较高。同时,潜变量的平均变异抽取量(AVE)为 0.605,也具有较好的聚合效度。

(3)从模型的拟合效果来看,所有的拟合优度指标都基本达到要求。从上表可以看出,$\chi^2/df = 5.519$,接近 5 的指标值,从绝对拟合指标来看,GFI = 0.921,大于接受值 0.90;RMSEA = 0.068,小于 0.08 的可接受值,故总体上显示模型可以接受;从相对拟合指标来看,CFI = 0.878,NFI = 0.913,IFI = 0.931,

均大于接受值 0.90，故整体上看，因子模型拟合良好，可以接受。

八、企业文化特征的验证性因子分析

在第五章的探索性因子分析中，企业文化的特征的变量已经是单维度，经过前面的量表净化后还剩 5 个测量项目。基于这一模式，本章再对企业文化特征的测量进行验证性因子分析，如图 6-8 所示。

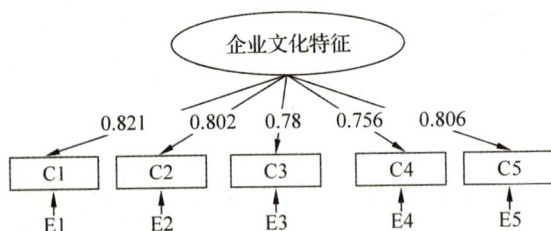

图 6-8　对企业文化特征测量的验证性因子分析模型

运用 AMOSS 17.0 软件，基于固定负荷法，验证性因子分析的结果如表 6-15 所示。

表 6-15　企业文化特征的测量模式参数估计表

潜变量	测量条款	标准化系数	t 值	p	建构信度（CR）	AVE
企业文化特征	C1	0.821			0.9129	0.6363
	C2	0.802	18.251	***		
	C3	0.778	17.455	***		
	C4	0.756	19.459	***		
	C5	0.806	15.054	***		
	C6	0.821	16.231	***		

拟合优度指标（效度分析）：$\chi^2=27.559$　　$df=9$　　$p=0.08$

χ^2/df	GFI	NFI	IFI	CFI	RMSEA
3.062	0.901	0.918	0.885	0.908	0.066

注：未列 t 值者为参照指标，是限制估计参数。*** $p<0.01$，** 表示 $p<0.05$。

通过以上的验证性因子分析，可以得到以下结果：

(1)从单个测量项目的信度指标来看，所有测量指标的标准化因子负荷范围为 0.756～0.821，基本上都达到或超过 0.7，所有的标准化系数都具有较高的显著水平。

(2)潜变量的建构信度（CR）为 0.9129，远大于 0.6 的可接受标准，表明测量条款的整体信度以及内部一致性较高。同时，潜变量的平均变异抽取量（AVE）为 0.6363，也具有较好的聚合效度。

（3）从模型的拟合效果来看，所有的拟合优度指标都基本达到要求。从表 6-15 可以看出，$\chi^2/df=3.062$，小于 5 的指标值，从绝对拟合指标来看，GFI＝0.901，大于接受值 0.90；RMSEA＝0.066，小于 0.08 的可接受值，故总体上显示模型可以接受；从相对拟合指标来看，CFI＝0.908，NFI＝0.918，IFI＝0.885，均大于接受值 0.90，故整体上看，因子模型拟合良好，可以接受。

九、信息技术水平的验证性因子分析

在第五章的探索性因子分析中，信息技术水平的变量已经是单维度，经过前面的量表净化后还剩 5 个测量项目。基于这一模式，本章再对信息技术水平的测量进行验证性因子分析，如图 6-9 所示。

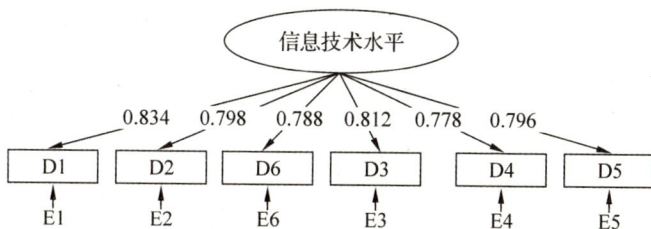

图 6-9　对信息技术水平测量的验证性因子分析模型

运用 AMOSS 17.0 软件，基于固定负荷法，验证性因子分析的结果如表 6-16 所示。

表 6-16　信息技术水平的测量模式参数估计表

潜变量	测量条款	标准化系数	t 值	p	建构信度（CR）	AVE
信息技术水平	D1	0.834	—	—	0.9194	0.6395
	D2	0.789	18.117	***		
	D3	0.812	17.561	***		
	D4	0.778	15.320	***		
	D5	0.796	16.981	***		
	D6	0.788	19.237	***		
拟合优度指标（效度分析）：$\chi^2=28.589$			$df=9$		$p=0.116$	
χ^2/df	GFI		NFI	IFI	CFI	RMSEA
3.176	0.880		0.890	0.881	0.899	0.077

注：未列 t 值者为参照指标，是限制估计参数。*** $p<0.01$，** 表示 $p<0.05$。

通过以上的验证性因子分析,可以得到以下结果:

(1)从单个测量项目的信度指标来看,所有测量指标的标准化因子负荷范围为 0.778~0.834,基本上都达到或超过 0.7,所有的标准化系数都具有较高的显著水平。

(2)潜变量的建构信度(CR)为 0.9194,远大于 0.6 的可接受标准,表明测量条款的整体信度以及内部一致性较高。同时,潜变量的平均变异抽取量(AVE)为 0.6395,也具有较好的聚合效度。

(3)从模型的拟合效果来看,所有的拟合优度指标都基本达到要求。从表 6-16 可以看出, $\chi^2/df=3.176$,小于 5 的指标值,从绝对拟合指标来看,GFI=0.880,接近接受值 0.90;RMSEA=0.077,小于 0.08 的可接受值,故总体上显示模型可以接受;从相对拟合指标来看,CFI=0.899,NFI=0.890,IFI=0.881,均接近接受值 0.90,故整体上看,因子模型拟合良好,可以接受。

十、外包绩效的验证性因子分析

在第五章的探索性因子分析中,外包绩效变量已经是单维度,经过前面的量表净化后还剩 5 个测量项目。基于这一模式,本章再对外包绩效维度的测量进行验证性因子分析,如图 6-10 所示。

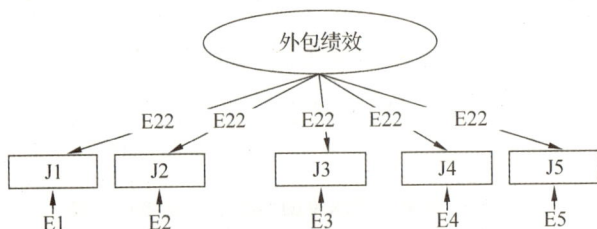

图 6-10 对外包绩效度测量的验证性因子分析模型

运用 AMOSS 17.0 软件,基于固定负荷法,验证性因子分析的结果如表 6-17 所示。

通过以上的验证性因子分析,可以得到以下结果:

(1)从单个测量项目的信度指标来看,所有测量指标的标准化因子负荷范围为 0.700~0.745,都超过 0.7,所有的标准化系数都具有较高的显著水平。

(2)潜变量的建构信度(CR)为 0.8434,远大于 0.6 的可接受标准,表明测量条款的整体信度以及内部一致性较高。同时,潜变量的平均变异抽取量(AVE)为 0.5187,也具有较好的聚合效度。

表 6-17 外包绩效维度的测量模式参数估计表

潜变量	测量条款	标准化系数	t 值	p	建构信度（CR）	AVE
合作绩效	J1	0.716			0.8434	0.5187
	J2	0.700	18.117	***		
	J3	0.709	15.561	***		
	J4	0.745	16.320	***		
	J5	0.730	17.981	***		
拟合优度指标（效度分析）：$\chi^2 = 28.599$			$df = 5$		$p = 0.128$	
χ^2/df	GFI		NFI	IFI	CFI	RMSEA
5.719	0.878		0.890	0.812	0.916	0.067

注：未列 t 值者为参照指标，是限制估计参数。*** $p<0.01$，** 表示 $p<0.05$。

（3）从模型的拟合效果来看，所有的拟合优度指标都基本达到要求。从表 6-17 可以看出，$\chi^2/df = 5.719$，大于 5 的指标值，但从绝对拟合指标来看，GFI = 0.878，接近接受值 0.90；RMSEA = 0.067，小于 0.08 的可接受值，故总体上显示模型可以接受；从相对拟合指标来看，CFI = 0.916，NFI = 0.890，IFI = 0.812，均接近接受值 0.90，故整体上看，因子模型拟合良好，可以接受。

第五节　企业与客户间知识共享的验证性因子分析

一、因子模型设定

企业知识共享由 2 个潜在变量构成，分别是隐性知识共享与显性知识共享 2 个维度。这也是显性知识与隐性知识的互换过程。其中，隐性知识共享能力维度有 5 个测量指标，显性知识共享维度也有 5 个测量指标，验证性因子分析模型如图 6-11 所示。

二、因子模型识别

根据 t 规则，本验证性因子模型共有 10 个测量指标，因此 $q(q+1)/2 = 55$，模型要估计 10 个因子负荷、10 个测量指标的误差方差和 1 个因子间相关系数，共要估计 21 个参数，$t = 21 < 55$，满足模型识别的必要条件。

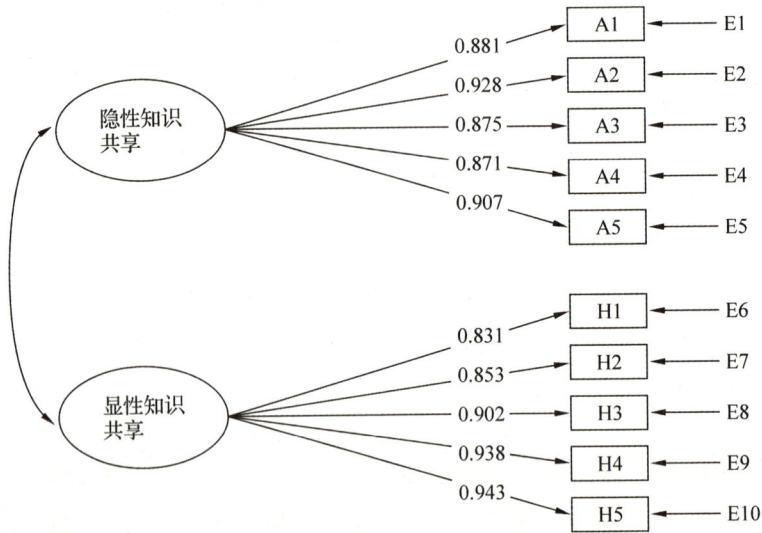

图 6-11　知识共享能力验证性因子分析模型

从验证性因子分析模型识别三指标法则(three-indicator rule)上看,本模型每个潜变量有三个或以上的测量变量;因子负荷矩阵每一行有且只有一个非零值,即一个测量变量只测量一个特质量;残差的协方差矩阵为对角矩阵,即特殊因子之间相互独立。同时满足上述三条件,因此本验证性因子分析模型满足识别的充分条件。综上所述,该模型可识别。

三、模型参数估计

运用 AMOSS 18.0 软件,基于固定负荷法,对模型进行了分析,结果如表 6-18 所示。

表 6-18　知识共享测量模型的区分效度

潜变量	测量条款	标准化系数	t 值	p	建构信度(CR)	AVE
隐性知识共享能力	A1	0.810	—	—	0.8733	0.5807
	A2	0.725	19.372	***		
	A3	0.680	18.797	***		
	A4	0.785	19.271	***		
	A5	0.802	20.258	***		

续表

潜变量	测量条款	标准化系数	t 值	p	建构信度 (CR)	AVE
显性知识共享能力	H1	0.823			0.8945	0.6299
	H2	0.798	15.350	***		
	H3	0.691	19.455	***		
	H4	0.823	19.459	***		
	H5	0.825	18.564	***		
拟合优度指标(效度分析)：$\chi^2 = 135.949$			$df = 35$		$p = 0.000$	
χ^2/df	GFI		NFI	IFI	CFI	RMSEA
3.884	0.828		0.899	0.905	0.865	0.068

注：未列 t 值者为参照指标，是限制估计参数。*** $p < 0.01$，** 表示 $p < 0.05$。

从绝对拟合指标来看 $\chi^2 = 135.949$，$p = 0.000$，小于 0.05，有达到显著水平这表明本研究测量模式的协方差矩阵与实证资料的协方差矩阵之间有显著性的差异存在。数据质量较好，从其他指标来看，GFI = 0.828，基本上达到或接近值 0.90，RMSEA = 0.068，小于 0.08 的参照值，故总体上显示模型可以接受；从相对拟合指标来看，CFI = 0.865，NFI = 0.899，IFI = 0.905，均接近接受值 0.90，故整体上看，因子模型拟合良好，具有良好的建构效度，可以接受。

四、信度评估

个别指标的信度评估就是要检验观察变项在其反映的因子上的标准化负荷量。从上表中可以看出，各指标的标准化负荷基本在 0.7 以上，且所有的标准化系数皆具有很高的显著水平。因此，这 10 个测量指标可以作为 2 个潜在因子的测量指标。

因子信度用建构信度来衡量，从表 6-18 中可以看出，建构信度的值在 0.6 以上，这表明各潜变量的测量表现出了良好的内部一致性，信度指标均可接受。

五、效度评估

对于聚合效度，如表 6-18 所示，各潜变量所属的因素负荷都大于 0.7 的接受标准，显示本研究量表潜变量具备聚合效度。而且还可以看出，各潜在变量提取的平均方差（AVE）在 0.6 以上，这表明测量指标的解释力超过其误差方差，各构思变量的测量有足够的聚合效度。

对于区分效度，本研究主要是求两两因子之间限制模式与未限制模式两者的才值的差，如果两者之 χ^2 值的差异显著，则说明两因子之间具有良好的区分效度。企业与客户间的知识共享有 2 个因子,配对求得 1 对区分效度的检验,这 1 对配对 χ^2 值的差均达到显著水平($p<0.05$),显示验证阶段的 2 个因子之间彼此区分效度良好。限制模式与未限制模式两者的 χ^2 值的差值及其显著性如表 6-19 所示。

表 6-19　知识共享测量模型区分效度

两两配对因子	未限制模式		限制模式		χ^2 值之差及显著性		
	χ^2 值	DF	χ^2 值	DF	χ^2 值	DF	p 值
隐性知识共享—显性知识共享	357.643	53	360.286	54	2.643	1	0.000

注:*** 表示 $p<0.01$,** 表示 $p<0.05$。

第六节　本章小结

在前几章论述的基础上,本章首先对数据的收集过程和原则进行了说明。然后对大规模调查问卷回收的数据进行了描述性统计。最后利用结构方程方法对各变量进行验证性因子分析,对数据的信度和效度进行了评估,为下一章的假设和模型检验奠定了基础。

第七章 假设检验与结果分析

本章主要通过结构方程建模来对本书的概念模型和相关假设进行检验。首先对控制变量的影响和中介变量的合理性进行分析；然后通过结构方程建模对相关的假设进行检验；最后通过结构方程的多样本比较对企业与客户间（承接方与发包方）信任的调节作用及相关假设进行检验，并对假设检验结果进行总结。

第一节 控制变量的影响分析

在前面的分析中，本书认为中介变量和因变量除了受到自变量的影响外，可能还会受到控制变量的影响。本研究的控制变量有 3 个，分别是软件外包企业的 CMM 认证水平、企业规模和企业与客户的交往时间。本研究的控制变量都是采用编码测量，属于分类型自变量。通过方差分析，可以检验控制变量对中介变量和结果变量的影响，以决定在后面的假设分析中是否需要进一步考虑（荣泰生，2005；杨静，2006；杨志蓉，2006）。

本研究的变量，除了控制变量外，其余均是不可直接观测的潜变量，因此，需要对研究模型中的中介变量和结果变量进行赋值。通用的赋值方法有两类，一是采用因子分析方法，计算它们的因子值作为潜变量的计算值；二是采用均值的方法，直接计算控制变量的计算值。在相关分析中，一般采用的是后者，本书也采取这一方法。

一、企业规模对知识共享和外包合作绩效的影响

在本书中对企业规模的测量采用 7 级量表，依次为"非常小—非常大"，4 代表规模中等的企业。本研究根据企业规模的得分值将企业划分为 7 类，采用单

因素方差分析方法(One-way ANOVA)进行分析,判断企业规模对外包绩效的影响是否有显著性差异,如表 7-1 所示。

表 7-1　企业规模对知识共享和外包合作绩效影响的方差分析

	规模	样本数	均值	方差齐性检验		均值差异检验	
				F 值	Sig.	Sig.	均值差
外包绩效	1	8	4.575	0.481	0.110	0.078	0.288
	2	19	4.863				0.219
	3	88	5.082				
	4	80	4.927				0.155
	5	68	5.121				0.194
	6	15	4.680				0.441
	7	0	0				4.680

注:方差齐性检验的显著水平为 0.05。

　　从上表可以看出,就所调查的企业而言,在置信度为 95% 的水平上,显著性概率 $p > 0.05$,表明 7 类变量的各组均值并不存在显著差异,也就是说企业规模对外包绩效没有显著的影响。Yli-Renko,Autio 和 Sapienza(2001)在其知识共享的研究中,也将企业规模作为影响绩效的控制变量并进行了实证。结果表明,企业规模对绩效没有显著性的影响。本研究之所以得出了企业规模对外包绩效没有影响的结论,原因之一可能在于样本企业中,规模很大和很小的企业所占比例很小。

二、企业与客户之间的交往时间对知识共享和外包合作绩效的影响

　　在本书中对企业与客户间交往时间的测量采用 7 级量表,本研究根据企业与客户间交往时间的得分值将研究样本划分为 7 类,采用单因素方差分析方法(One-way ANOVA)进行分析,探讨企业与客户间交往时间对企业与客户往来过程中的知识共享和合作绩效的影响是否有显著差异,结果如表 7-2 所示。

　　从表的分析结果来看,就所调查的企业而言,在置信度为 95% 的水平下,企业与客户间的交往时间长短对外包绩效的影响没有显著差异。原因之一可能在于样本企业中,合作交往年限很长和很短的企业所占比例很小。

表 7-2　企业与客户之间的交往时间对知识共享和合作绩效影响的方差分析

规模		样本数	均值	方差齐性检验		均值差异检验	
				F 值	Sig.	Sig.	均值差
外包绩效	1	8	4.577	1.785	0.178	0.191	0.656
	2	28	5.232				1.001
	3	19	4.231				1.549
	4	80	5.780				1.704
	5	60	4.076				1.304
	6	68	5.380				0.800
	7	15	4.580				

注:方差齐性检验的显著水平为 0.05。

三、企业的 CMM 认证水平对知识共享和外包合作绩效的影响

在本书中对企业的 CMM 认证水平的测量采用 5 级量表,本研究根据企业的 CMM 认证水平的得分值将研究样本划分为 5 类,采用单因素方差分析方法(One-way ANOVA)进行分析,检验企业的 CMM 认证水平对外包绩效的影响是否有显著差异,结果如表 7-3 所示。

表 7-3　企业的 CMM 认证水平对知识共享和合作绩效影响的方差分析

规模		样本数	均值	方差齐性检验		均值差异检验	
				F 值	Sig.	Sig.	均值差
外包绩效	1	3	6.600	1.180	0.079	0.089	1.575
	2	8	5.025				0.156
	3	90	4.869				0.225
	4	102	5.094				0.147
	5	75	4.947				

注:方差齐性检验的显著水平为 0.05。

结果表明,企业的 CMM 认证水平对知共享没有显著性的影响。原因之一可能是,在样本企业中,CMM 水平很高和很低的企业所占比例很小。

从本研究的控制变量对因变量的影响检验结果来看,控制变量对因变量没有显著性影响,其中可能的原因之一是,本研究在做调查问卷时,已经对所调查的企业有事先的要求,已经排除了一些极端情况,比如交往时间太短的客户,此外规模太小的企业在样本企业中所占的比例非常小。所以分析的结果仅仅是针对样本企业而言,并不意味着这三个控制变量在其他情况下对知识获取和创新绩效没有影响。根据样本企业的数据分析,控制变量对中介变量和因变量的影响不显著,所以在后面通过结构方程进行假设检验过程中,不再考虑。

第二节 中介变量的验证

作为服务外包关系下影响外包绩效的关键因素及与外包绩效之间的中介变量,知识共享能力在本书中将被分为隐性知识共享和显性知识共享两个维度。对中介变量的验证,主要可以采用两种方法。第一种是采用相关和偏相关分析(杨静,杨志蓉,2006;Baron & Kenny,1986),具体过程可以分为如下几步:自变量与中介变量相关分析;自变量与因变量相关分析;中介变量与因变量相关分析;当考虑到中介变量的作用时,自变量对因变量的影响减弱或直到没有。第二种是采用结构方程,具体的参考标准为比较假设模型、直接模型与饱和模型中各变量之间的标准化路径系数(Simonin,1999;Yli-Renko,2001)。两者的原理在本质上是相似的。本书为了用不同的方法验证研究结果,因此将采用以上两种方法来分析。本书后面还要进行理论模型的验证,为了更直观地验证中介变量的作用,本研究采用了第一种方法。

一、自变量与中介变量相关

本部分是为了检验自变量与因变量之间的相关性,并不考虑其他因素的影响。这样做的目的仍然是为了后面对知识共享作为中介变量的合理性进行分析,因此与后面的假设检验有所不同。自变量与中介变量相关关系的分析采用各潜变量间的 Pearson 相关系数的方法,结果如表 7-4 所示。

表 7-4　自变量与中介变量相关分析结果

自变量	中介变量	相关系数	显著性水平 p 值
跨文化沟通能力	隐性知识共享能力	0.378	***
外包合同完善性		0.018	*
合作关系质量		0.412	***
领导的支持程度		0.231	**
企业文化特征		0.245	***
信息技术水平		0.042	*
跨文化沟通能力	显性知识共享能力	0.456	***
外包合同完善性		0.046	*
合作关系质量		0.387	***
领导的支持程度		0.423	***
企业文化特征		0.261	***
信息技术水平		0.245	**

注:*** 表示 $p<0.01$,** 表示 $p<0.05$,* $p<0.10$(以下省略)。

从表 7-4 的分析来看,在以隐性知识共享能力作为中介变量时,除外包合同的完善性和信息技术水平与隐性知识共享之间的相关关系没有通过显著性检验之外(在 $p<0.05$ 的情况下),其他自变量与中介变量之间均存在显著的相关关系。在以显性知识共享能力为中介变量时,除外包合同的完善性与显性知识共享之间的相关关系没有通过显著性检验之外(在 $p<0.05$ 的情况下),其他自变量与中介变量之间均存在显著的相关关系。

二、自变量与因变量相关

本部分是为了检验自变量与因变量之间的相关性,并不考虑其他因素的影响。这样做的目的仍然是为了后面对知识共享作为中介变量的合理性进行分析,因此与后面的假设检验有所不同。自变量与因变量相关关系的分析仍采用各潜变量间的 Pearson 相关系数的方法,结果如表 7-5 所示。

表 7-5　自变量与因变量相关分析结果

自变量	中介变量	相关系数	显著性水平 p 值
跨文化沟通能力		0.421	***
外包合同完善性		0.032	*
合作关系质量	外包绩效	0.324	***
领导的支持程度		0.213	***
企业文化特征		0.364	***
信息技术水平		0.268	***

从分析结果来看,除了企业与客户间的外包合同的完善性与外包绩效之间的相关关系弱显著之外,其余自变量与因变量之间的关系都显著相关,且显著性水平均在 0.05 以上。

三、中介变量与因变量相关

中介变量(隐性知识共享与显性知识共享)与因变量(外包绩效)之间的相关系数为 0.421 和 0.332,$p=0.007$ 和 0.02<0.05,表明中介变量与因变量之间也存在显著的相关性,如表 7-6 所示。

表7-6　中介变量与因变量相关分析结果

自变量	中介变量	相关系数	显著性水平 p 值
隐性知识共享能力	外包绩效	0.421	0.007
显性知识共享能力		0.332	0.02

四、中介变量作为控制变量

本部分将知识共享作为控制变量,将自变量与因变量之间的关系进行偏相关分析,方法是通过采用各潜变量之间的偏相关系数,对自变量与因变量之间的相关性进行验证。偏相关分析的结果如表7-7所示。

表7-7　中介变量作为控制变量后自变量与因变量偏相关分析结果

控制变量	自变量	因变量	相关系数	显著性水平 p 值
隐性知识共享能力	跨文化沟通能力	合作绩效	0.335	***
	外包合同完善性		0.018	
	合作关系质量		0.245	***
	领导的支持程度		0.201	**
	企业文化特征		0.302	***
	信息技术水平		0.013	
显性知识共享能力	跨文化沟通能力		0.321	***
	外包合同完善性		0.003	
	合作关系质量		0.213	***
	领导的支持程度		0.115	**
	企业文化特征		0.246	***
	信息技术水平		0.198	**

从上面的偏相关分析结果来看,在对中介变量知识共享的影响进行分析后,绝大部分自变量与因变量之间的相关系数均明显降低,同时部分自变量与因变量之间的关系变得不再显著。为了清楚地对中介变量控制前后的影响进行分析,将控制前后自变量与因变量之间的相关系数纳入一个表格,如表7-8所示。

表 7-8　中介变量作为控制变量前后自变量与因变量相关分析结果

控制变量	自变量	因变量	相关系数（中介变量控制前）	显著性水平 p 值	相关系数（中介变量控制后）	显著性水平 p 值
隐性知识共享能力	跨文化沟通能力	外包绩效	0.421	***	0.335	***
	外包合同完善性		0.032	*	0.018	/
	合作关系质量		0.324	***	0.245	***
	领导的支持程度		0.213	***	0.201	**
	企业文化特征		0.364	***	0.302	***
	信息技术水平		0.268	*	0.013	/
显性知识共享能力	跨文化沟通能力	外包绩效	0.421	***	0.321	***
	外包合同完善性		0.032	*	0.003	/
	合作关系质量		0.324	***	0.213	***
	领导的支持程度		0.213	***	0.115	**
	企业文化特征		0.364	***	0.246	***
	信息技术水平		0.268	*	0.198	**

通过以上四步分析，根据前面的判断标准，基本可以得出结论：隐性知识共享能力与显性知识共享能力，在服务外包关系下与企业的外包合作绩效的关系中具有中介作用。本节提出的以隐性知识共享能力与显性知识共享能力作为中介变量的理论模型可以作为下一步分析的基础。

第三节　结构方程建模分析步骤

本章主要采用结构方程建模（SEM）对概念模型和相关假设进行检验。本书在此先简述一下分析方法。黄芳铭（2005）指出尽管结构方程建模可以有很多方法，但却具有非常相似的分析步骤。一般来说，结构方程建模主要有以下几步。

（1）理论基础

从本质上说，结构方程建模是一种验证性分析。结构模型中变量间关系的提出，需要具备相应的理论支持，而且理论也是假设模式成立的主要解释依据。因此，理论基础的选择是 SEM 分析的第一步。

（2）模型设定

根据理论和以往研究成果来设定假设的初始理论模型。然后将理论模型中的假设构建成一个因果关系的路径图,再将路径图转换成结构方程式和测量方程式。

(3)模型识别

确定是否能够求出参数估计的唯一解。在一些情况下,由于模型被错误地设定,其参数不能识别,求不出唯一解,因而模型无解。在进行完整的结构方程模型识别检验时,一般分如下几步:

首先,根据 t 规则,使模型需要估计的参数 t 小于或等于 $(p+q)(p+q+l)/20$。然后,不区分外源变量和内生变量,再按照验证性因子分析模型识别方法进行测量模型的识别判断。最后,对结构方程部分,把外源和内生的潜变量视为可观测变量,再根据上述阶条件和秩条件进行模型识别。

(4)选择测量变项与资料搜集

主要是根据所设定的模型选择适用于模型变量的测量条款,并进行数据收集。

(5)模型估计

主要是根据所收集的数据对模型中的相关参数进行估计。参数估计的方法有未加权最小平方法(ULS)、极大似然估计法(ML)、两阶段最小平方法(TSLS)、广义加权最小平方法(WLS)和对角加权最小平方法(DWLS)等。最常用的模型估计方法是广义最小二乘法和最大似然法。

(6)模型评价

主要是检验理论预测模式与所搜集资料间的匹配程度。一般来说,包括测量模式的检验、模型的评价、整体模式的检验和结构模式的检验。相关指标参见验证性因子分析模型拟合指数。

(7)模型修正

若模型不能很好地拟合数据,就需要对模型进行修正和重新设定。即需要决定如何删除、增加或修改模型的参数,然后,通过模型的再设定可以增进模型的拟合程度。在实际应用中,通常根据一些统计分析结果,如残差、模型修正指数,进而放宽(free)、固定(fix)或改动模型,使模型更拟合数据。假如理论允许,这个过程就可以重复直到模型达到可接受的程度。

(8)对模型的检验结果进行解释

主要是根据模型检验和数据分析的结果,对其进行合理的解释,并说明其理论和实际意义。

本章下面的各个模型分析基本上遵循上面的步骤进行。其中的(1)和(4)已经分别在前面进行了论证,在后面的分析中不再重复。结构方程建模的分析步骤具体见图 7-1 所示。

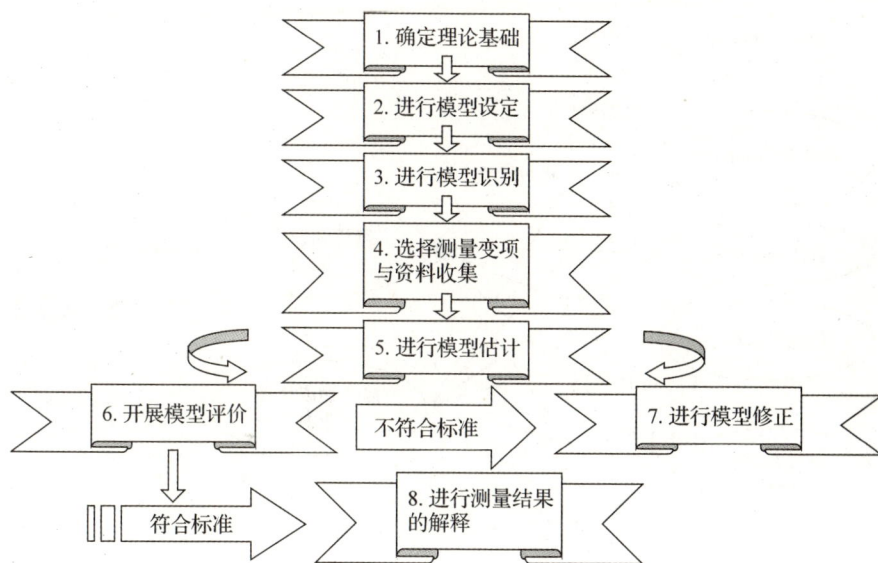

图 7-1　结构方程建模的分析步骤

资料来源：黄芳铭（2005）。

第四节　基于结构方程的假设检验

本研究的结构方程建模分析内容主要包括三部分，第一部分是对第三章提出的理论模型及相关假设的检验；第二部分是对另外的两个选择模型与本研究的理论模型进行比较，以探讨是否存在更好的模型；第三部分是通过将研究样本分组对企业间的信任的调节作用及相关假设进行验证。

一、理论模型检验

1. 模型设定

本部分主要在第三章的理论模型的基础上，对相关的假设进行检验，相应的结构方程模型如图 7-2 所示。

193

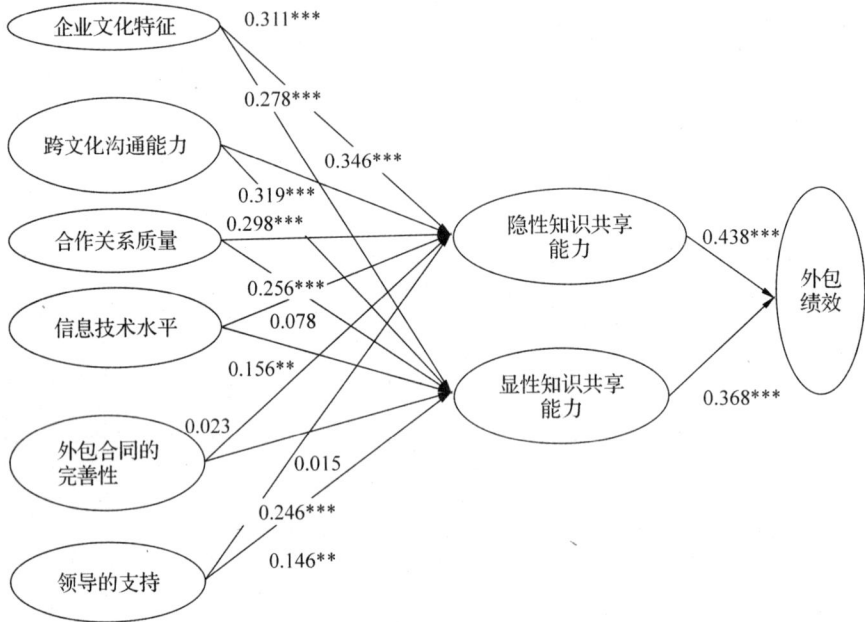

图 7-2　理论框架的结构方程检验

2.模型识别

该模型满足前面提出的模型可识别条件。根据 t 规则,本验证性因子模型共有 50 个测量指标,因此 $(p+q)(p+q+1)/2=1275$,模型要估计 50 个因子负荷,包括 50 个测量指标的误差方差、12 个因子间的相关系数、20 个路径系数和 5 个内源潜变量的残差,共要估计 87 个参数, $t=87<1275$,满足模型识别的必要条件。

根据三指标法则(three-indicator rule),本模型所有潜变量由三个或以上的测量变量来测量:一个测量变量只测量一个特质量;特殊因子之间相互独立。因此整个测量模型满足三条指标条件,可以识别。

对于结构模型,很明显,模型如图 7-2 所示是递归模型,不存在双向因果关系,所以结构模型可识别。综上所述,整个关系模型满足识别的必要条件和充分条件,故整个模型可识别,可以进行下一步的分析。

3.模型参数估计与评估

本研究运用 AMOS 17.0 统计软件,对理论模型中的相关参数进行估计,结果如表 7-9 所示。

表 7-9 理论模型检验结果

假设	变量间的关系	标准化路径系数	CR 值	假设是否得到支持
H2a	跨文化沟通—隐性知识共享	0.346	11.234	支持
H4a	外包合同完善性—隐性知识共享	0.023	10.564	不支持
H1a	合作关系质量—隐性知识共享	0.298	9.263	支持
H3a	企业文化特征—隐性知识共享	0.311	8.123	支持
H5a	领导的支持—隐性知识共享	0.246	15.478	支持
H6a	信息技术能力—隐性知识共享	0.078	14.256	不支持
H2b	跨文化沟通—显性知识共享	0.319	13.125	支持
H4b	外包合同完善性—显性知识共享	0.015	15.123	不支持
H1b	合作关系质量—显性知识共享	0.256	17.256	支持
H3b	企业文化特征—显性知识共享	0.278	16.124	支持
H5b	领导的支持—显性知识共享	0.146	18.215	支持
H6b	信息技术能力—显性知识共享	0.156	20.123	支持

各指标值　复相关系数 $R^2 = 0.378$

$\chi^2 = 1470.10$	$df = 1078$	$\chi^2/df = 1.363$	RMSEA = 0.041	GFI = 0.896
	CFI = 0.906	IFI = 0.903	NFI = 0.842	0.897

注:*** 表示 $p < 0.01$,** 表示 $p < 0.05$,* 表示 $p < 0.10$,在 AMOS 中,CR 值即临界比率相当于 t 值。

从结构方程分析的结果来看,复相关系数达到 0.378,模型整体解释力较高。从绝对拟合指标来看,RMSEA 值为 0.041,小于 0.08 的最高上限。GFI 值为 0.896,非常接近 0.9 的标准要求。从相对拟合指标来看,CFI 值为 0.906,IFI 值为 0.903,超过了 0.9 的最低标准。NFI 值为 0.842,略低于 0.9 的最低标准。总体来看,理论模型基本符合要求。为了探讨是否存在拟合度更优的模型,下面对相关的模型进行比较。

二、模型比较

本研究对比较模型的选择,主要比较了其他两个模型(具体见下面的模型Ⅰ和模型Ⅱ),借鉴杨静(2006)采用的方法并通过以下几个步骤来进行分析:

首先,增加新的变量间关系。在理论模型中,并没有考虑自变量—因变量的直接影响,模型中可能会由于缺少一些关系而影响模型的拟合优度。在增加自变量与因变量的直接影响后,将得到比较模型Ⅰ。

然后,将变量间不显著的路径关系删除,其中包括两个步骤:①将理论模型中不显著的路径关系予以删除;②将比较模型Ⅰ的经过验证后不显著的路径关系进行再次删除。得到比较模型Ⅱ。对于模型的比较原则,侯杰泰、温忠麟和成子娟(2004)认为:①严格来说,要比较的模型应当是相互嵌套的,但也可以将非嵌套模型进行粗略比较;②模型的比较不应以拟合指数为主要依据,而应考虑模型所描述的各变量间关系的合理性。

因为比较模型Ⅰ和比较模型Ⅱ的框架仍然是基于本研究提出的理论框架,前面已经进行了模型的识别检验,在此就不再重复具体内容的解释。以下内容是介绍比较模型Ⅰ和比较模型Ⅱ的分析过程及其结果。

本研究运用 AMOS 17.0 统计软件,对比较模型Ⅰ(图 7-3)中的相关参数进行估计,结果如表 7-10 所示。

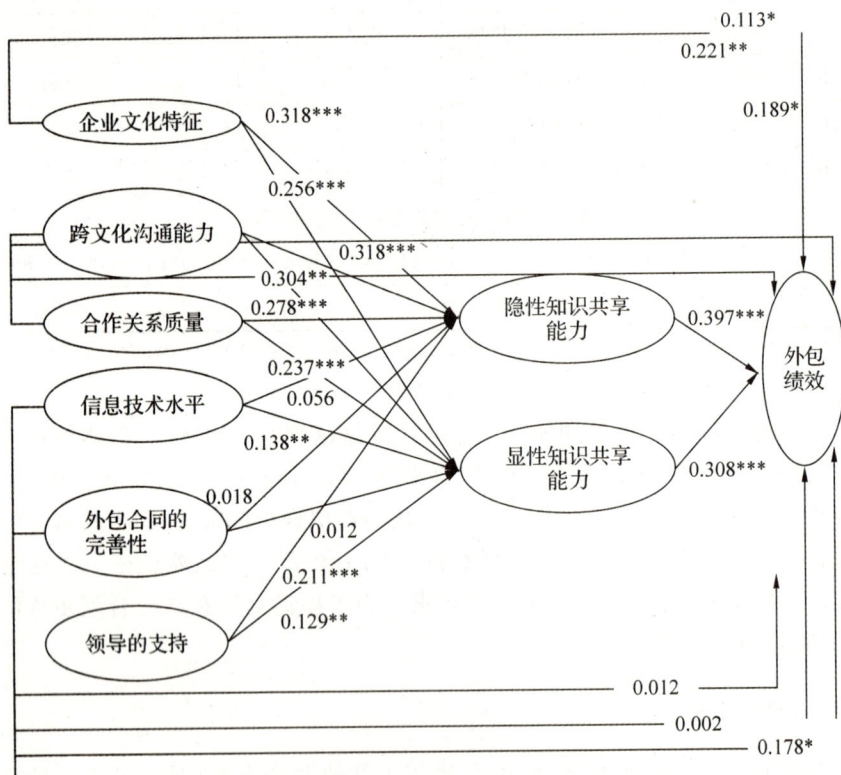

图 7-3 比较模型Ⅰ

表 7-10　比较模型 I 的分析结果

变量间关系	标准化路径系数	CR 值
中介变量对因变量的影响		
隐性知识共享—外包绩效	0.397	15.930
显性知识共享—外包绩效	0.308	14.145
自变量对中介变量的影响		
跨文化沟通—隐性知识共享	0.318	12.200
外包合同完善性—隐性知识共享	0.018	11.589
合作关系质量—隐性知识共享	0.278	10.283
企业文化特征—隐性知识共享	0.318	9.169
领导的支持—隐性知识共享	0.302	15.789
信息技术能力—隐性知识共享	0.056	14.786
跨文化沟通—显性知识共享	0.256	13.579
外包合同完善性—显性知识共享	0.012	15.785
合作关系质量—显性知识共享	0.237	17.936
企业文化特征—显性知识共享	0.256	17.178
领导的支持—显性知识共享	0.246	19.005
信息技术能力—显性知识共享	0.138	20.781
自变量对因变量的影响		10.786
跨文化沟通—外包绩效	0.221	11.545
外包合同完善性—外包绩效	0.002	15.782
合作关系质量—外包绩效	0.189	12.937
企业文化特征—外包绩效	0.113	10.145
领导的支持—外包绩效	0.178	12.123
信息技术能力—外包绩效	0.012	12.712
$\chi^2 = 1331.737$	$df = 1040$	$\chi^2/df = 1.280$
	CFI=0.903	IFI=0.914
RMSEA=0.058	GFI=0.910	NFI=0.878

注：*** 表示 $p < 0.01$，** 表示 $p < 0.05$，* 表示 $p < 0.10$，在 AMOS 中，CR 值即临界比率相当于 t 值。

从结构方程分析的结果来看，$\chi^2/df = 1.280$。从绝对拟合指标来看，RM-SEA 值为 0.058，小于 0.08 的最高上限。GFI 值为 0.910。从相对拟合指标来看,CFI 值为 0.903,IFI 值为 0.914,都超过了 0.9 的最低标准。NFI 值为 0.878,接近 0.9 的最低标准。所以从整体上看,比较模型 I 的拟合程度有所提高。此外还有一个重要的结论,就是前面通过相关分析对中介变量的作用进行了初步验证,证实了知识共享在本研究的理论模型中具有中介作用。通过对比较模型 I 的分析,企业与客户间的外包合同完善性、信息技术水平与外包合作绩效之间的关系在 $p<0.05$ 的情况下不再显著,从而不仅再次验证了知识共享作为中介变量模型的合理性,而且说明了该模型是一个完全中介模型。

本研究运用 AMOS 17.0 统计软件,对比较模型 II(图 7-4)中的相关参数进行估计,结果如表 7-11 所示。

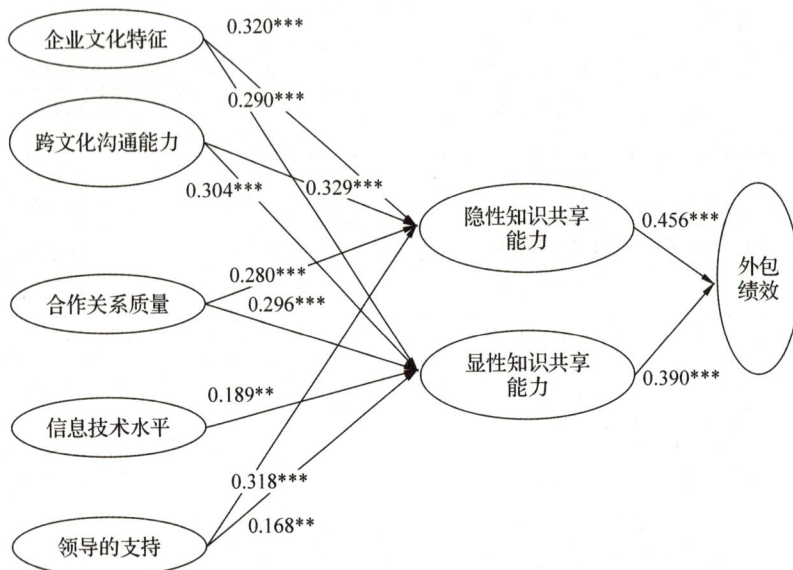

图 7-4　比较模型 II

表 7-11　比较模型 II 的分析结果

变量间关系	标准化路径系数	CR 值
中介变量对因变量的影响		
隐性知识共享—外包绩效	0.456	13.941
显性知识共享—外包绩效	0.390	15.189
自变量对中介变量的影响		
跨文化沟通—隐性知识共享	0.329	11.211

续表

变量间关系	标准化路径系数	CR 值
合作关系质量—隐性知识共享	0.280	12.501
企业文化特征—隐性知识共享	0.320	11.284
领导的支持—隐性知识共享	0.318	10.178
跨文化沟通—显性知识共享	0.304	14.789
合作关系质量—显性知识共享	0.296	11.787
企业文化特征—显性知识共享	0.290	13.576
领导的支持—显性知识共享	0.246	14.781
信息技术能力—显性知识共享	0.189	15.932
$\chi^2 = 1477.787$	$df = 1042$	$\chi^2/df = 1.418$
	CFI=0.932	IFI=0.917
RMSEA=0.048	GFI=0.912	NFI=0.907

注：*** $p<0.01$，** $p<0.05$。

需要说明的是，比较模型Ⅱ和理论模型的拟合指标应该不一样，因为两个模型的卡方值和自由度均有差异，但是因为取到小数点后三位，四舍五入时两个模型的某些指标出现了相等的情况。

从绝对拟合指标来看（表 7-12），$\chi^2/df = 1.418$，RMSEA 值为 0.048，小于 0.08 的最高上限。GFI 值为 0.912，达到 0.9 的标准要求。从相对拟合指标来看，CFI 值为 0.932，IFI 值为 0.917，都超过了 0.9 的最低标准。从整体上看，比较模型Ⅱ的拟合程度与理论模型基本一致（正如前面所说明的，严格来说，比较模型Ⅱ的拟合程度略好）。

表 7-12　结构方程模型比较结果

模型	χ^2/df	GFI	CFI	IFI	NFI	RMSER
理论模型	1.363	0.896	0.906	0.903	0.842	0.078
比较模型Ⅰ	1.280	0.910	0.903	0.914	0.878	0.058
比较模型Ⅱ	1.418	0.912	0.932	0.917	0.907	0.048

从三个模型的数据比较结果来看，比较模型Ⅰ在各项指标方面要略微优于理论模型和比较模型Ⅱ；而理论模型和比较模型Ⅱ在 χ^2/df 方面有略微差异外，在其他指标方面有较大差异，主要是因为比较模型Ⅱ剔除了理论模型中关系不显著的路径，因此有了较大的改善。但是在相关变量的关系验证方面，三个模型得出了一致的结论，虽然比较模型Ⅱ的拟合程度较高，但是并没有改变

理论模型变量间的关系结构,因此,后面的深入分析仍然以本研究提出的理论模型作为基准模型。

第五节　实证结果

本研究对假设关系成立的检验标准为,路径系数的显著性水平在 0.05 以上为显著,假设成立。路径系数的显著性水平在 0.01 以上为弱显著,假设部分成立。低于 0.01 的则认为不显著,假设关系不成立。依据上述标准,相关假设检验结果如下。

H1:企业与客户间的关系质量越好,越有利于提升企业隐性与显性知识共享能力。结构方程的分析结果表明,关系质量对隐性和显性知识共享的路径系数为 0.298 和 0.256(来理论模型),显著性水平在 0.01 以上,假设 H1 成立,企业与客户间的关系质量对企业知识共享有显著的正影响关系。本研究也验证了以下两个子假设。

H1a:企业与客户间的关系质量越好,越有利于企业隐性知识共享能力的提升。

H1b:企业与客户间的关系质量越好,越有利于企业显性知识共享能力的提升。

H2:企业跨文化沟通能力越强,则越有利于提升企业隐性与显性知识共享能力。理论模型结构方程的分析结果表明,跨文化沟通能力对知识共享的影响路径系数为 0.346 和 0.319,显著性水平在 0.01 以上,假设 H2 成立,企业与客户间的跨文化沟通能力对企业的知识共享有显著的正影响关系。本研究也验证了以下两个子假设。

H2a:企业跨文化沟通能力越强,越有利于提升企业隐性知识共享能力。

H2b:企业跨文化沟通能力越强,越有利于提升企业显性知识共享能力。

H3:企业文化特征为开放、诚实的,则有利于提升企业隐性与显性知识共享能力,反之会阻碍知识共享能力的提升。该假设通过因子整体模型的检验进行,结构方程的分析结果表明,企业文化特征对知识获取的影响路径系数为 0.311 和 0.278,显著性水平在 0.01 以上,假设 H3 成立,企业文化特征对企业的知识共享有显著的正影响关系。本研究也验证了以下两个子假设。

H3a:企业文化越具有开放、诚实的特征,越有利于提升企业隐性知识共享的能力。

H3b:企业文化越具有开放、诚实的特征,越有利于提升企业显性知识共享的能力。

H4:企业与客户间的外包合同的完善性,越有利于提升企业隐性与显性知识共享能力。该假设通过理论模型的检验进行,结构方程的分析结果表明,外包合同完善对知识共享的影响路径系数为 0.023 和 0.015,显著性水平在 0.10以上,假设 H4 没有成立,企业与客户间的外包合同越完善对企业的知识共享没有显著的正影响关系。

H4a:企业与客户间的外包合同的完善性,没有直接影响企业隐性知识共享能力的提升,该假设没有得到支持。

H4b:企业与客户间的外包合同越完善,没有直接影响企业显性知识共享能力的提升,该假设没有得到支持。具体原因将在后面的章节进行讨论与分析。

H5:领导的支持程度越高,越有利于提升企业隐性与显性知识共享能力。该假设通过理论模型的检验进行,结构方程的分析结果表明,领导的支持程度对知识共享的影响路径系数为 0.246 和 0.146,显著性水平在 0.10 以上,假设H5 成立,领导的支持程度对企业的知识共享有显著的正影响关系。

H5a:企业领导的支持程度越大,就越能影响企业隐性知识共享能力的提升,该假设得到支持。

H5b:企业领导的支持程度越大,就越能影响企业显性知识共享能力的提升,该假设得到支持。

H6:企业信息技术水平越高,越有利于提升企业隐性与显性知识共享能力。该假设部分通过了理论模型的检验,结构方程的分析结果表明,信息技术水平对知识共享的影响路径系数为 0.078 和 0.156,显著性水平没有全部都在0.10 以内,假设 H6a 没有成立,企业信息技术水平没有对企业的隐性知识共享带来显著的影响关系。

H6a:企业信息技术水平的高低,没有直接影响企业隐性知识共享能力的提升,该假设没有得到支持。原因之一可能是因为隐性知识共享更依赖个人的共享意愿,隐性知识存在于个体的头脑内,离开了个体的主动努力,光靠信息技术水平很难顺利地实现隐性知识的共享(野中郁次郎,2004)。

H6b:企业信息技术水平的高低,直接影响企业显性知识共享能力的提升,该假设得到了支持。

H7:企业与客户间的隐性与显性知识共享能力越强,越有利于提升外包绩效。该假设通过理论模型的检验进行,结构方程的分析结果表明,企业与客户间知识共享能力对企业外包绩效的影响路径系数为 0.438 和 0.368,显著性水平在 0.01 以上,假设 H5 成立,企业与客户间的知识共享程度对企业间外包绩效有显著的正影响关系。

本研究也验证了以下两个子假设。

H7a:企业隐性知识共享能力越强,越有利于提升企业外包项目的绩效。

H7b:企业显性知识共享能力越强,越有利于提升企业外包项目的绩效。

第六节 企业间信任调节作用的模型与假设检验

结构方程模型可进行多样本比较,既可以是不同的独立样本之间的比较,也可以是将一组大样本进行分组所得到的子样本(subsample)之间的比较。本问题的研究仍然基于文中提出的理论框架,研究企业间信任度的高低对企业与客户之间的服务外包各维度、知识共享和合作绩效之间的调节作用。信任调节作用的分析,主要借鉴温忠麟、侯杰泰和张雷(2005),Simonin(1999)的分析方法,整个研究思路如下:

首先,根据企业间信任度的高低分别将样本企业分成两组;

然后,分不同组别估计出服务外包各维度、企业知识共享和外包绩效之间的路径系数;

最后,比较不同组别路径系数的大小,判断企业的信任如何影响企业—客户之间的服务外包、知识共享和合作绩效之间的关系。

一、企业间信任高低的聚类

按照一定的标准将信任分为两组,即低信任企业和高信任企业,通常的做法有两种,一是按照测量指标简单平均,在平均值以上者纳入高信任组,在平均值以下者纳入低信任组;二是利用测量指标之间的相关关系,采用聚类分析(cluster analysis)方法,将样本企业分为两组。本研究用5个测量指标来测量企业的信任,分别用李科特7级量表来度量,"1"代表在该指标上吸收能力最低,"7"代表最高。很显然,这5个测量指标之间是相关的,所以对于相关的多指标测量的个体分类,用聚类分析比较恰当。

本研究运用SPSS 17.0聚类分析中的快速聚类法(K-Means Cluster),依据对企业间信任测量的5个指标,对278个样本进行分类,在操作中指定分为2类,标识变量为问卷编号,并不指定初始聚类中心,聚类分析结果如表7-13所示。

表 7-13　企业信任初始和最终聚类中心

聚类中心	初始聚类中心		最终聚类中心	
类别	Cluste 1	Cluste 2	Cluste 1	Cluste 2
F1	5	5	6.10	4.73
F2	2	2	5.82	5.35
F3	7	6	6.05	5.10
F4	3	3	5.93	5.74
F5	8	8	5.73	5.32

从上表可以看出,在最终的聚类中心中,对应于第一类的企业间信任,5 个测量指标的值分别为 6.10,5.82,6.05,5.93 和 5.73。对应于第二类的企业间信任,5 个测量指标的值分别为 4.73,5.35,5.10,5.74 和 5.32,对应于第一类的中心数据大于第二类的中心数据。从聚类的结果基本可断定,聚类至第一类的企业为高信任组,聚类至第二类的企业为低信任组,聚类分析的样本结果如表 7-14 所示。

表 7-14　企业间信任聚类分析结果

类别	样本数	比重	说明
1	156	56.11	高信任组
2	122	43.89	低信任组
合计	278	100％	/

从上表可以看出,聚类的结果是样本中高信任有 156 个,所占比重为 56.11％,低信任企业有 122 个,所占比重为 43.89％。

二、高低信任的模型检验

为了验证企业间的信任对知识共享能力两个维度以及知识共享与外包绩效之间关系的调节作用,根据上述聚类结果,将样本分为高、低信任两个组,分别进行模型构建和分析。不同组别的结构模型如图 7-5 和图 7-6 所示。

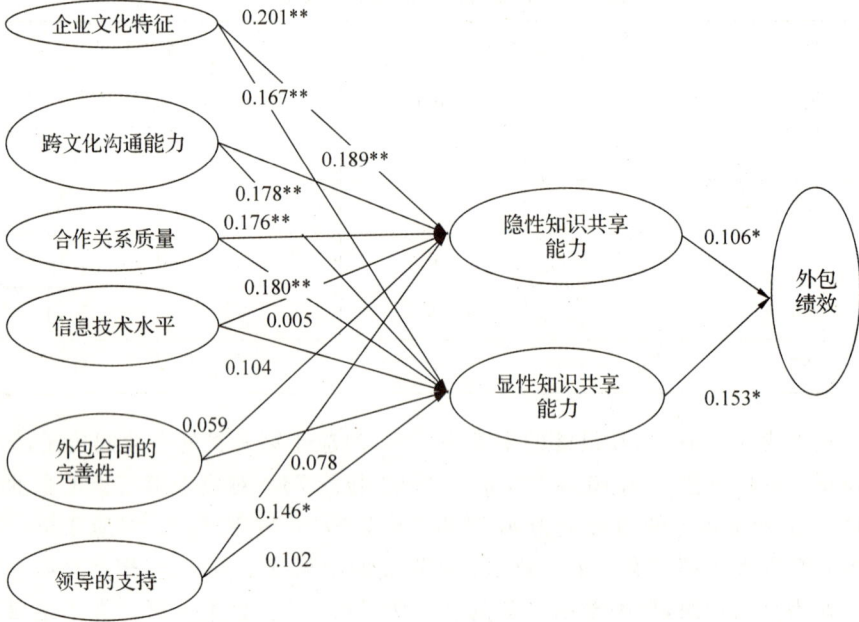

图 7-5　低信任组的知识共享和外包绩效之间的验证结果

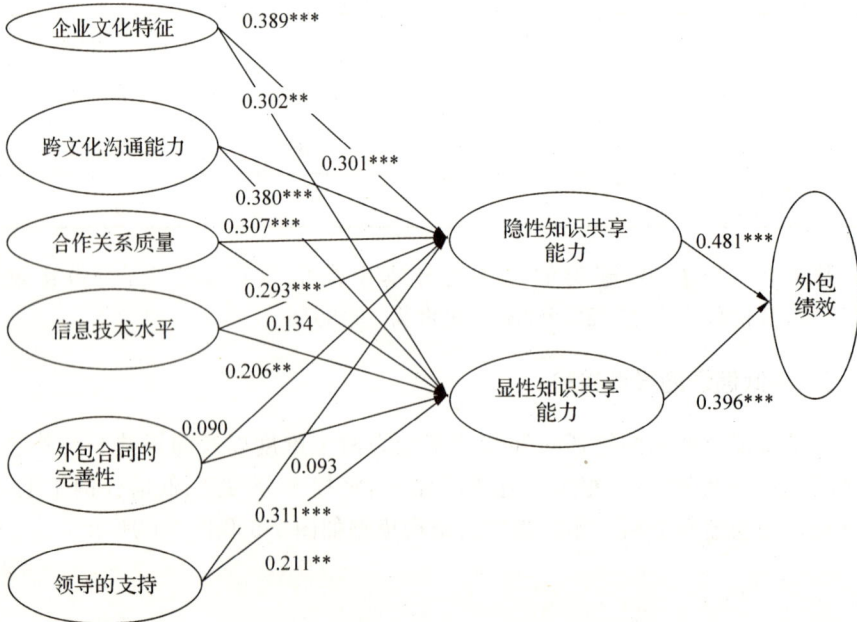

图 7-6　高信任组的知识共享和外包绩效之间的验证结果

需要说明,高低组的结构模型与理论框架的结构方程检验相同,所以模型可以识别,具体过程不再重复。本研究运用 AMOS 17.0 统计软件,不同组别的结构模型的统计分析结果如表 7-15 所示。

表 7-15　基于企业间高低信任程度的模型参数估计

模型参数估计	低信任组		高信任组	
假设与路径	标准化回归系数	t 值	标准化回归系数	t 值
知识共享对外包绩效的影响效果				
H8a 隐性知识共享—外包绩效	0.106	13.128	0.481	15.123
H8b 显性知识共享—外包绩效	0.153	17.287	0.396	18.202
H9a 跨文化沟通—隐性知识共享	0.189	13.378	0.301	13.988
H9b 跨文化沟通—显性知识共享	0.059	12.092	0.090	12.982
H10a 信息技术水平—隐性知识共享	0.176	12.693	0.307	13.691
H10b 信息技术水平—显性知识共享	0.201	13.068	0.389	14.123
H11a 领导的支持—隐性知识共享	0.146	14.254	0.311	15.454
H11b 领导的支持—显性知识共享	0.005	11.345	0.134	12.348
H12a 合作关系质量—隐性知识共享	0.107	13.092	0.380	13.092
H12b 合作关系质量—显性知识共享	0.078	14.602	0.093	15.670
H13a 外包合同—隐性知识共享	0.180	14.123	0.293	14.923
H13b 外包合同—显性知识共享	0.107	15.202	0.302	15.912
H14a 企业文化—隐性知识共享	0.102	16.312	0.211	16.312
H14b 企业文化—显性知识共享	0.104	13.192	0.206	13.897
拟合优度指标	$\chi^2=1456.32$	RMSEA=0.062	$\chi^2=1420$	RMSEA=0.048
	$df=1042$	GFI=0.876	$df=1042$	GFI=0.902
	$\chi^2/df=1.3976$		$\chi^2/df=1.3628$	
	P=0.000	CFI=0.901	P=0.000	CFI=0.923
	IFI=0.866	NFI=0.846	IFI=0.890	NFI=0.901

注:*** 表示 $p<0.01$,** 表示 $p<0.05$,* 表示 $p<0.10$。

根据上表不同信任的模型参数估计结果来看,可以得出如下结论:从两组结构模型的拟合情况来看,对低信任企业组来说,RMSEA 值为 0.062,小于 0.08 的最高上限;GFI 值为 0.876;CFI 值为 0.901;IFI 值为 0.866,略低于 0.9 的标准要求;NFI 值为 0.846。对于高信任企业组来说,RMSEA 值为 0.048,小于 0.08 的最高上限;GFI 值为 0.902;CFI 值为 0.923;IFI 值为 0.890,接近或达到 0.9 的标准要求;NFI 值为 0.901。因此,总体而言,高信任企业组比低信任组的拟合程度要好。

三、高低组模型之间路径系数的差异比较

本书对高低信任组别的比较,主要是采用结构方程的多样本比较模型进行分析。对结构方程模型的多样本进行比较,既可以对不同组别的因子结构是否一致进行比较,也可以就不同样本之间的路径系数、均值和截距的差异进行比较。其比较的原理就是假设不同样本中某一路径系数相等,则比较假设路径系数相等模型与未假设路径系数模型的卡方值,此时,自由度就相差一个,观察卡方值差的 P 值。若卡方值差的 P 值显著,则认为两组之间该路径系数有显著性差异;若卡方值差的 P 值不显著,则表明两组之间的该系数没有显著性差异(Simonin,1999;查金祥,2006)。

具有相同因子结构的不同样本之间路径系数的比较要区分如下几种情况:

(1)如果不同样本之间的路径系数一个显著,一个不显著,那么可以直接比较和判断。

(2)如果不同样本之间的路径系数都显著,但影响方向不同,一个是正向显著影响,一个是负向显著影响,那么就可以直接比较和判断。

(3)如果不同样本之间的路径系数都显著,且影响方向一致,此时要对不同样本的路径系数进行统计检验,判断它们之间有无显著性差异。

从前面不同信任程度的企业组别的模型参数估计结果来看,不同组别的跨文化沟通能力、合作关系质量、领导的支持、企业文化特征等与知识共享之间的路径系数都通过了显著性检验,且影响方向一致,因此需要比较不同组别相应路径系数的差异。本研究运用 AMOS 17.0 进行多样本检验,其相应卡方值、自由度差异和 p 值如表 7-16 所示。

高低组信任的模型比较,一般来说只对前面的具体假设检验中已经得到支持的假设进行比较即可,对于在前面的假设中没有得到支持的假设可以不再进行讨论,本研究将前面分析中没有得到支持的假设列入下表,但是不再进行深入的探讨,只是为了使下面进一步的分析更为直观。

表 7-16　高低信任企业组别之间的路径系数比较

假设与路径	标准化回归系数		比较结果(* $p < 0.05$)		
	低信任组	高信任组	自由度差异	p 值	差异是否显著
知识共享对合作绩效的影响效果					
H8a 隐性知识共享—外包绩效	0.189	0.301	1	0.001	显著
H8b 显性知识共享—外包绩效	0.059	0.090	1	0.002	显著
H9a 跨文化沟通—隐性知识共享	0.176	0.307	1	0.011	显著
H9b 跨文化沟通—显性知识共享	0.201	0.389	1	0.023	显著
H10a 信息技术水平—隐性知识共享	0.146	0.311	/	/	/
H10b 信息技术水平—显性知识共享	0.005	0.134	1	0.012	不显著
H11a 领导的支持—隐性知识共享	0.107	0.380	1	0.000	显著
H11b 领导的支持—显性知识共享	0.078	0.093	1	0.004	显著
H12a 合作关系质量—隐性知识共享	0.180	0.293	1	0.000	显著
H12b 合作关系质量—显性知识共享	0.107	0.302	1	0.000	显著
H13a 外包合同—隐性知识共享	0.102	0.211	/	/	/
H13b 外包合同—显性知识共享	0.104	0.206	/	/	/
H14a 企业文化—隐性知识共享	0.189	0.301	1	0.001	显著
H14b 企业文化—显性知识共享	0.059	0.090	1	0.048	显著

从上表的分析结果来看,高低信任企业组别的关系质量、跨文化沟通能力等与知识共享之间的路径系数的差异检验中,只有信息技术水平和外包合同的不同组别及企业文化的部分路经系数差异没有通过显著性检验;其他的变量与知识共享之间路径系数的差异有通过显著性检验。

四、高低信任组别的假设检验分析

本研究对假设关系成立的检验标准为:路径系数的显著性水平在 0.05 以上的为显著,假设成立;路径系数的显著性水平在 0.1 以上的为弱显著,假设部分成立;低于 0.1 的则认为不显著,假设关系不成立。相关假设的检验结果如下:

H8:企业间信任的高低对企业与客户间的知识共享与合作绩效之间的关系具有调节作用。该假设的检验通过 H8a,H8b 两个具体假设在不同组别的检验结果来分析。

H8a:企业与客户间信任程度的高低,对隐性知识共享与外包绩效之间的正相关关系在不同组别都通过了显著性检验,路径系数分别为 0.106 和 0.481, $p<0.05$。通过 SEM 多样本路径系数差异比较表明, p 值为 0.012,差异显著。这表明企业间信任程度的高低,对企业与客户间隐性知识共享和外包绩效之间的关系有调节作用。

H8b:企业与客户间信任程度的高低,对显性知识共享与外包绩效之间的正相关关系在不同组别都通过了显著性检验,路径系数分别为 0.153 和 0.396, $p<0.05$。通过 SEM 多样本路径系数差异比较表明, p 值为 0.008,差异显著。这表明企业间信任程度的高低,对企业与客户间显性知识共享和外包绩效之间的关系有调节作用。

总体而言,企业间信任程度的高低对企业与客户间的知识共享各维度与外包绩效之间的关系具有调节作用的假设获得了部分支持。

根据上面的分析结果,低信任和高信任企业在隐性知识共享与外包绩效的关系方面存在显著的差异。对低信任组的企业而言,隐性知识共享与外包绩效之间的路径系数为 0.106, t 值为 1.053,没有通过显著性检验。对于高信任组的企业而言,隐性知识共享与合作绩效之间的路径系数为 0.481, t 值为 3.193,显著性水平在 0.05 以上,通过了显著性检验,所以可以直接进行比较,信任对隐性知识共享与外包绩效之间的关系具有显著的调节作用。

同理,低信任和高信任企业在显性知识共享与合作绩效的关系方面存在显著的差异。对低信任组的企业而言,显性知识共享与合作绩效之间的路径系数为 0.153, t 值为 2.151,没有通过显著性检验。对高信任组的企业而言,隐性知识共享与合作绩效之间的路径系数为 0.396, t 值为 4.783,显著性水平在 0.05 以上,通过了显著性检验,所以可以直接进行比较,信任对于显性知识共享与外包绩效之间的关系具有显著的调节作用。

在这一点上,本研究得出了与前人研究基本一致的结论,那就是,企业间信任在企业的显性与隐性知识共享以及外包项目的绩效过程中具有非常重要的作用。

第七节　假设检验总结

经过资料搜集、访谈和问卷调查,本研究的理论模型经过相关分析、验证性因子分析和结构方程建模分析等数据分析过程,对本研究提出的 16 个假设进行了验证,在本研究的 24 个假设中,H4a、H4b、H6a、H6b、H10a、H10b、H13a、H13b 等 4 个假设没有得到支持,其中,H6b 假设得到了部分支持,其他假设均得到支持,本研究的假设及检验结果如表 7-17 所示。

表 7-17　假设检验结果总结

假设编号	假设内容	验证结果（支持/不支持）
H1a	企业间合作关系质量越好,越有利于提升企业隐性知识共享能力。	支持
H1b	企业间合作关系质量越好,越有利于提升企业显性知识共享能力。	支持
H2a	企业跨文化沟通能力越强,越有利于提升企业隐性知识共享能力。	支持
H2b	企业跨文化沟通能力越强,越有利于提升企业显性知识共享能力。	支持
H3a	企业文化特征越开放,越富有创新,越有利于提升企业隐性知识共享能力。	支持
H3b	企业文化特征越开放,越富有创新,越有利于提升企业显性知识共享能力。	支持
H4a	企业与客户间的外包合同越完善,越有利于提升企业隐性知识共享能力。	不支持
H4b	企业与客户间的外包合同越完善,越有利于提升企业显性知识共享能力。	不支持
H5a	企业领导的支持程度越高,越有利于提升企业隐性知识共享能力。	支持
H5b	企业领导的支持程度越高,越有利于提升企业显性知识共享能力。	支持
H6a	企业信息技术水平越高,越有利于提升企业隐性知识共享能力。	不支持
H6b	企业信息技术水平越高,越有利于提升企业显性知识共享能力。	部分支持
H7a	企业隐性知识共享能力越强,越有利于提升外包绩效。	支持
H7b	企业显性知识共享能力越强,越有利于提升外包绩效。	支持
H8a	企业与客户间信任程度的高低,对隐性知识共享能力与外包绩效之间具有调节作用。	支持
H8b	企业与客户间信任程度的高低,对隐性知识共享能力与外包绩效之间具有调节作用。	支持
H9a	信任在跨文化沟通能力与隐性知识共享能力之间具有调节作用。	支持
H9b	信任在跨文化沟通能力与显性知识共享能力之间具有调节作用。	支持
H10a	信任在信息技术水平与隐性知识共享能力之间具有调节作用。	不支持
H10b	信任在信息技术水平与显性知识共享能力之间具有调节作用。	不支持
H11a	信任在领导的支持与隐性知识共享能力之间具有调节作用。	支持
H11b	信任在领导的支持与显性知识共享能力之间具有调节作用。	支持
H12a	信任在合作关系质量与隐性知识共享能力之间具有调节作用。	支持
H12b	信任在合作关系质量与显性知识共享能力之间具有调节作用。	支持
H13a	信任在外包合同的完善性与隐性知识共享能力之间具有调节作用。	不支持
H13b	信任在外包合同的完善性与显性知识共享能力之间具有调节作用。	不支持
H14a	信任在企业文化特征与隐性知识共享能力之间具有调节作用。	支持
H14b	信任在企业文化特征与显性知识共享能力之间具有调节作用。	支持

如上表所示,经验分析的结果支持了本研究提出的理论模型,得出了一些重要结论。本研究的第八章将结合前面章节的案例研究对本研究的结果进行讨论和分析,通过将研究结论与国内外前人的研究作比较,对本研究的核心部分进行再讨论,以分析本研究结论的意义。

第八节　本章小结

本章通过对控制变量的影响进行分析,得出企业规模、软件 CMM 认证水平、合作交往年限对外包绩效没有影响;通过对知识共享能力中介变量的验证,得出知识共享能力作为中介变量具有一定的合理性;通过对信任程度的分组比较分析,得出信任对知识共享能力及外包绩效等具有调节作用。

第八章 研究不足与后续研究建议

第一节 研究结论与展望

本部分是全书的总结,首先总结本研究的结论和一些关键发现,然后根据本研究前面章节中经验研究的结论和案例研究的结论分析本研究的理论研究进展和实务建议,最后分析本研究的限制和不足,以及未来的研究展望。

在前面的文献综述和概念模型的构建过程中,本书提出从服务外包角度对知识共享和外包绩效进行研究,建立了以服务外包—知识共享—外包绩效之间的关系机制为主脉络,以企业间的信任为调节变量的整体模型。根据 Autio 和 Tontti(2002),Dhanaraj 等(2004),Tsai(2006),Presutti,Boari 和 Fratocchi (2007),Nahapiet 和 Ghoshal(1998),Yli-Renko,Autio 和 Sapienza(2001),Yli-Renko 和 Moran(2005),Tsai 和 Ghoshal(1998)等学者的研究,结合软件外包企业与客户之间的特定情境,将服务外包的研究维度在本研究中提炼为企业与客户间的关系质量、企业与客户间的跨文化沟通能力、信息技术水平、领导的支持、企业文化特征及外包合同的完善性六个维度,构建相应的理论模型并通过结构方程建模进行了假设检验,数据分析结果表明服务外包各维度对企业的知识共享具有重要影响。下面对本研究的结论进行总结并与其他学者的研究结论进行对比分析,从而发现不同文化背景下的差异,并为进一步提炼本研究的理论进展和实践建议奠定基础。

一、企业与客户间的合作关系质量与知识共享能力

Yli-Renko,Autio 和 Sapienza(2001)关于关系质量与知识共享之间正相关的假设没有得到支持(两者之间的路径系数为 0.17,Z 统计值为 1.89)。他们认

为可能的原因有两个：①较高的合作关系质量可能带来非常紧密的关系，紧密的关系使企业更容易与客户企业开展知识共享，更容易获取客户企业的知识，从而提高外包关系下企业的组织绩效；②合作关系质量达到较高的水平会降低监督的必要性，从而降低知识交流与共享的成本，也可能会提高外包关系中企业的外包绩效。Ikenaga(2008)，Boari 和 Fratocchi(2008)的研究结果认为服务外包的关系质量维度与知识共享之间存在正相关的关系。根据所调查的样本企业的数据并通过整体模型的检验，对关系质量与知识共享之间的关系进行了检验，结果表明，企业与客户间的关系质量对知识共享有显著的正向影响，路径系数为 0.257，显著性水平在 0.05 以上。

二、领导的支持与知识共享能力

本研究验证了高层领导对项目的支持能够增加知识源，有利于知识获取和知识共享，高水平的项目经理在知识整合方面有明显的作用，并能够促进有利于知识共享的环境的形成，加强团队的凝聚力；领导在项目的整个运行过程中会在人力资源、资金等方面给予项目团队不断的支持，这些是项目顺利完成的重要保障。在访谈过程中我们也了解到，如果领导能够在项目初期配备必要的人员，就能使项目更好地完成，如领导让高级技术人员参与项目可以有效提高初期知识获取和知识整合的能力。

三、信息技术水平与知识共享能力

本研究对信息技术水平与知识共享的正向关系的假设没有得到验证。虽然信息技术水平是影响知识管理活动的关键因素，信息技术水平也是服务外包项目研发的必要条件，但单纯的技术和设备无法给企业带来竞争优势。有大量的证据表明，信息技术水平和绩效之间没有直接的联系(Zahra & Covin,1993；Hitt & Brynjolfsson,1996；Powell & Dent-Micallef,1997)，信息技术水平和设备必须在同其他资源整合后才能为企业带来竞争优势。本研究在访谈过程中得知人力资源正是能够整合企业的设备与技术，进而创造竞争优势的资源。也就是说，人力资源对信息技术补充，进而创造出嵌入的优势(Powell et al.，1997)。而有战略价值和独特性强的人力资源则能够更为轻易、迅速地整合信息技术水平，形成企业的信息技术水平。对人力资源进行管理，特别是如果对信息技术人员采用适当的管理方式，就会促进信息技术的利用。

Major 等(2007)认为采用监督式的管理方法，有助于对企业信息技术人员的管理，因为该方法适合信息技术独特的管理要求，进而促进信息技术的利用效率。Ferratt 等(2005)发现组织对人力资源管理投入更多关注，会使信息技术专业员工的流动性降低。信息技术员工岗位的稳定性对企业更好地利用信息技术是很有帮助的。同时,专业的人力资源开发也促进决策者对信息技术的利用(Egan,2002)及对信息技术的控制(Syvajarvi et al.,2005)。有学者发现,组织内大部分的信息,尤其是大部分人们关心的信息,都不是从电脑上获取的。经理们更希望从员工处获得信息,员工对信息进行理解,辨别其使用情景,从而增加信息的附加值(Davenport,1994)。因此,信息技术设施和技术必须要经过人力资源的整合,才能更好地传递信息和知识,促进企业知识管理战略的采用和实施,进而成为企业竞争优势的来源。

四、知识共享在服务外包各维度与外包绩效的关系间具有中介作用

Autio 和 Sapienza(2001),Ye(2005),张方华(2004),Presutti,Yli-Renko,Boari 和 Fratocchi(2007)等学者在之前的研究中将知识共享作为中间变量进行了不同程度的研究,而知识共享作为中介变量的作用在本研究中也得到了经验分析的支持。本研究首先采用相关和偏相关分析,分四个步骤验证了知识共享在服务外包各维度与外包绩效之间的中介作用;然后通过结构方程建模,对该文的理论模型和其他另外两个模型进行了比较,对知识共享的中介作用进行了再次验证。因此可以得出结论,企业与客户间的关系质量、跨文化沟通能力,外包合同的完善性及企业文化的特征等,也就是本书提炼的服务外包的 6 个维度,是通过知识共享这一中介机制对企业的外包绩效产生作用的。

五、企业间信任在服务外包各维度与知识共享能力,以及知识共享能力与外包绩效之间具有调节作用

Saitousinn(2005),Tsai(2006)等学者的研究为将信任和服务外包整合奠定了一定的理论基础。Ikenaga(2006)等关于信任与知识共享和组织绩效的关系研究中,包含了将信任作为影响组织知识转移、获取、共享以及组织绩效中调节变量的论述,从理论上分析了将组织间信任作为干扰变量的可能性。Tsai(2006),Nieto 和 Quevedo(2005)则对信任的中介作用和调节作用进行了简单的实证分析。本书将企业间信任作为调节变量纳入服务外包与知识共享和外包绩效的整体模型中,通过将研究样本分为高低信任两组,采用结构方程中的多样本比较方法,对服务外包各维度与知识共享之间关系的 12 个假设、对知识共享与外包绩效之间关系的 2 个假设在不同组别中进行了检验,验证了信任的调节作用。

虽然以往在信任与知识共享绩效方面的理论和经验分析结果很不一致,但本研究的经验分析结果表明,企业与客户间的信任对知识共享有显著的正向影

响。本研究结果支持了 Inkpen(1997),Kaser(2001),Barbara 和 Weber(2007)的观点,即信任对知识共享有显著的正向影响。而 Li(2005)的研究结果显示,信任与跨国公司母子公司之间的知识共享与绩效之间并不存在显著的正相关关系。此外,Cluu,Hsu 和 Wang(2006)根据中国台湾地区某专业虚拟社区的310 位成员的经验研究结果得出结论,成员间信任与知识共享的数量之间正相关的假设没有得到支持(两者之间的标准化路径系数为 0.08,且 $p > 0.05$)。也表明了信任与知识共享之间的关系还需要进行更多的实证研究。

六、企业文化特征与知识共享

尽管文化特征对知识管理活动的作用不是很明显,但本研究还是基本上验证了企业文化特征与知识共享的正相关的假设。以往有些研究难以验证同样的假设,主要原因是文化特征对知识管理活动的作用是通过团队的组织能力来实现的,组织文化与组织结构之间存在密切的相互关系,文化被视为是行为和结构的基础。加上文化是一个模糊的概念,测试者在回答时可能由于自己感知的原因没有准确地回答。加上复杂产品系统的研发都是以跨企业的项目形式进行的,企业间企业文化上的差异,会导致合作研发人员对待同一事物的观点产生分歧,从而影响知识共享的效率,如果合作伙伴的企业文化趋于保守,会增加知识共享的难度,同时共享知识所需的互相信任的机制也难以形成。

第二节　本研究对企业的实践建议

本研究通过一系列的理论和经验研究得出了一些重要的结论,可以为企业在与客户的知识交流与共享过程中提高其知识共享效果,并为产品的创新绩效提供有益的指导,因此本研究对企业的实践建议可以从以下几个方面来分析。

一、建设有利于知识共享的企业文化

要实现企业管理的现代化,有效推行知识管理,就要建设新型的企业文化。应注意以下几个点。

1.完善制度文化,推动知识共享

对于现代企业,要充分共享和利用员工的知识,就必须采用指导和鼓舞的方式,通过完善制度文化来推动知识共享。如以人为本,实现人文关怀。观念的存在是为了规范和指导行为,所以以人为本的理念一定要转化为规划,融入整个企业的文化管理体系中去,从而实现人文关怀。尤其是领导要身先士卒,

通过表率管理,利用其人格魅力和领导能力,在支持和鼓励共享方面努力。高级管理层必须亲自参与到知识共享与传递的实践过程中去,并在共享知识方面起到模范带头作用。必须在会议、演讲和谈话中,表明自己鼓励知识共享的立场;必须提供支持,以创建鼓励知识共享的策略。

完善制度,特别是用人和奖惩制度,建立激励知识共享机制。在企业的奖励制度上,要考虑对那些在知识共享过程中有贡献的人员的激励。鼓励员工分享、使用彼此的知识,支持员工的知识创新工作。如把知识分享加入绩效评估系统,目的是保证员工的知识分享被识别,并与奖励及职业发展规划挂钩等。同时,企业管理者也必须愿意接受新观念与新事物,愿意承担员工创新的风险,这样才能鼓励员工承担风险。

2.畅通知识网路,营造共享环境

企业要打造知识共享的平台,使员工能够轻松地进入知识资料库,自由地利用电子论坛、电子公告栏、电子邮件和技术图书馆等,获取对业务活动有价值的资讯,及时贡献出自己的感想和经验体会,并与其他人员自由交流。知识共享要求企业以个人为基础,重视以人为本的观念,鼓励建立各种文化团体或非正式组织。

弱化等级观念。知识共享要求弱化每个参与者的等级观念,在企业的组织制度和结构上,借助现代信息技术,改造传统的组织结构。将原先等级过多的金字塔结构,转变为柔性的、扁平的组织结构。在这种组织结构下,知识工作者被赋予更多解决问题的权力,形成学习性、开放性的知识共享机制。

3.树立共同愿景,培植团队精神

通过知识共享实现交流者的双赢,知识只有在共享时,才能不断地增长,被越多的人共享,知识的拥有者就能获得越多的收益。以企业目标和企业价值为指导,营造鼓励学习、善于学习、持续学习的组织文化,倡导全程学习、全员学习、团队学习,将学习系列化、制度化、构建有利于交流、学习和知识共享的组织网络和学习环境,引导员工树立自觉学习的态度,不断实现自我超越,追求更高的境界。

二、强化企业与客户之间的跨文化沟通能力

组织间通过良好的沟通能力尤其是承接方与发包方之间的跨文化沟通能力可以分享许多资源、知识或学习的经验,进而获取组织彼此间的最大效益(Haeckel,1998)。本研究的假设验证、整体模型验证和分组比较都支持了企业与客户之间的沟通能力与知识共享之间的正相关关系,从而肯定了双方之间的沟通能力在组织间知识共享过程中的重要作用。因此企业应该重视与客户沟

通的方式和方法,采取人员往来、策略整合、技术分享、参观对方和共同研讨等多种沟通方式以提高知识共享的效果。可以通过跨文化培训来提高服务外包企业的跨文化沟通能力。跨文化培训是减少文化冲突和文化不适应的有效途径。跨文化培训(cross-cultural training)主要通过介绍和传播不同文化背景中的生活方式、风土人情和人际关系等,让受训者对异国文化中的工作环境、职业生涯发展机会、生活上可能碰到的问题以及在其他方面的一些差异情况有深刻的了解,以便更好地适应异文化环境。

三、采取措施提高企业间的信任水平

本研究证实了信任对企业知识共享和外包绩效的重要作用,从而说明了提高企业间信任的重要性。从现有的研究来看,企业可以通过加强员工互派学习、参观、轮岗等机会及增加沟通频率与质量等方式,来增强企业间的信任程度及水平。还可以通过以下方法来提升企业间的信任程度。

1.诚信为本,提高知识转移参与者的信誉

信誉对个人和组织来说,是一种重要的无形资产,是需要时间进行长期积累的。声誉高的个人或组织,可信任度也会比较高。因此,为了更好地推动全社会的知识转移与共享,应特别注重以诚信为本,提高知识转移参与者的信誉。

2.利用网络虚拟社区加强人际信任

网络虚拟社区并非是指一种物理空间的组织形态,而是指具有共同兴趣爱好及需要的人们组成的、成员可能散布于各地的、以志趣认同的形式成为在线聚合的网络共同体。网络虚拟社区通过情感沟通加强人际信任,改善人际关系。通过虚拟学习社区将个人的隐性知识转化为学习共同体的显性知识,然后,再将共同体的显性知识转化为个人的隐性知识,最后,达到个人知识的螺旋式上升。

四、开展有效的知识共享

为了能开展有效的知识共享,企业可以积极采取多种措施以激发企业员工与客户之间的知识共享,其中,员工之间的知识共享不是本研究的讨论范围,在此不详细说明。在知识联盟中建立一个有效的交互学习机制,对形成通畅的知识共享渠道、消除知识转移及共享的壁垒是十分必要的,建立交互学习机制,可以从以下几个方面入手。

1.确定明确的知识联盟学习目标,创造良好的交互学习氛围

首先,联盟成员必须以真诚和信赖的态度,通过个人之间和组织之间的日常接触,公开交流新方法、新技能、新思想,从而使各方受益;其次,各联盟成员

的管理者要致力于创造一种正确的组织文化,通过建立一系列跨组织层面的多功能团队,在此团队中形成一个友好的交流与共享知识的氛围,使所有联盟成员能学到和获取超越组织的知识。

2.建立良好的学习关系

这种学习关系强调学习观念要植根于知识联盟各成员之间和相关的组织内部,要自上而下地交互学习,加强学习管理。知识联盟管理者的身份要转变为有效学习机制的设计师和导师,其主要任务转变为建立学习关系,由原来的监督、指挥和控制人,转变为中间协调人,协调联盟成员的合作与共同学习,帮助各成员提高学习能力。

3.设计一个合作学习的奖励系统

为支持在知识联盟中建立有效的交互学习机制,必须设计一系列鼓励合作学习的奖励系统,包括鼓励联盟成员中个人与个人之间、个人与组织之间以及组织与组织之间交互学习的奖励措施,广泛深入地宣传交互学习的重要性。对为持续学习提供共享资源的个人和组织实行奖励,促进联盟成员开发多种技术和知识,以提高自身的竞争优势。

第三节　研究的不足

本研究受限于各种因素,如物力、人力和时间等,虽然对第一章提出的各个研究目标进行了实证性的分析和案例探讨,并且得出了一些结论,但仍存在许多的不足,主要体现在以下几个方面。

1.样本代表性的局限

在应用结构方程进行分析时,Gorsuch(1983)认为测量问项与问卷调查对象的比例应在1∶5以上,最好能达到1∶10。由于条件有限,本研究用于分析的有效调查问卷为278份,虽然进行理论模型的验证时基本达到了一般要求,但是从高要求标准来看,还是存在样本数量偏小问题。尤其是在按照企业间信任程度进行分组比较时,高低信任组的企业样本量,都略低于测量问项与调查问卷1∶5的参考标准。本研究选题是"软件外包企业的知识共享问题及其对外包绩效的影响",被调查对象选取的主要是企业高层管理者和项目经理及软件技术开发人员,对于日本方面的问卷主要是通过电子邮件的方式开展,受制于跨国调研在沟通困难、时间较长和成本较大等方面的约束,本研究截至数据分析时共获得了278份有效样本,回收率比较低。虽然满足了统计学要求,但在样本数量上仍然有些单薄。所以在以后的研究中应尽量扩大样本量。

另外,产业特性差异会影响本研究结论的适用性。本研究根据研究的目的和需要,以对日软件外包企业作为调查样本,会影响研究结论的适用性。主要表现在两个方面,一是服务外包企业内部仍有不同的子行业差别、不同的技术知识和市场竞争环境,所以可能会由于个别行业属性、竞争状况的不同,影响本研究的分析结果。如本研究只关注了对日软件外包企业,而没有把对美、对欧及对印度的软件外包企业考虑进来,这些国家的文化背景不同,可能会出现不同的研究结果,所以导致本研究的结果可能不具有很高的代表性。二是由于服务外包行业与其他行业差异巨大,所以本研究的分析结果对其他行业的适用性还需要进一步的研究去验证。

2.关键影响因素分析不够全面的局限

本研究对于软件外包企业的知识共享问题研究,主要考虑对中国软件外包的承接方企业的知识共享能力并对此进行了实证分析,但是是否有其他关键因素影响承接方知识共享能力、其影响机制如何,仍有其研究的学术和现实意义。如本研究只考虑了企业文化特征、跨文化沟通等6个指标,其他的一些指标都没能考虑进去。另外,本研究对影响软件外包绩效的指标进行了实证分析,但其测量指标只考虑了一些定性的指标,没有定量的财务数据等指标。这些可能导致测量指标不够完整,影响研究结果的可靠性。此外,虽然本书的分析是建立在对相关文献进行充分分析的基础上,但是影响企业与客户往来过程中的知识共享和外包绩效的因素众多,本研究并未考虑其他因素的影响,这对研究结果可能产生部分限制。

3.服务外包测量子维度细分不够的局限

由于服务外包是一个较为庞大的理论体系,在很多问题上还有待完善。本研究从企业与客户往来的角度,提出了适合本研究目的服务外包的6个维度,但没有进一步将这6个维度划分为多个子维度进行实证分析。对应服务外包的各维度仍存在一些理论和实践问题,有待深入探讨。

4.问卷调查范围的局限

由于本研究以软件企业为调查对象,数据收集相对困难;由于条件有限,问卷调查的地区是杭州、神户、大阪、东京等地区。因此样本的地区分布具有一定的局限性,可能使得本研究的外部效度降低,造成推论能力不足的情况。

第四节　研究的学术价值及实践意义

由于本书的研究范畴是一个特定的范围,在确定量表时要充分考虑其应用情境,否则被测试者可能会无法准确理解相关题项,某些题项也无法测量到所要测量的内容,该领域的特殊性也无法体现。针对服务外包关系企业有别于一般产业的特征,在其他学者研究的基础上,通过深度访谈,开发了服务外包项目研发中的绩效量表和其他各维度的量表。

本研究还通过案例分析和实证分析,识别了服务外包关系下知识共享的关键影响因素:跨文化沟通能力、信息技术能力、企业文化特征等。本书所识别的各种变量,一方面可作为后续机理与路径研究的基础,另一方面也可作为企业开展服务外包研发项目管理的参考。

一、研究的学术价值

在对已有的研究文献进行分析研究的基础上,本书对承接软件外包、企业知识共享的影响因素及其影响机制进行了实证研究,并且进一步探究了知识共享的 2 个维度对外包项目成功的影响,在此基础上得出了一些研究结论。本书的主要学术意义在于以下几个方面。

(1)本书是针对有关承接软件外包企业的知识共享的各个前因、知识共享的 2 个维度及其与外包项目成功的相互关系做了一次实证研究尝试。

(2)本书是对软件外包企业知识共享的影响因素进行了实证研究。在充分把握文献的基础上,通过对杭州的部分软件承接企业访谈形成对软件外包的足够认识,设计了符合中国和日本特殊文化背景的调研问卷并且进行了初步试调研,对问卷进行了修改和完善,最终通过各种渠道获取了 278 份有效的调研数据。经过统计分析,本书验证了知识共享的各个影响因素对其影响的情况,以及知识共享 2 个维度作为中介变量对外包项目成功的影响情况。这些为我国学者进行进一步研究提供了参考价值。

(3)本研究通过文献综述(第二章和第三章)得出了"知识共享能力对软件外包的成功有重要的影响"这一结论,通过案例分析(第四章)进一步分析杭州H 软件公司实施知识共享的效果与作用,从案例的角度验证了知识共享对软件外包项目的完成有积极的作用。

二、本研究的实践意义

本研究在进行学术性验证的基础上,也期待能够为中国软件外包企业提供某些决策参考,通过实证分析得出的结论有可能具有一定的实践意义和参考价值。从承接方的角度研究哪些因素是主要因素,哪些是次要因素,研究探析影响软件外包业务成功的关键因素,这些将为中国软件企业开拓对日、对欧及对美软件外包市场、确保软件外包项目成功以及制定企业长期发展战略提供参考和借鉴。

在离岸软件外包中由于合作双方处于不同国家和地区,语言和文化背景的不同给沟通带来了许多障碍。因此,对软件承接方而言,和发包方在各个层面对信息进行充分和准确的交换,对需求变更的及时确认、外包项目出现问题的及时解决都是必要的。尤其是当突发事件发生时,灵活有效的沟通对项目的顺利进行至关重要。因此合作双方的跨文化沟通能力及信任程度的提高对外包项目的成功完成有重要的意义。另外,在外包业务中,领导的支持与信息技术能力同样发挥着重要的作用。

笔者在杭州 H 软件公司访谈时,受访者表示目前承接方和客户在语言层面的沟通已经不是问题,但深层次的信息交换仍有待加强。当前在软件外包中,沟通的主要问题不再是语言的障碍,而是沟通的及时、准确和有效性。

在沟通的初期阶段,通过合作双方的频繁交流,可以互相了解双方在文化、价值观、判断基准等方面的差异。这些为后期项目的顺利执行打下了扎实的基础。通过有效的知识共享,对合作双方的差异进行深入的认知,并在此基础上开展团队内部及团队成员与客户之间的知识共享,将会提高软件外包的成功度。通过本研究可以得知,建立有利于知识共享的企业文化,能促进员工对知识的渴望,增强员工分享、学习知识的愿望和行为,并促使员工将知识转化为有利于企业发展的生产力。

本研究的实证分析结果表明,软件外包承接方的知识共享是影响外包成功的关键因素。软件企业要提高自己在质量控制和流程管理等方面的能力,通过加强在人才培养、研究开发(R&D)、流程管理以及质量控制上的重视和投入,来获得在开发能力和管理能力上的提升。杭州 H 软件公司建立的融合了CMM/CMMI 和 ISO 9001 思想的以"开发手顺·品质管理"标准为核心的质量保证体系,以及由此衍生的"顾客满意导向的外包软件质量保证模式(OOSQA)"为该公司带来了综合技术及管理能力的极大提升,也获得了客户的广泛认可。

在软件外包中,发包方会参与需求分析和系统构架等工作,并会向承接方及时、准确地提供一些有用的信息,如需求的变更等。在软件系统外包实施阶段,使用精通客户语言且拥有较好的技术水平、跨文化沟通能力、对客户的商业习惯及文化背景有深刻认识的诚实守信的员工,对于外包项目成功有重要作用，"人的因素"是影响中国企业能否承接到大型软件项目并成功实施的关键要素，而这正是许多中国软件企业开拓对外软件业务时所忽视的。

第五节　后续研究建议及展望

1. 本研究从服务外包的角度研究了影响软件外包企业间知识共享能力的关键因素，以及知识共享能力对软件外包绩效的影响。这些因素中本研究只对跨文化沟通能力、外包合同的完善性、领导的支持、合作关系质量、企业文化特征、信息技术水平 6 大类因素与知识共享能力的相互关系进行了实证研究，而跨文化沟通能力、关系质量等因素可以进行变量维度的细分与相关的假设，这些变量的不同维度和假设对知识共享能力的影响如何仍有待进一步研究。

2. 本研究的实证部分仅仅集中在对日软件外包这一领域，对影响知识共享能力建立的关键因素及知识共享能力对外包绩效的影响进行了分析。但这一结论是否适用于其他的离岸资源外包业务，如是否适用于欧美离岸 IT 外包等仍然有待进一步验证。

3. 本研究采用横断面（cross-sectional）分析的方法，通过问卷调查分析了服务外包诸要素（维度）和信任对企业与客户往来过程中的知识共享和外包绩效，但是这种知识共享可能是一个较长的过程，因此如果能采取纵向（longitudinal）分析和横向分析相结合的方法，可能会使本研究更加完善。

4. 分行业的比较研究。由于人力、物力和时间的限制，本研究的调查样本有限，因此并没有针对不同的行业进行比较研究。本研究将研究重点放在对日软件外包企业，得出了一些有价值的结论。但是无论是对日软件企业还是对美、对欧等其他地区、其他行业的企业之间的知识共享，都可能因为文化背景的不同而存在较大的差异。因此在可能的条件下，可以进行分行业的比较研究，从而可以为不同行业的企业提供更具参考价值的指导。

5. 对相关变量之间的关系进行更深入的研究。本书在借鉴前人研究的基础上，从企业文化特征、领导的支持、信息技术水平、企业与客户之间的关系质量和企业与客户之间的外包合同完善性等方面分析了服务外包各维度对于知识共享和外包绩效的影响，把服务外包在本书中的 6 个维度进行了假设构建和检验，但是这些变量之间可能会存在另外一些没有在本研究中进行更深入的分析的关系，因此未来的研究可以在本研究的基础上进行更为深入的分析。如对跨文化沟通能力、企业间的合作关系质量等维度进行细分到二级子维度。

总之，本研究中有很大一部分内容是在中国文化背景下结合软件外包项目的承接方企业与客户之间的特定情境进行的探索性研究,其中包括服务外包维度的提炼和实证,以及企业间的信任对服务外包各维度与知识共享关系的调节作用的推理和实证。基于服务外包的理论和经验研究是一个涵盖广泛并且非常复杂的问题,本研究虽然试图努力将研究的范围缩小,将研究的问题聚焦,并根据软件外包企业与客户之间的关系对这一问题作出可能的贡献,但是由于笔者能力和条件的限制,仍有很多需要继续改进的地方,希望本研究能为后续的此类研究做些铺垫,提供参考。

第六节　本章小结

本章主要对研究的结论进行了分析,提出了对企业知识共享具有实践指导意义的建议和措施。同时还分析了本研究存在的不足,这些都有待今后开展深入研究。

参考文献

[1]Alavi R M & Leidne D E. Review: Knowledge management and knowledge management systems[J]. *Conceptual Foundations and Research Issues*, 2001,25(1):107-136.

[2]Alpar P A & Saharia. Outsourcing information system functions an organization economics perspective [J]. *Journal of Organizational Computing*, 1995,5(3):197-217.

[3] Anderson J C & Narus, J A A Model of distributor's perspective of distributor-manufacturer working relationships[J]. *Journal of Marketing*, 1984,48(4):62-74.

[4]Anderson E & Weitz B. Determinants of continuity in conventional industrial channel dyads[J]. *Marketing Science*, 1989,8(4):310-323.

[5]AndersonJ C,Narus & J A. A model of distributor firm and manufacturer firm working partnerships[J]. *Journal of Marketing*, 1990,54(1):42-58.

[6] Argote, L & Ingram P. Knowledge Transfer: A basis for competitive advantage in Firms[J]. *Organizational Behaviour and Human Decision Processes*, 2000,82(1):150-169.

[7]Arnold,U. New Dimensions of Outsourcing: A combination of transaction cost economics and the core competencies concept[J]. European *Journal of Purchasing & Supply Management*, 2000,12(6):23-29.

[8]Asanuma, B. Manufacturer-supplier relationships in Japan and the concept of relation-specific skill[J]. *Journal of the Japanese and International Economies*, 1989,3(1):1-30.

[9] Asundi, J. Issues in software development: Outsourcing design and organization[J]. *Thesis for Doctor's Degree Carnegie Mellon University*,

2002,21(6):28-43.

[10] Aubert，B A，Rivard S & Patry，M. A transaction cost model of IT outsourcing[J]. *Information and Management*,2004,41(7):921-932.

[11] Aubert，B A，Rivard S & Patry，M. A transaction cost approach to outsourcing behaviour some empirical evidence[J]. *Information and Management*,1996,50(30):51-64.

[12] Bahli，B & Riva，S. Validating measures of in formation technology outsourcing risk factors[J]. *Omega*,2005,33(2):175-187.

[13] Baker,G,Gibbons,R & Murphy,K J. Relational contracts and the theory of the firm[J]. Quarterly *Journal of Economics*,2002,117(1):39-84.

[14] Barnad CI. The Function of the executive[J]. *Cambridge: Harvard University Press*,1962,21(1):26-48.

[15] Barney，J B. Firm resourced and sustained competitive advantage[J]. *Journal of Management*,1991,23(3):98-128.

[16] Barthelemy,J. The Hidden cost of IT outsourcing[J]. *Sloan Management Review*,2001,42(3):60-69.

[17] Bell，D G,Giordano & Putz，P. Inter-firm sharing of process knowledge: exploring knowledge markets[J]. *Knowledge and Process Management*,2002,9(1):12-22.

[18] Blois. Trust in business to business relationships: An evaluation of its status[J]. *Journal of Management Studies*,1999,36(2):197-215.

[19] Blumberg,D F. Strategic assessment of outsourcing and downsizing in the service market[J]. *Managing Service Quality*,1998,20(8):5-18.

[20] Cheon，M，Grover，V & Teng，J. Theoretical perspectives on the outsourcing of information systems[J]. *Journal of Information Systems*,1995,12(10):209-219.

[21] Clark，T，Zmud，R W & McCray，G. The outsourcing of information services: Transforming the Nature of Business in the Information Industry[J]. *Journal of Information Systems*,2005,15(1):109-119.

[22] Claro，D P，Hagelaar，G & Omta，O. The Determinants of Relational Governance and Performance: How to Manage Business Relation-ship [J]. *Industrial Marketing Management*,2003,23(12):703-716.

[23] Clott,C. Perspectives on global outsourcing and the changing nature of work[J]. *Business and society Review*,2004,109(2):153-170.

[24]Cohen, W & Leviathan, D. Absorptive Capacity: A New Perspective on Learning and Innovation[J]. *Administrative Science Quarterly*. 1990,23 (15):128-152.

[25]Collis, D J & Montgomery, C. Competing on resources: strategy in the 1990s[J]. *Harvard Business Review*,1995,103(73):118-128.

[26]Davenport, P. Working knowledge how organizations manage what they know[M]. Boston: *Harvard Business School Press*,1998:123-178.

[27]Dixon, N M. Common knowledge how companies thrive by sharing what they know[M]. *Harvard Business School Press*,2000:20-38.

[28]Doz, Y L. The evolution of cooperation in strategic alliances: initial conditions or learning processes[J]. *Strategic Management Journal*, 1996,39(17):28-32.

[29]Duke, U. Industry university research collaborations: Report of a workshop[J]. *The National Academy of Science*,1997,12(6):8-14.

[30]Dyer, J H & Singh, H. The Relational View: Cooperative strategy and sources of inter-organizational competitive advantage[J]. *Academy of Management Review*,1998,23(4):660-679.

[31]Eisenhardt, K M. Agency and Institutional Theory Explanations: the case of retail sales compensation[J]. *Academy of Management*,1988,31(12): 488-511.

[32]Ferguson, Müller, C. Relational Governance, Communication and the performance of biotechnology partnerships [J]. *Journal of Small Business and Enterprise Development*,2005,12(3):395-408.

[33]Fitzgerald, G & Willcocks, L. Contracts and partnerships in the outsourcing of IT[C]. New York, *Proceedings of the Fifteenth ACM International Conference on Information Systems*(ICIS):1994:91-98.

[34]Florin, J & Pagach, D. Information technology outsourcing and organizational restructuring: An explanation of their effects on firm value [J]. *The Journal of High Technology Management Research*,2005,16 (2):241-253.

[35]Ford, D & Farmer, D. Make or buy-a key strategic Issue[J]. *Long Range Planning*,1996,30(19):54-62.

[36]Gerwin. Withdrawal of team autonomy during concurrent engineering[J]. *Management Science*,1997,43(9):1275-1287.

[37]Gainey, T W & Klaas, B. S. The outsourcing of training and development: factors impacting client satisfaction[J]. *Journal of Management*, 2003, (29): 207-229.

[38] Gietzmann, M B. Incomplete contracts and the make or buy decision governance design and attainable flexibility [J]. *Organizations and Society*, 1996, 21(6):611-626.

[39] Gilley, K M & Rasheed, A. Making more by doing less: analysis of outsourcing and its effects on firm performance [J]. *Journal of Management*, 2000, 34(26):763-790.

[40]Goles, T. *The Impact of the client-vendor relationship on out-sourcing success*[M]. Houston: Unpublished Dissertation University of Houston, 2001:123-145.

[41]Gopal, A, Mukhopadhyay, T & Krishnan, M S. The role of soft-ware processes and communication in offshore software development [J]. *Communications of the ACM*, 2002, 45(4):193-199.

[42] Gover, V, Cheon, & M J, Teng. The effect of service quality and partnership on the outsourcing of information systems functions[J]. *Journal of Management Information Systerms*, 1996, 12(4):89-116.

[43]Grant, H. Towards a knowledge-based theory of the firm[J]. *Strategic Management Journal*, 1996, 78(25):109-122.

[44] Grewal, D, Gotlieb, J & Marmorisation H. The moderating effects of message framing and source credibility on the price-perceived risk relationship[J]. *Journal of ConsumerResearch*, 1994, 34(21):145-153.

[45]Gupta, A K & Govindarajan, V. Knowledge flows and the structure of control within multinational corporations[J]. *Academy of Management Review*, 1991, 16(4):768-792.

[46]Gupta, A K & Govindarajan V. Knowledge flows and the structure of control within multinational corporations [J]. *The Academy of Management Review*, 1991, 34(16):768-792.

[47] Halliday, S. Which trust and when Conceptualising trust in business relationships based on context and contingency [J]. *Distribution and Consumer Research*, 2003, 13(4):405-421.

[48]Hamel, G. Competition for competence and inter partner learning with in international strategic alliances[J]. *Strategic Management Journal*, 1991,

23(12):83-104.

[49]Heide,J B & John,G. Do norms matter in marketing relation-ships[J]. *Journal of Marketing*,1992,56(1):32-44.

[50]Hendriks,P. Why share knowledge the influence of ICT on motivation for knowledge sharing[J]. *Knowledge and Process Management*,1999,23 (11):24-45.

[51] Hendry, H. Culture community and networks—The hidden cost of outsourcing[J]. *European Management Journal*,1995,13(2):193-200.

[52]Hoffman, A. A Conceptualization of trust in international relations[J]. *European Journal of International Relations*,2002,8(3):375-401.

[53]Inkoen,A C. Learning and knowledge acquisition through international strategic alliances[J]. *Academy of Management Executives*,1998,23(12):69-80.

[54]Insinga,R C & Werle,M J. Linking outsourcing to business strategy[J]. *Academy of Management Executive*,2000,34(14):58-70.

[55] Jennex, M E, Adelakun, O. Success factors for offshore information system development[J]. *Journal of Information Technology Cases and Applications*,2003,5(3):12-31.

[56]Johns,G. The essential impact of context on organizational behaviour[J]. *Academy of Management Review*,2006,45(31):386-408.

[57]Johns,J. A concept analysis of trust[J]. *Journal of Advanced Nursing*, 1996,34(24):76-83.

[58] Kern, T & Willcocks, L. Exploring in formation technology outsourcing relationships: theory and practice[J]. *The Journal of Strategic In formation Systems*,2000,9(4):321-350.

[59] Kakabadse, A & Kakabadse, N. Outsourcing current and future trends [J]. *Thunderbird International Business Review*,2005,47(2):183-204.

[60]Kakumanu,P & Portanova, A. Outsourcing: its benefits drawbacks and other related issues[J]. *Journal of American Academy of Business*, 2006,9(2):1-7.

[61]Kanawattanachai,P & Yoo, Y. Dynamic nature of trust in virtual teams [J]. *Journal of Strategic Information Systems*,2002,23(22):1-27.

[62] Katz, M. L. An analysis of cooperative research and development[J]. *Journal of Economics*,1986,38(17):527-543.

[63]Kern, T. The gestalt of an information technology outsourcing

relationship: an Exploratory Analysis [J]. *Eighteenth International Conference on Information Systems*,1997:37-58.

[64]Kern, T & Willocks, L. Exploring information technology outsourcing relationship: theory and practice[J]. *Journal of Information System*, 2000,34(9):321-350.

[65]Khan, N & Fitzgerald, G. Dimensions of offshore outsourcing business models[J]. *Journal of Information Technology Cases and Applications*, 2004,6(3):35-50.

[66]Krishna,S, SaHay,S & Walsham,G. Managing cross-cultural issues in global software outsourcing[J]. *Communications of the ACM*,2004,47(4):62-66.

[67]Kumar,N. The power of trust in manufacturer-retailer relationships[J]. *Harvard Business Review*,1996,74(6):92-106.

[68]Lacity, M Hirschheim, R. Realizing outsourcing expectations: incredible expectations credible outcomes [J]. *Information Systems Management Fall*,1994,23(11):7-18.

[69]Lacity,M & Hirschheim,R. *The information systems outsourcing myths* [M]. New York: Metaphors and Relalities Press,1993:78-102.

[70] Lacity, M C & Willcocks, L P. Interpreting information technology outsourcing decision from a transaction cost perspective: findings and critique [J]. *Accounting Management and Information Technology*, 1995,5(3):203-244.

[71]Lacity,M C & Willcocks,L P. An empirical investigation of information technology sourcing practices: lessons from experience [J]. *MIS Quarterly*,1998,22(3):363-408.

[72] Lander, M C & Purvis, R L. Trust-building mechanisms utilized in outsourced is development projects: a case study[J]. *Information and Management*,2004,41(4):509-528.

[73]Lane, P J & Lubatkin, M. Relative Absorptive Capability and Inter-organizational Learning [J]. *Strategic Management Journal*, 1998, 39(19):461-477.

[74]Lazear, E P. Personnel economics[M]. *The MIT Press*,1995,34(22):35-68.

[75]Lee,J N,Kim,Y G. Effect of partnership quality on is outsourcing success conceptual framework and empirical validation [J]. *Journal of*

Management Information Systems,1999,15(4):29-61.

[76] Lee, J N, Kim, Y G. Effect of partnership quality on is outsourcing conceptual framework and empirical validation [J]. *Journal of Management Information Systems*,1999,15(4):29-61.

[77]Levin,J. Relational incentive contracts[J]. *American Economic Review*, 2003,93(3):835-857.

[78]Loh,L & Venkatraman, N. Determinants of information technology outsourcing a cross-sectional analysis[J]. *Journal of management in formation systems*,1992,9(1):7-24.

[79]LoH,L,Venkatraman,N. Diffusion of information technology outsourcing influence sources and the Kodak effect [J]. *Information Systems Research*,1992,4(3):334-358.

[80]Luman,N. Trust and power[M]. *New York: John Wiley*,2007:69-94.

[81]Luo,Y. Building trust in cross-cultural collaborations toward a contingency perspective [M]. *Journal of Management*, 2002, 28 (5): 669-694.

[82]Makhija,M V. The relationship between control and partner learning in learning-related joint-ventures[J]. *Organization Science*, 1997, 23 (1): 507-518.

[83]Malhotra,A. Gearing for partner-enabled market knowledge creation[J]. *MIS Quarterly*,2005,29(1):145-187.

[84]Mayer,R C & Davis,J H. An integrative model of organisational trust [J]. *Academy of management review*,1995,3(20):709-734.

[85]Michael, H Zack. Developing knowledge strategy [J]. *California Management Review*,1993,38(11):23-54.

[86] Mohr,J,Spekman,R. Characteristics of partnership success partnership attributes communication behaviour and conflict resolution techniques [J]. *Strategic Management Journal*,1994,15(2):135-152.

[87]Moore,J F. *The Death of competition*[M]. New York: Harper Collins, 1996:10-33.

[88]Morgan,R M & Hunt,S D. The commitment-trust theory of relationship marketing[J]. *Journal of Marketing*,2008,58(3):20-38.

[89]Mowery,D C & Oxley,E. Strategic alliance and inter firm knowledge transfer[J]. *Strategic Management Journal*,1996,38(17):77-91.

[90] Murray, J Y, Kotabe, M. Sourcing strategies of US service companies a modified transaction-cost analysis [J]. *Strategic Management Journal*, 1999,20(2):791-809.

[91] Nair, K G K & Prasad, P N. Offshore outsourcing a swot analysis of a state in india information systems management [J]. *ABI/INFORM Global*, 2004,21(3):34.

[92] Nam, K & Rajagopalan, S. A two-level investigation of information systems outsourcing [J]. *Communications of the ACM*, 1996,39(7): 36-44.

[93] Nguyen, P T. *Critical factors in establishing and maintaining trust in software outsourcing relationships* [M]. ICSE06,2006:624-627.

[94] Nicholson, B & Sahay, S. Some political and cultural issues in the globalisation of software development: case experience from Britain and India[J]. *Information and Organization*,2001,23(11):25-43.

[95] Nonaka, I. *A dynamic theory of organizational knowledge creation* [J]. Organization Science,1994,5(1):14-37.

[96] Nonaka, I & Takeuchi, H. *The knowledge creating company: How Japanese companies creat the dynamics of innovation* [M]. New York: Oxford,2009:23-29.

[97] Nonaka, I & Takeuchi, H. *The knowledge creating company* [M]. NY: Oxford University Press,1995:75-88.

[98] Nonaka, I. A Dynamic theory of organizational knowledge creation[J]. *Organization Science*,1994,5(1):14-35.

[99] Nonaka, I. The knowledge creating company [J]. *Harvard Business Review*,1991,36(11):96-108.

[100] Noordewier, T G, John, G, Nevin, J R. Performance outcomes of purchasing arrangements in industrial buyer-vendor relationships[J]. *Journal of Marketing*,1990,54(4):80-93.

[101] Akomode, B. Constructing customized models and providing in formation to support IT outsourcing decisions [J]. *Logistics In formation Management*,1998,11(2):114-127.

[102] Oliver, C. Determinants of inter-organisational relationships: integration and future directions[J]. *The Academy of Management Review*,1990, 15(2):241-265.

服务外包模式下组织知识共享⑩的关键影响因素及其与外包绩效的关系研究

[103]Oza,N,Grey,S. Critical factors in software outsourcing a pilot study[J]. *Wiser*04 *acm*,2004,32(12):67-71.

[104]Oza, N. Difficulties in offshore outsourcing relationships: An empirical study[J]. *USA 4th International conference on outsourcing*,2005,12 (11):124-130.

[105]Oza, N & Hall,T. Role of trust in software outsourcing relationships [J]. *Journal of Information and Software Technology*,2006,48(23): 345-354.

[106]Ikenaga,T. process perspective[J]. *Information and Management*,2008, 45(1):31-42.

[107]Petkova, O. Improved understanding of software development productivity factors to aid in the management productivity factors to aid in the management of an outsourced project [J]. *Journal of Information Technology Cases and Applications*,2003,5(1):5-24.

[108] Poppo, L, Zenger, T. Do formal contracts and relational governance function as substitutes or complements[J]. *Strategic Management Journal*,2006,23(8):707-725.

[109]Prahalad,C K & Hamel,G. The core competence of the cooperation[J]. *Harvard business review*,1990,68(3):79-91.

[110]Prusak, L. Knowledge in Organization[J]. *Butterworth-heinman*,1997, 22(2):23-45.

[111]Qu, Z H & Brocklehurst, M. What will it take for China to become a competitive force in offshore outsourcing: An analysis of the role of transaction costs in supplier selection[J]. *Journal of Information Technology*,2003,18(1):53-67.

[112]Ikenaga,T. Proceedings of the transportation research[J]. *Board Sixth International Symposium on Snow Removal and I*1,2008,5(8):15-24.

[113] Ring, P S, Van De Ven, *et al.* Structuring cooperative relationships between organizations[J]. *Strategic Management Journal*, 1992, 13 (10):483-488.

[114] Ring, A &Vande, Ven. Developmental processes of cooperative inter-organizational relationships [J]. *Academy of Management Review*, 1998,19(4):190-208.

[115] Ring, P S, Van, A H. Developmental processes of cooperative inter-

organizational relationships [J]. *Academy of Management Review*, 1994,19(1):90-118.

[116]Ronald C. The nature of the firm[J]. *Economic*,2009,34(4):386-405.

[117]Sabherwal,R. The role of trust in outsourced is development projects [J]. *Communications of the ACM*,2009,42(2):80-86.

[118]Sabherwal,R. The role of trust in outsourced is development projects [J]. *Communications of the ACM*,1999,42(2):80-86.

[119]Shankar, G. Determinants of long-term orientation in buyer-seller relationships[J]. *Journal of Marketing*,1994,58(2):1-19.

[120]Smith,M & Mitra,S. Information systems outsourcing: a study of pre-event firm characteristics[J]. *Journal of Management In formation Systems*,1998,15(2):61-93.

[121]Sterman,D. Modelling for learning organization[J]. *Productivity Press*, 2005,24(11):23-43.

[122]Szulanski,G. Exploring internal stickiness: Impediments to the transfer of best practice within the firm[J]. *Strategic Management Journal*, 1996,34(17):27-43.

[123]Szulanski,G. Exploring internal stickiness: impediments to the transfer of best practice within the firm[J]. *Strategic Management Journal*, 1996,21(17):27-44.

[124]Tafti,M H A. Risks factors associated with offshore IT outsourcing[J]. *Industrial Management & Data Systems*,2005,105(5):549-60.

[125]Thomas,K & Jeroen,K. Exploring asp as sourcing strategy: theoretical perspective, propositions for practice [J]. *Journal of Strategic Information System*,2002,23(11):153-175.

[126] Tim, G, Wynne, W C. Information systems outsourcing relationship factors: detailed conceptualization and initial evidence[J]. *The Date Base for Advances in Information Systems*,2005,36(4):47-67.

[127]Trompenaars,F. *Riding the waves of Culture: understanding diversity in global business*[M]. New York: Irwin,1998:147-167.

[128]Ring,P S. Developmental processes of cooperative inter organizational relationships[J]. *Academy of Management Review*, 1994, 19 (1): 90-118.

[129]Wang,E T G. Transaction attributes and software outsourcing success:

an empirical investigation of transaction cost theory[J]. *Information System Journal*, 2002, 23(12): 153-81.

[130] Whang, S. Contracting for software development [J]. *Management Science*, 1992, 38(3): 307-324.

[131] Yusike, H, Akao, H. *Quality function deployment: integrating customer requirements into product design* [M]. Cambridge: Productivity Press, 1990: 234-254.

[132] Ykiko, A. *Quality function deployment (in Japanese)* [M]. Tokyo: Juse Publishing Company, 1996: 578-589.

[133] Yamamoto, C. Importance of winter urban traffic issues and performance indicators control technology [J]. *The US Transportation Research Board*, 2009, 23(11): 234-256.

[134] Zahee, A, Venkatraman, N. An empirical test of the role of trust in economic exchange[J]. *Strategic Management Journal*, 2009, 16 (5): 373-392.

[135] Zaheer, A, McEvily, B & Perrone, V. Does trust matter exploring the effects of inter organizational and interpersonal trust on performance [J]. *Organization Science*, 1998, 9(2): 141-160.

[136] Zhang, C, Cavusgil, S T & Roath, A S. Manufacturer governance of foreign distributor relationships: do relational norms enhance competitiveness in the export market[J]. *Journal of International Business Studies*, 2003, 54(34): 550-566.

[137] Ikenaga. ベンチマークマネジメントシステムのパフォーマンス. [EB/OL] http://www. nri. co. jp/opinion/region/2002/pdf/ck20020202. pdf /, 2009-11-22.

[138] Ikenaga. 岐阜県大垣市ウェブサイト. 企業組織知識の発展プロセスについて. [EB/OL] http://www. city. joetsu. niigata. jp/contents/tomanzoku/manzokudo. pdf Lowe, 2010-02-18.

[139] Ikenaga. 上越市ウェブサイト[J]. Quality Fun website at University of Sheffield, 2009, 23(2): 12-34.

[140] Ikenaga. 札幌管区 15 年度札幌市市政世論調気象台ウェブサイトから観測・統計データ. [EB/OL] http://www. data. kisHou. go. jp/, 2009-02-23.

[141] Ikenaga. 札幌市平成査報告書ェブサイト. [EB/OL] http://www. city.

sapporo. jp/kensetsuyuki, 2009-11-23.

［142］Ogitairiku. ナレッジ. マネジメント.［EB/OL］http://www. nri. co. jp/opinion/region/, 2010-02-18.

［143］Saitousinn. マネジメントシステムのパフォーマンスについての実証分析.［EB/OL］http//wwww. sHef. ac. uk/～ibberson/qfd. Html p://www, 2010-05-28.

［144］Saitousinn. 札幌市建設局管理部雪対策室計画課ウ対策予算の推移.［EB/OL］http://www. city. sapporo. jp/kensetsu/yuki/. 2010-10-12.

［145］池永輝之. 八戸市市民満足度調査結果報告書. 八戸市ぎふおおがきウェブサイト.［EB/OL］http://www. city. HacHinoHe. aomori. jp/plan/manzoku/pdf/researcHA. pdf, 2010-08-16.

［146］池永輝之. 宮城県第三回県民満足度調査票ウェブサイト.［EB/OL］http://www. pref. miyagi. jp/Hyoka/16mannzoku/yo. pdf. 2010-06-09.

［147］池永俊治. 有効性が確認された行政サー［M］. 東京：日科技連出版社，2008：132-158.

［148］赤尾洋二. 品質機能展開入門［M］. 東京：日科技連出版社，1990：26-38.

［149］赤尾洋二. 品質展開入門［M］. 東京：日科技連出版社，1990：230-245.

［150］大藤正，小野道照，赤尾洋二. 品質展開法（1）——品質表の作成と演習［M］. 東京：日科技連出版社，2004：234-256.

［151］大藤正，小野道照，赤尾洋二. 品質展開法（1）［M］. 東京：日科技連出版社，1990：230-245.

［152］大藤正，小野道照，赤尾洋二. 品質展開法（2）［M］. 東京：日科技連出版社，1994：130-146.

［153］大藤正，小野道照，永井一志. QFDガイドブック［M］. 東京：日本規格協会，2003：145-156.

［154］水野滋，赤尾洋二. 品質機能展開［M］. 神戸：日刊工業新聞社. 1978：23-45.

［155］水野滋，赤尾洋二. 品質機能展開［M］. 東京：日科技連出版社，1985：36-40.

［156］新藤久和. 設計的問題 14 解決法［M］. 東京：日科技日科技連出版社，2009：231-256.

［157］野中郁次郎. 知識創造企業［M］. 東京：東洋経済新報社，2002：23-114.

［158］佐藤馨一. 東京データバンク実践マーケティング講座.［EB/OL］http://www. tdb. co. jp/marketing/index. Html, 2000, 15(3)：123-145.

[159]部瑜桥,和今生,王咏源.隐性知识与显性知识的界定研究[J].西南交通大学学报,2007,12(3):75-76.

[160]陈娟,王文平.知识型企业生命体智能单元间知识共享策略与激励措施研究[J].东南大学学报(自然科学版),2004,12(11):68-76.

[161]陈志斌.基于隐性知识层面的企业理论之问题研究[J].生产力研究,2002,26(6):278-280.

[162]陈志祥,罗澜,赵建军.激励策略对供需合作绩效影响的理论与实证研究[J].计算机集成制造系统,2004,12(6):158-188.

[163]鄂丽丽.服务外包竞争力影响因素研究——基于中国的分析[J].经济问题探索,2008,15(3):78-87.

[164]戈秀才和,关于心理契约导入知识型员工管理的探讨[J].现代管理科学,2007,12(2):102-103.

[165]管云松,戴大双.隐性知识在项目团队中的开发和共享研究[J].大连理工大学学报,2004,12(2):37-39.

[166]郭冰,张世英.中国软件出口欧美暨离岸软件外包产业研究[D].天津大学硕士学位论文,2005.

[167]何骏.中国发展服务外包研究[J].云南社会科学,2008(2):5-12.

[168]和金生,熊德勇.基于知识发酵的知识创新[J].科学学与科学技术管理,2005(2):54-56.

[169]黄孝武.业间信任问题理论评述[J].经济学动态,2002(10):59-63.

[170]黄智形,蓝颂军,李谷.知识型团队的团队协作与心理契约分析[J].广西大学学报,2006(11):112-113.

[171]姜凌,文俊峰,夏奇峰.软件外包与软件产业的发展——基于中印的比较[J].科技管理研究,2006(6):64-69.

附　　录

附录 1　调查问卷(一)中文版本问卷

《关于对日软件企业中知识共享与外包成功度之间的研究》的问卷调查

尊敬的女士/先生:您好!

非常感谢您在百忙之中抽出时间,参与 H 公司与浙江大学共同研究课题的问卷调查! 本问卷探讨哪些因素影响软件企业中的知识共享与外包项目成功。您的意见对我们的共同研究非常重要,您所提供的信息我们不会用于任何商业用途或透露给他人。

感谢您的真诚合作!

H 公司/浙江大学

请根据您公司在知识共享方面的实际情况,对以下问题进行打分(打分标准参照:"1＝极不同意;2＝不同意;3＝居中;4＝同意;5＝极同意"。请选择相应的数字打"√")。

软件开发过程中的知识共享是一个组织通过各种途径开展知识的沟通与交流,促进有价值的新思想,新方案的产生,是知识创新的过程。

一、关于知识共享的调查,就该项目中与发包方的跨文化沟通情况,请选择相应的数字打"√"

隐性知识共享	A1 我们经常与发包方、客户及外部专家等分享信息和经验	1	2	3	4	5	6	7
	A2 我们经常与发包方、客户及竞争者进行正式或非正式的会谈	1	2	3	4	5	6	7
	A3 公司通过员工在企业内外的"走动"学习发现新知识和市场机会	1	2	3	4	5	6	7
	A4 公司有专门的人员对获取的知识进行适当的解释,使其更有利于员工的理解	1	2	3	4	5	6	7
	A5 公司创造了一个工作环境,适合员工通过示范和实践等方法来学习,理解专家经验和技能	1	2	3	4	5	6	7

领导的支持程度	B1 公司领导积极参与制定知识管理的战略。	1	2	3	4	5	6	7
	B2 公司领导在优化创新,分享和利用知识方面起模仿作用。	1	2	3	4	5	6	7
	B3 公司领导认可和奖励员工在知识管理活动中所取得的成就。	1	2	3	4	5	6	7
	B4 公司领导积极地为知识管理融资提供支持。	1	2	3	4	5	6	7
	B5 公司领导非常重视员工的培训。	1	2	3	4	5	6	7
企业文化特征	C1 我清楚地知道自己在组织中所扮演的角色。	1	2	3	4	5	6	7
	C2 团队中的工作条件会促进工作效率的提高。	1	2	3	4	5	6	7
	C3 我所在的团队领导关心并满足团队成员的需求。	1	2	3	4	5	6	7
	C4 我拥有充分的信息来正确地完成工作。	1	2	3	4	5	6	7
	C5 如何正确地完成工作的信息主要来自团队领导。	1	2	3	4	5	6	7
	C6 组织的不同部门之间会进行众多的团队协作。	1	2	3	4	5	6	7
信息技术能力	D1 公司拥有最先进的电脑及软件。	1	2	3	4	5	6	7
	D2 不同部门的员工通过电脑沟通,大大提高了工作效率。	1	2	3	4	5	6	7
	D3 拥有非常完善的电脑系统,协调公司的运营。	1	2	3	4	5	6	7
	D4 员工可以方便地通过电脑获得工作所需信息。	1	2	3	4	5	6	7
	D5 拥有非常灵活的 IT 系统和网络系统。	1	2	3	4	5	6	7
	D6 公司总体上信息技术能力比较强。	1	2	3	4	5	6	7

二、跨文化沟通调查——就该项目中与发包方的跨文化沟通情况,请选择相应的数字打"√"

E1 中日双方管理人员对待矛盾冲突的处理方式比较相近,如当我们之间有冲突发生时双方可以很好地沟通解决。	1	2	3	4	5	6	7
E2 中日双方文化的含蓄程度比较相近,不容易产生误会。	1	2	3	4	5	6	7
E3 我对发包方(日方)语言理解的准确性很高。	1	2	3	4	5	6	7
E4 跨文化培训的效果很好。	1	2	3	4	5	6	7
E5 不同文化相互认同度相当高。	1	2	3	4	5	6	7
E6 我对发包方的企业文化无偏见和歧视。	1	2	3	4	5	6	7

三、信任情况调查——就该项目中与发包方的信任情况,请选择相应的数字打"√"

F1 我经常关注该发包方企业。	1	2	3	4	5	6	7
F2 我有信心地认为发包方是关心我方的利益,即使我方存在弱点(如信息不对称,合同不完善等)时也不会利用我方的弱点去损害我方的利益,其与我方的交往动机是为了共同利益。	1	2	3	4	5	6	7
F3 我曾经将该发包方企业推荐给别的企业或个人。	1	2	3	4	5	6	7
F4 我有信心认为发包方(书面的或口头的承诺)是值得信赖的,未来有能力履行承诺。	1	2	3	4	5	6	7
F5 发包方是诚实、负责、公平和关心我方利益的。	1	2	3	4	5	6	7
F6 发包方在技术、管理、盈利能力等方面具有的很强的实力。	1	2	3	4	5	6	7

四、合作关系质量——就该项目中与发包方的伙伴关系质量情况,请选择相应的数字打"√"

G1 双方对项目的合作都具有较高的诚意。	1	2	3	4	5	6	7
G2 双方定期商讨合作计划与战略目标。	1	2	3	4	5	6	7
G3 双方经常进行协调与沟通,能够实现信息的及时、广泛共享。	1	2	3	4	5	6	7
G4 双方都会让对方尽快知道任何原先没有预期到的问题。	1	2	3	4	5	6	7
G5 合作双方有共渡难关的决心,并能共担风险,共享收益。	1	2	3	4	5	6	7
G6 发包方对本公司的员工提供专业知识培训(如跨文化知识等)。	1	2	3	4	5	6	7

五、根据在该项目中您所经历的与合作方的显性知识共享的情况,请您根据实际情况选择相应的数字打"√"

H1 公司利用各种文献资料并采用计算机仿真,预测等方法来制定组织战略	1	2	3	4	5	6	7
H2 公司制定了完善的产品和服务手册及数据库	1	2	3	4	5	6	7
H3 企业有部门可以将员工,客户,供应商的技术,经验转化到新产品的设计之中,且易于实现	1	2	3	4	5	6	7
H4 公司通过收集各种管理数据和技术信息来增加组织的资料	1	2	3	4	5	6	7
H5 公司在员工中积极传播新产生的概念和思想	1	2	3	4	5	6	7

六、合同完善性的调查——就该项目中所涉及的外包合同,请您根据实际情况选择相应的数字打"√"

	1	2	3	4	5	6	7
I1 合同中有详尽的对于发包方相关知识产权保护的条款。	1	2	3	4	5	6	7
I2 合同中的某些条款是不清晰的。	1	2	3	4	5	6	7
I3 合同中清楚指明测试的环境、方法与验收的标准。	1	2	3	4	5	6	7
I4 合同中清楚地写明了项目期望的绩效水平(如输出质量等)。	1	2	3	4	5	6	7
I5 合同中清楚指明承接方在系统实施与维修的责任范围。	1	2	3	4	5	6	7
I6 合同中清楚指明更改系统规格与需求的方法与程序。	1	2	3	4	5	6	7

七、根据最近一次项目的绩效情况,请您根据实际情况选择相应的数字打"√"

		1	2	3	4	5	6	7
外包合作绩效	J1 该外包项目实现了按期交付	1	2	3	4	5	6	7
	J2 该项目很好地达到了合同规定的质量要求	1	2	3	4	5	6	7
	J3 该项目给客户带来了很好的收益性	1	2	3	4	5	6	7
	J4 能够更好地适应客户需求的变化,提高了客户满意度	1	2	3	4	5	6	7
	J5 进一步强化了以客户为中心的导向,更好地为客户创造价值	1	2	3	4	5	6	7

八、您所在企业的情况

1. 贵公司规模(员工数)(　　　)

　　A. 0~50 人　　　　B. 51~100 人　　　C. 101~500 人　　　D. 501~1000 人

　　E. 1001~2000 人　F. 2001~5000 人　G. 5000 人以上

2. 与贵公司的合作时间(　　　)

　　A. 0~1 年　　　　B. 1~3 年　　　　C. 3~5 年　　　　D. 5 ~8 年

　　E. 8~10 年　　　F. 10~15　　　　G. 15 年以上

3. 贵公司的名称:＿＿＿＿＿＿＿＿　　　CMM 级别:＿＿＿＿＿＿＿

4. CMM 认证水平(　　　)

　　A. CMM1　　　　B. CMM2　　　　C. CMM3

　　D. CMM4　　　　E. CMM5

5. 你在公司的工作年限(　　　)

　　A. 0~1 年　　　　B. 1~3 年　　　　C. 3~5 年　　　　D. 5 ~8 年

　　E. 8~10 年　　　F. 10~15　　　　G. 15 年以上

九、您个人的工作情况

1.您的学历(　　　)

    A.大专　　　　　　B.本科　　　　　　C.硕士

    D.博士　　　　　　E.其他

2.您的职务(　　　)

    A.高层领导　　　　B.事业部领导　　　C.项目经理(PM)

    D.技术人员　　　　E.其他

3.您参与对日软件外包的时间(　　　)

    A.0~3年　　　　　B.3~5年　　　　　C.5~8年　　　　　D.8年以上

再次对您的合作表示感谢!祝您工作顺利!

附録2　調査问卷(二)日文版本问卷

「対日ソフトウェア・オフショア開発企業における知的
共有についての研究」に関するアンケート

拝啓

　貴社ますますご清栄の段、お喜び申し上げます。

　このたびは、浙江大学経営研究科および東忠株式会社共同研究のアンケートにご協力いただき、誠にありがとうございます。

　本アンケートにご回答いただくにあたり、ご提供いただきますご回答者様の住所・氏名・会社業務内容など特定個人・法人を識別できる情報(個人情報)は、学術研究を目的としており、一切の商用目的には使用いたしません。また、ご回答者様よりご提供いただきました個人情報は、ご回答者様の事前のご同意をいただくことなく、予め明示した利用目的以外に使用しません。

　本研究による学術成果は、ご回答者様のご要望に応じて随時公開させていただきます。

　あらかじめご了解ください。

浙江大学管理学院

　以下表の質問について、各1~5のうちから、最もあてはまるものを一つだけ選び、"レ"を記入してください。各1~5は、以下を示します:(1)全く当てはまる;(2)どちらかというと当てはまる;(3)どちらともいえない;(4)どちらかというと当てはまらない;(5)全く当てはまらない。

　なお、アンケートで言う「知的共有」とは、企業内において重要な知識について、その共有の一連のプロセスを、合理的でシステマチックに管理することを指す。

一、知的共有の調査——現状に沿って適切な数字の下に"√"を記入してください

暗黙知識の共有	1 常に取引先、外部の専門家などと情報や経験を共有している	1	2	3	4	5	6	7
	2 常に取引先、競合業者と正式・非正式の打ち合わせを実施している	1	2	3	4	5	6	7
	3 従業員の企業内外の学習を通じて、新規技術やビジネスチャンスに関する発見を促している	1	2	3	4	5	6	7
	4 従業員が「模範」「実践」等の方法を通じて学習することに関し、専門家の経験と技術を理解する環境を提供している	1	2	3	4	5	6	7
	5 会社は従業員が模範と実践などの方法を通して学習に来ることに適して、専門家の経験と技能を理解する環境を創造する	1	2	3	4	5	6	7
責任者の支持程度	1 責任者が積極的に知識管理の戦略を制定することに参与する。	1	2	3	4	5	6	7
	2 責任者が革新を最適化して、知識を共有し利用する方面に先を立っている。	1	2	3	4	5	6	7
	3 責任者が知識管理の活動で得た業績を認可して、奨励する。	1	2	3	4	5	6	7
	4 責任者が積極的に知識管理に融資して支持を提供する。	1	2	3	4	5	6	7
	5 責任者が従業員の育成訓練を重視する。	1	2	3	4	5	6	7
企業文化の特徴	1 自分が会社の中でどんな役を演じているかを明確している。	1	2	3	4	5	6	7
	2 チーム中の仕事の環境は仕事の能率の高める。	1	2	3	4	5	6	7
	3 チームリーダーが成員の需要を満たしている。	1	2	3	4	5	6	7
	4 私は十分な情報を持って仕事を完成させる。	1	2	3	4	5	6	7
	5 どのように正しく仕事を完成する情報は主にチームから得られる。	1	2	3	4	5	6	7
	6 異なる部門の間には協力しあうことが可能である。	1	2	3	4	5	6	7
情報処理の能力	1 会社は最も先進的なコンピュータとソフトウェアを持っている。	1	2	3	4	5	6	7
	2 異なった部門の従業員はコンピュータのを通して、仕事の能率を高める。	1	2	3	4	5	6	7
	3 整ったコンピュータシステムを持って、会社の運営を調整できる。	1	2	3	4	5	6	7
	4 従業員はコンピュータを通じて、仕事の必要の情報を獲得できる。	1	2	3	4	5	6	7
	5 柔軟なITシステムとネットシステムを持っている。	1	2	3	4	5	6	7
	6 会社の情報処理能力がつよいです。	1	2	3	4	5	6	7

二、異文化コミュニケーションの調査——現状に沿って適切な数字の下に"√"を記入してください

1 両者間のいざこざを解決することが容易である。	1	2	3	4	5	6	7
2 両者間の文化共通点が多くて、誤解は少ない。	1	2	3	4	5	6	7
3 取引先の言語を正確に理解できる。	1	2	3	4	5	6	7
4 異文化コミュニケーションの育成訓練の効果が上がっている。	1	2	3	4	5	6	7
5 異文化に対する相互の理解度はかなり高い。	1	2	3	4	5	6	7
6 取引先の文化について偏見や差別がない。	1	2	3	4	5	6	7

三、信任の調査——現状に沿って適切な数字の下に"√"を記入してください

1 私は常に取引先に関心を持っている。	1	2	3	4	5	6	7
2 取引先が常に当方の利益に関心を持っており、たとえ当方に弱み(契約上の不完全など)が存在する時でも当方の弱みに付け込んで、当方の利益を損なうことはしない、双方の付き合う動機は共通の利益のためである。	1	2	3	4	5	6	7
3 取引先を別の企業あるいは個人に推薦する。	1	2	3	4	5	6	7
4 取引先は信頼できる、書面/口頭の承諾を十分に履行する能力がある。	1	2	3	4	5	6	7
5 取引先が誠実で、責任を負って当方の利益を考えてくれる。	1	2	3	4	5	6	7
6 取引先は技術、管理能力などの点で実力がある。	1	2	3	4	5		

四、パートナー関係の品質の情況について、適切な数字の下に"√"を記入してください

1 双方がプロジェクトへの協力に対し高い誠意を持ってる。	1	2	3	4	5	6	7
2 双方が定期的に協力計画と戦略目標について検討する。	1	2	3	4	5	6	7
3 双方が常に意志疎通を行って、広範に情報の共有を実現している。	1	2	3	4	5	6	7
4 双方いずれもできるだけ早く不慮の事態と情報を相手に知らせる。	1	2	3	4	5	6	7
5 双方が難関を共にくぐり抜ける決意があり、リスクを共同で負って、利益を共有している。	1	2	3	4	5	6	7
6 取引先が当方の従業員に専門知識育成訓練の機会を提供してくれる(文化の知識など)。	1	2	3	4	5	6	7

五、あなたが経験したプロジェクトの中で、取引先の企業との顕然知識の共有について、適切な場所に"√"を記入してください

	1	2	3	4	5	6	7
H1 各種の文献や資料を利用し、コンピューターによるシュミレーション、予測などの方法を用いて、戦略を決めている	1	2	3	4	5	6	7
H2 製品・サービスなどをデータベースとして整理している	1	2	3	4	5	6	7
H3 取引先・提携先の技術や経験を新製品の設計に転用する専門部門がある	1	2	3	4	5	6	7
H4 技術情報など各種データを収集し、資料としてまとめている	1	2	3	4	5	6	7
H5 従業員に対し、積極的に新しい概念を広めようとしている	1	2	3	4	5	6	7

六、ソフトウエアオフショア開発における取引先の企業との契約に関して、あなたの実情に沿って、適切な場所に"√"を記入してください

	1	2	3	4	5	6	7
1 契約中に発注元への知識所有権保護に関する条項がある。	1	2	3	4	5	6	7
2 契約中にあまり明確にしていない部分がある。	1	2	3	4	5	6	7
3 契約で検査の環境、方法と検査基準などを明確にした。	1	2	3	4	5	6	7
4 契約でプロジェクトに対する期待業績レベル(例えば品質など)を明確にした。	1	2	3	4	5	6	7
5 契約で受注元のオフショア開発システムの稼動と維持についての責任範囲を明確にした。	1	2	3	4	5	6	7
6 契約で規格と要望の方法の変更をシステマチックにした。	1	2	3	4	5	6	7

七、ソフトウエアオフショア開発の結果について、あなたの実情に沿って、適切な場所に"√"を記入してください

		1	2	3	4	5	6	7
オフショアの結果	1プロジェクトは納期までに完了する	1	2	3	4	5	6	7
	2プロジェクトでは契約どおりの品質の製品を納品できる	1	2	3	4	5	6	7
	3プロジェクトでは高い収益を得ている	1	2	3	4	5	6	7
	4顧客満足度を得るために、取引先のニーズの変化に適応できるようにしている	1	2	3	4	5	6	7
	5顧客第一主義を強化し、よりより顧客満足度を得ている	1	2	3	4	5	6	7

八、貴社に関する情報

1. 所在地：＿＿＿＿＿＿＿＿＿＿＿＿＿ ,名称：＿＿＿＿＿＿＿＿＿＿＿＿＿

2. 企業規模（従業員数）（　　　）

 A.0～50 人   B.51～100 人 C.101～500 人 D.501～1000 人

 E.1001～2000 人 F.2001～5000 人 G.5000 人以上

3. 取引の年数（　　　）

 A.0～1 年   B.1～3 年   C.3～5 年   D.5 ～8 年

 E.8～10 年   F.10～15   G.15 年以上

4. CMM 水準（　　　）

 A.CMM1   B.CMM2   C.CMM3

 D.CMM4   E.CMM5

5. この会社につとめた年数（　　　）

 A.0～1 年   B.1～3 年   E.3～5 年   D.5 ～8 年

 E.8～10 年   F.10～15   G.15 年以上

九、ご回答者様に関する情報

1. 学歴（　　　）

 A.高専   B.大学（学部） C.大学院（修士）

 D.大学院（博士） E.その他

2. 職位（　　　）

 A.経営責任者 B.事業部の責任者   C.プロジェクトマネージャー

 D.技術者   E.その他

3. ソフトオフショアに参入した年数（　　　）

 A.0～3 年   B.3～5 年   C.5～8 年   D.8 年以上

附录 3 访谈提纲

访谈对象：

被访谈企业为从事对日软件外包的软件企业，具体访谈对象具有一定对日软件外包业务承接经历的项目组长（PL）、项目经理（PM）、事业部经理和高层管理者。

访谈内容：

（一）该软件企业的现状、背景，该企业从事对日软件外包的时间和有关经历；

（二）影响承接方与发包方之间知识共享的关键因素有哪些？

（三）软件外包过程中的知识管理是怎样的？尤其是知识共享是如何做的？

（四）影响软件业务发包方（日方）对承接方（中方）信任的关键因素有哪些，影响承接方（中方）对发包方（日方）信任的关键因素有哪些？

（五）如何定义和衡量一个软件外包项目是否成功，影响对日软件外包项目成功的关键因素有哪些？

（六）衡量外包合作双方沟通程度、承接方声誉、外包合同规范性、双方交往经验等关键指标有哪些？

（七）外包绩效的衡量指标有哪些？我们企业是如何去衡量的？

附录 4 小样本数据的描述性统计

小样本数据的描述性统计和正态分布性

	N	极小值	极大值	均值		标准差	偏度		峰度	
	统计量	统计量	统计量	统计量	标准误	统计量	统计量	标准误	统计量	标准误
A1	58	2	7	5.38	0.184	1.400	−0.956	0.314	0.133	0.618
A2	58	2	7	5.60	0.153	1.169	−0.873	0.314	0.076	0.618
A3	58	2	7	5.21	0.213	1.620	−0.912	0.314	−0.371	0.618
A4	58	2	7	5.36	0.199	1.518	−1.051	0.314	0.107	0.618
A5	58	1	7	5.78	0.176	1.338	−1.757	0.314	3.169	0.618
B1	58	2	7	5.88	0.161	1.229	−1.464	0.314	1.913	0.618
B2	58	2	7	5.41	0.213	1.623	−0.861	0.314	−0.389	0.618
B3	58	2	7	5.03	0.227	1.727	−0.394	0.314	−1.603	0.618
B4	58	2	7	4.53	0.237	1.809	0.200	0.314	−1.781	0.618
B5	58	2	7	5.74	0.201	1.528	−1.195	0.314	−0.047	0.618
C1	58	1	7	4.09	0.243	1.848	0.336	0.314	−1.535	0.618
C2	58	2	7	4.71	0.246	1.873	−0.104	0.314	−1.763	0.618
C3	58	2	7	4.86	0.235	1.791	−0.203	0.314	−1.742	0.618
C4	58	1	7	5.09	0.220	1.678	−0.740	0.314	−0.973	0.618
C5	58	1	7	4.47	0.246	1.875	−0.134	0.314	−1.682	0.618
C6	58	2	7	5.19	0.227	1.732	−0.534	0.314	−1.448	0.618
D1	58	1	7	4.83	0.230	1.749	−0.359	0.314	−1.488	0.618
D2	58	2	7	5.33	0.205	1.560	−1.002	0.314	−0.543	0.618
D3	58	2	7	5.19	0.222	1.691	−0.737	0.314	−1.097	0.618
D4	58	2	7	4.86	0.230	1.752	−0.188	0.314	−1.762	0.618
D5	58	1	7	5.84	0.184	1.399	−1.863	0.314	2.909	0.618
D6	58	2	7	5.90	0.188	1.435	−1.583	0.314	1.376	0.618
E1	58	1	7	4.86	0.242	1.840	−0.263	0.314	−1.588	0.618
E2	58	2	7	4.72	0.230	1.755	−0.166	0.314	−1.741	0.618

服务外包模式下组织知识共享的关键影响因素及其与外包绩效的关系研究

	N	极小值	极大值	均值		标准差	偏度		峰度	
E3	58	2	7	5.48	0.199	1.513	−1.005	0.314	−0.516	0.618
E4	58	3	7	5.72	0.184	1.399	−1.237	0.314	0.146	0.618
E5	58	2	7	5.28	0.217	1.652	−0.798	0.314	−0.980	0.618
E6	58	1	7	5.36	0.234	1.784	−0.956	0.314	−0.582	0.618
F1	58	3	7	5.67	0.180	1.369	−1.248	0.314	0.196	0.618
F2	58	1	7	5.34	0.211	1.606	−0.932	0.314	−0.515	0.618
F3	58	1	7	5.24	0.206	1.571	−1.007	0.314	−0.392	0.618
F4	58	1	7	5.69	0.176	1.340	−1.757	0.314	2.482	0.618
F5	58	3	7	5.74	0.164	1.250	−1.495	0.314	1.130	0.618
F6	58	2	7	5.78	0.174	1.325	−1.539	0.314	1.337	0.618
G1	57	2	7	5.18	0.217	1.638	−0.570	0.316	−1.403	0.623
G2	58	2	7	5.34	0.204	1.551	−0.839	0.314	−0.918	0.618
G3	58	2	7	5.55	0.195	1.489	−1.095	0.314	−0.266	0.618
G4	58	2	7	5.29	0.219	1.665	−0.793	0.314	−0.990	0.618
G5	58	1	7	4.50	0.236	1.799	0.047	0.314	−1.653	0.618
G6	58	2	7	4.47	0.230	1.749	0.284	0.314	−1.754	0.618
H1	58	2	7	5.22	0.223	1.697	−0.610	0.314	−1.329	0.618
H2	58	3	7	5.22	0.212	1.612	−0.561	0.314	−1.449	0.618
H3	58	1	7	4.67	0.245	1.867	−0.071	0.314	−1.673	0.618
H4	58	1	7	4.83	0.242	1.846	−0.275	0.314	−1.575	0.618
H5	58	2	7	5.07	0.209	1.588	−0.553	0.314	−1.455	0.618
I1	58	2	7	5.50	0.188	1.430	−1.287	0.314	0.282	0.618
I2	58	2	7	5.03	0.237	1.806	−0.423	0.314	−1.561	0.618
I3	58	1	7	4.50	0.254	1.931	−0.038	0.314	−1.691	0.618
I4	58	2	7	5.60	0.181	1.376	−1.333	0.314	0.485	0.618
I5	58	2	7	5.19	0.230	1.752	−0.645	0.314	−1.260	0.618
I6	58	2	7	4.79	0.234	1.785	−0.137	0.314	−1.770	0.618
J1	58	1	7	4.34	0.266	2.022	−0.069	0.314	−1.574	0.618
J2	58	1	7	4.66	0.263	2.005	−0.263	0.314	−1.593	0.618
J3	58	1	7	4.21	0.258	1.962	0.219	0.314	−1.501	0.618
J4	58	1	7	4.36	0.238	1.813	0.258	0.314	−1.592	0.618
J5	58	2	7	4.83	0.253	1.930	−0.172	0.314	−1.769	0.618

附录5 大样本数据的描述性统计

大样本数据的描述性统计和正态分布性

描述统计量

	N	极小值	极大值	均值		标准差	偏度		峰度	
	统计量	统计量	统计量	统计量	标准误	统计量	统计量	标准误	统计量	标准误
A1	278	2	7	5.40	0.083	1.392	−0.944	0.146	0.061	0.291
A2	278	2	7	5.61	0.070	1.172	−0.852	0.146	−0.021	0.291
A3	278	2	7	5.22	0.096	1.607	−0.903	0.146	−0.407	0.291
A4	278	2	7	5.35	0.092	1.531	−0.998	0.146	−0.078	0.291
A5	278	1	7	5.79	0.080	1.327	−1.739	0.146	2.978	0.291
B1	278	2	7	5.87	0.074	1.238	−1.414	0.146	1.591	0.291
B2	278	2	7	5.41	0.097	1.616	−0.841	0.146	−0.454	0.291
B3	278	2	7	5.06	0.103	1.714	−0.403	0.146	−1.562	0.291
B4	278	2	7	4.56	0.108	1.799	0.176	0.146	−1.752	0.291
B5	278	2	7	5.76	0.091	1.519	−1.185	0.146	−0.089	0.291
C1	278	1	7	4.13	0.110	1.838	0.300	0.146	−1.548	0.291
C2	278	2	7	4.75	0.111	1.858	−0.147	0.146	−1.713	0.291
C3	278	2	7	4.89	0.106	1.770	−0.219	0.146	−1.698	0.291
C4	278	1	7	5.12	0.099	1.647	−0.744	0.146	−0.969	0.291
C5	278	1	7	4.48	0.112	1.869	−0.147	0.146	−1.643	0.291
C6	278	2	7	5.20	0.103	1.719	−0.538	0.146	−1.411	0.291
D1	278	1	7	4.83	0.104	1.733	−0.350	0.146	−1.464	0.291
D2	278	2	7	5.34	0.093	1.551	−0.999	0.146	−0.544	0.291
D3	278	2	7	5.23	0.100	1.662	−0.751	0.146	−1.053	0.291
D4	278	2	7	4.90	0.104	1.734	−0.220	0.146	−1.708	0.291
D5	278	1	7	5.84	0.084	1.404	−1.808	0.146	2.542	0.291
D6	278	2	7	5.88	0.087	1.451	−1.506	0.146	1.011	0.291
E1	278	1	7	4.86	0.110	1.835	−0.242	0.146	−1.572	0.291
E2	278	2	7	4.74	0.104	1.742	−0.184	0.146	−1.696	0.291

服务外包模式下组织知识共享的关键影响因素及其与外包绩效的关系研究

描述统计量

	N	极小值	极大值	均值		标准差	偏度		峰度	
E3	278	2	7	5.50	0.090	1.500	−1.005	0.146	−0.509	0.291
E4	278	3	7	5.75	0.083	1.378	−1.247	0.146	0.170	0.291
E5	278	2	7	5.28	0.098	1.641	−0.792	0.146	−0.974	0.291
E6	278	1	7	5.37	0.107	1.779	−0.952	0.146	−0.596	0.291
F1	278	3	7	5.68	0.082	1.366	−1.213	0.146	0.074	0.291
F2	278	1	7	5.35	0.096	1.604	−0.909	0.146	−0.565	0.291
F3	278	1	7	5.24	0.094	1.570	−0.980	0.146	−0.453	0.291
F4	278	2	7	5.69	0.080	1.337	−1.728	0.146	2.268	0.291
F5	278	3	7	5.75	0.075	1.244	−1.463	0.146	0.975	0.291
F6	278	2	7	5.79	0.079	1.310	−1.537	0.146	1.291	0.291
G1	273	2	7	5.17	0.099	1.636	−0.542	0.147	−1.410	0.294
G2	278	2	7	5.34	0.093	1.544	−0.817	0.146	−0.946	0.291
G3	278	2	7	5.55	0.089	1.492	−1.058	0.146	−0.370	0.291
G4	278	2	7	5.29	0.100	1.664	−0.769	0.146	−1.021	0.291
G5	278	1	7	4.53	0.108	1.794	0.021	0.146	−1.621	0.291
G6	278	2	7	4.51	0.105	1.743	0.233	0.146	−1.742	0.291
H1	278	2	7	5.26	0.101	1.680	−0.626	0.146	−1.281	0.291
H2	278	3	7	5.23	0.096	1.608	−0.549	0.146	−1.434	0.291
H3	278	1	7	4.68	0.112	1.864	−0.074	0.146	−1.641	0.291
H4	278	1	7	4.84	0.110	1.837	−0.282	0.146	−1.539	0.291
H5	278	2	7	5.08	0.095	1.580	−0.552	0.146	−1.419	0.291
I1	278	2	7	5.50	0.086	1.431	−1.246	0.146	0.144	0.291
I2	278	2	7	5.07	0.108	1.793	−0.449	0.146	−1.503	0.291
I3	278	1	7	4.55	0.115	1.925	−0.091	0.146	−1.651	0.291
I4	278	2	7	5.60	0.082	1.373	−1.298	0.146	0.349	0.291
I5	278	2	7	5.22	0.104	1.735	−0.664	0.146	−1.209	0.291
I6	278	2	7	4.82	0.106	1.775	−0.172	0.146	−1.715	0.291
J1	278	1	7	4.42	0.120	2.002	−0.132	0.146	−1.529	0.291
J2	278	1	7	4.71	0.119	1.990	−0.308	0.146	−1.530	0.291
J3	278	1	7	4.25	0.118	1.962	0.172	0.146	−1.500	0.291
J4	278	1	7	4.40	0.108	1.807	0.224	0.146	−1.581	0.291
J5	278	2	7	4.83	0.115	1.926	−0.164	0.146	−1.737	0.291

附录6 调查方法的偏差分析(一)

传统问卷和电子问卷两种方法的效果统计

组统计量

	调查方法	N(样本数量)	均值	标准差	均值的标准误
A1	A(传统问卷)	127	5.41	1.376	0.122
	B(电子问卷)	151	5.38	1.409	0.115
A2	A	127	5.62	1.168	0.104
	B	151	5.60	1.179	0.096
A3	A	127	5.27	1.601	0.142
	B	151	5.18	1.617	0.132
A4	A	127	5.39	1.517	0.135
	B	151	5.32	1.546	0.126
A5	A	127	5.81	1.320	0.117
	B	151	5.77	1.338	0.109
B1	A	127	5.89	1.255	0.111
	B	151	5.86	1.228	0.100
B2	A	127	5.46	1.646	0.146
	B	151	5.38	1.595	0.130
B3	A	127	5.08	1.716	0.152
	B	151	5.05	1.718	0.140
B4	A	127	4.57	1.820	0.161
	B	151	4.55	1.788	0.145
B5	A	127	5.79	1.499	0.133
	B	151	5.73	1.540	0.125
C1	A	127	4.13	1.852	0.164
	B	151	4.13	1.832	0.149
C2	A	127	4.76	1.862	0.165
	B	151	4.74	1.860	0.151

组统计量					
	调查方法	N（样本数量）	均值	标准差	均值的标准误
C3	A	127	4.92	1.780	0.158
	B	151	4.86	1.767	0.144
C4	A	127	5.14	1.656	0.147
	B	151	5.10	1.644	0.134
C5	A	127	4.52	1.872	0.166
	B	151	4.45	1.872	0.152
C6	A	127	5.23	1.714	0.152
	B	151	5.17	1.727	0.141
D1	A	127	4.86	1.740	0.154
	B	151	4.81	1.734	0.141
D2	A	127	5.35	1.556	0.138
	B	151	5.32	1.552	0.126
D3	A	127	5.26	1.653	0.147
	B	151	5.21	1.675	0.136
D4	A	127	4.98	1.739	0.154
	B	151	4.83	1.734	0.141
D5	A	127	5.89	1.381	0.123
	B	151	5.79	1.425	0.116
D6	A	127	5.88	1.445	0.128
	B	151	5.88	1.460	0.119
E1	A	127	4.91	1.835	0.163
	B	151	4.81	1.839	0.150
E2	A	127	4.77	1.756	0.156
	B	151	4.72	1.737	0.141
E3	A	127	5.52	1.506	0.134
	B	151	5.48	1.500	0.122
E4	A	127	5.76	1.377	0.122
	B	151	5.74	1.383	0.113
E5	A	127	5.34	1.644	0.146
	B	151	5.23	1.642	0.134

组统计量

	调查方法	N(样本数量)	均值	标准差	均值的标准误
E6	A	127	5.44	1.767	0.157
	B	151	5.31	1.793	0.146
F1	A	127	5.68	1.362	0.121
	B	151	5.68	1.374	0.112
F2	A	127	5.35	1.596	0.142
	B	151	5.34	1.616	0.132
F3	A	127	5.26	1.565	0.139
	B	151	5.23	1.580	0.129
F4	A	127	5.71	1.310	0.116
	B	151	5.68	1.363	0.111
F5	A	127	5.79	1.206	0.107
	B	151	5.72	1.277	0.104
F6	A	127	5.83	1.283	0.114
	B	151	5.76	1.335	0.109
G1	A	125	5.19	1.640	0.147
	B	148	5.15	1.639	0.135
G2	A	127	5.35	1.540	0.137
	B	151	5.34	1.553	0.126
G3	A	127	5.55	1.494	0.133
	B	151	5.56	1.495	0.122
G4	A	127	5.31	1.650	0.146
	B	151	5.28	1.682	0.137
G5	A	127	4.61	1.800	0.160
	B	151	4.45	1.791	0.146
G6	A	127	4.54	1.758	0.156
	B	151	4.49	1.735	0.141
H1	A	127	5.27	1.697	0.151
	B	151	5.25	1.670	0.136
H2	A	127	5.30	1.585	0.141
	B	151	5.18	1.629	0.133

	调查方法	N(样本数量)	均值	标准差	均值的标准误
			组统计量		
H3	A	127	4.73	1.866	0.166
	B	151	4.64	1.867	0.152
H4	A	127	4.89	1.848	0.164
	B	151	4.80	1.833	0.149
H5	A	127	5.06	1.600	0.142
	B	151	5.11	1.567	0.128
I1	A	127	5.50	1.447	0.128
	B	151	5.50	1.423	0.116
I2	A	127	5.10	1.781	0.158
	B	151	5.05	1.809	0.147
I3	A	127	4.62	1.927	0.171
	B	151	4.49	1.928	0.157
I4	A	127	5.63	1.379	0.122
	B	151	5.58	1.373	0.112
I5	A	127	5.23	1.742	0.155
	B	151	5.21	1.734	0.141
I6	A	127	4.84	1.779	0.158
	B	151	4.81	1.777	0.145
J1	A	127	4.41	1.993	0.177
	B	151	4.43	2.015	0.164
J2	A	127	4.65	1.990	0.177
	B	151	4.75	1.997	0.162
J3	A	127	4.31	1.970	0.175
	B	151	4.20	1.960	0.159
J4	A	127	4.40	1.801	0.160
	B	151	4.39	1.818	0.148
J5	A	127	4.83	1.926	0.171
	B	151	4.83	1.931	0.157

附录7 调查方法的偏差分析(二)

传统问卷和电子邮件问卷两种方法的独立样本 T 检验结果

测量条款		方差方程的 Levene 检验		均值方程的 t 检验					差分的 95% 置信区间	
		F	Sig.	t	df	Sig.（双侧）	均值差值	标准误差值	下限	上限
A1	假设方差相等	0.096	0.756	0.151	276	0.880	0.025	0.168	−0.305	0.356
	假设方差不相等			0.151	269.870	0.880	0.025	0.168	−0.304	0.355
A2	假设方差相等	0.016	0.898	0.184	276	0.854	0.026	0.141	−0.252	0.304
	假设方差不相等			0.184	268.697	0.854	0.026	0.141	−0.252	0.304
A3	假设方差相等	0.211	0.646	0.459	276	0.647	0.089	0.194	−0.293	0.470
	假设方差不相等			0.459	268.774	0.646	0.089	0.194	−0.292	0.470
A4	假设方差相等	0.204	0.652	0.368	276	0.713	0.068	0.185	−0.295	0.431
	假设方差不相等			0.369	269.527	0.713	0.068	0.184	−0.295	0.431
A5	假设方差相等	0.002	0.966	0.226	276	0.821	0.036	0.160	−0.279	0.351
	假设方差不相等			0.226	269.059	0.821	0.036	0.160	−0.279	0.351
B1	假设方差相等	0.000	0.999	0.193	276	0.847	0.029	0.149	−0.265	0.323
	假设方差不相等			0.193	265.806	0.847	0.029	0.150	−0.266	0.323
B2	假设方差相等	0.049	0.824	0.406	276	0.685	0.079	0.195	−0.304	0.463
	假设方差不相等			0.405	264.810	0.686	0.079	0.195	−0.306	0.464
B3	假设方差相等	0.018	0.893	0.157	276	0.876	0.032	0.207	−0.375	0.439
	假设方差不相等			0.157	267.971	0.876	0.032	0.207	−0.375	0.439
B4	假设方差相等	0.334	0.564	0.080	276	0.937	0.017	0.217	−0.410	0.444
	假设方差不相等			0.079	266.232	0.937	0.017	0.217	−0.411	0.445
B5	假设方差相等	0.330	0.566	0.322	276	0.748	0.059	0.183	−0.302	0.420
	假设方差不相等			0.322	270.157	0.747	0.059	0.183	−0.301	0.419

独立样本检验

服务外包模式下组织知识共享的关键影响因素及其与外包绩效的关系研究

测量条款		方差方程的 Levene 检验		均值方程的 t 检验						
									差分的 95% 置信区间	
		F	Sig.	t	df	Sig.（双侧）	均值差值	标准误差值	下限	上限
C1	假设方差相等	0.016	0.899	−0.029	276	0.977	−0.006	0.222	−0.443	0.430
	假设方差不相等			−0.029	266.902	0.977	−0.006	0.222	−0.443	0.430
C2	假设方差相等	0.002	0.966	0.098	276	0.922	0.022	0.224	−0.419	0.463
	假设方差不相等			0.098	267.789	0.922	0.022	0.224	−0.419	0.463
C3	假设方差相等	0.003	0.957	0.283	276	0.778	0.060	0.213	−0.360	0.480
	假设方差不相等			0.282	267.196	0.778	0.060	0.214	−0.360	0.481
C4	假设方差相等	0.006	0.940	0.213	276	0.831	0.042	0.199	−0.349	0.433
	假设方差不相等			0.213	267.250	0.831	0.042	0.199	−0.349	0.434
C5	假设方差相等	0.001	0.979	0.308	276	0.759	0.069	0.225	−0.374	0.513
	假设方差不相等			0.308	267.855	0.759	0.069	0.225	−0.374	0.513
C6	假设方差相等	0.218	0.641	0.271	276	0.787	0.056	0.207	−0.352	0.464
	假设方差不相等			0.271	268.551	0.786	0.056	0.207	−0.352	0.464
D1	假设方差相等	0.000	0.986	0.209	276	0.835	0.044	0.209	−0.368	0.455
	假设方差不相等			0.209	267.563	0.835	0.044	0.209	−0.368	0.455
D2	假设方差相等	0.010	0.921	0.159	276	0.873	0.030	0.187	−0.338	0.398
	假设方差不相等			0.159	267.636	0.873	0.030	0.187	−0.339	0.398
D3	假设方差相等	0.281	0.596	0.272	276	0.786	0.055	0.200	−0.340	0.449
	假设方差不相等			0.272	269.009	0.786	0.055	0.200	−0.340	0.449
D4	假设方差相等	0.112	0.738	0.679	276	0.498	0.142	0.209	−0.270	0.553
	假设方差不相等			0.679	267.631	0.498	0.142	0.209	−0.270	0.554
D5	假设方差相等	0.256	0.613	0.562	276	0.575	0.095	0.169	−0.238	0.428
	假设方差不相等			0.563	270.479	0.574	0.095	0.169	−0.237	0.427
D6	假设方差相等	0.072	0.789	0.006	276	0.995	0.001	0.175	−0.343	0.346
	假设方差不相等			0.006	268.794	0.995	0.001	0.175	−0.343	0.345
E1	假设方差相等	0.117	0.733	0.477	276	0.634	0.105	0.221	−0.330	0.541
	假设方差不相等			0.477	268.125	0.634	0.105	0.221	−0.330	0.541

独立样本检验

独立样本检验

测量条款		方差方程的 Levene 检验		均值方程的 t 检验					差分的 95% 置信区间	
		F	Sig.	t	df	Sig.（双侧）	均值差值	标准误差值	下限	上限
E2	假设方差相等	0.074	0.786	0.237	276	0.813	0.050	0.210	−0.364	0.463
	假设方差不相等			0.237	266.879	0.813	0.050	0.210	−0.364	0.464
E3	假设方差相等	0.000	0.985	0.200	276	0.841	0.036	0.181	−0.320	0.392
	假设方差不相等			0.200	267.571	0.841	0.036	0.181	−0.320	0.393
E4	假设方差相等	0.019	0.889	0.133	276	0.895	0.022	0.166	−0.305	0.349
	假设方差不相等			0.133	268.285	0.894	0.022	0.166	−0.305	0.349
E5	假设方差相等	0.070	0.792	0.573	276	0.567	0.113	0.198	−0.276	0.503
	假设方差不相等			0.573	267.789	0.567	0.113	0.198	−0.276	0.503
E6	假设方差相等	0.368	0.545	0.605	276	0.046	0.130	0.214	−0.293	0.552
	假设方差不相等			0.605	269.186	0.045	0.130	0.214	−0.292	0.551
F1	假设方差相等	0.021	0.885	0.010	276	0.992	0.002	0.165	−0.323	0.326
	假设方差不相等			0.010	268.650	0.992	0.002	0.165	−0.322	0.326
F2	假设方差相等	0.037	0.847	0.086	276	0.932	0.017	0.193	−0.364	0.397
	假设方差不相等			0.086	268.974	0.932	0.017	0.193	−0.364	0.397
F3	假设方差相等	0.031	0.860	0.183	276	0.855	0.035	0.189	−0.338	0.407
	假设方差不相等			0.183	268.745	0.855	0.035	0.189	−0.338	0.407
F4	假设方差相等	0.245	0.621	0.165	276	0.869	0.027	0.161	−0.291	0.344
	假设方差不相等			0.165	271.120	0.869	0.027	0.161	−0.290	0.343
F5	假设方差相等	0.997	0.319	0.481	276	0.631	0.072	0.150	−0.223	0.367
	假设方差不相等			0.484	272.308	0.629	0.072	0.149	−0.222	0.366
F6	假设方差相等	0.501	0.480	0.463	276	0.644	0.073	0.158	−0.238	0.384
	假设方差不相等			0.464	271.104	0.643	0.073	0.157	−0.237	0.383
G1	假设方差相等	0.076	0.783	0.218	271	0.828	0.043	0.199	−0.349	0.435
	假设方差不相等			0.218	263.356	0.828	0.043	0.199	−0.349	0.435
G2	假设方差相等	0.027	0.869	0.047	276	0.963	0.009	0.186	−0.358	0.375
	假设方差不相等			0.047	268.646	0.963	0.009	0.186	−0.358	0.375

		独立样本检验								
		方差方程的 Levene 检验		均值方程的 t 检验						
测量条款									差分的 95% 置信区间	
		F	Sig.	t	df	Sig.（双侧）	均值差值	标准误差值	下限	上限
G3	假设方差相等	0.003	0.958	−0.028	276	0.977	−0.005	0.180	−0.359	0.349
	假设方差不相等			−0.028	267.928	0.977	−0.005	0.180	−0.359	0.349
G4	假设方差相等	0.159	0.690	0.144	276	0.885	0.029	0.201	−0.366	0.424
	假设方差不相等			0.144	269.539	0.885	0.029	0.200	−0.366	0.424
G5	假设方差相等	0.041	0.840	0.758	276	0.449	0.164	0.216	−0.262	0.589
	假设方差不相等			0.758	267.475	0.449	0.164	0.216	−0.262	0.590
G6	假设方差相等	0.229	0.633	0.216	276	0.829	0.045	0.210	−0.368	0.459
	假设方差不相等			0.216	266.669	0.829	0.045	0.210	−0.369	0.460
H1	假设方差相等	0.113	0.737	0.079	276	0.937	0.016	0.203	−0.383	0.415
	假设方差不相等			0.079	266.399	0.937	0.016	0.203	−0.383	0.415
H2	假设方差相等	1.228	0.269	0.621	276	0.535	0.120	0.194	−0.261	0.502
	假设方差不相等			0.623	270.194	0.534	0.120	0.193	−0.260	0.501
H3	假设方差相等	0.000	0.988	0.400	276	0.689	0.090	0.225	−0.353	0.532
	假设方差不相等			0.400	267.911	0.689	0.090	0.225	−0.353	0.532
H4	假设方差相等	0.003	0.956	0.399	276	0.690	0.088	0.222	−0.348	0.525
	假设方差不相等			0.399	267.134	0.690	0.088	0.222	−0.348	0.525
H5	假设方差相等	0.549	0.459	−0.267	276	0.790	−0.051	0.190	−0.426	0.324
	假设方差不相等			−0.266	265.912	0.790	−0.051	0.191	−0.427	0.325
I1	假设方差相等	0.001	0.981	−0.042	276	0.967	−0.007	0.173	−0.347	0.333
	假设方差不相等			−0.042	266.341	0.967	−0.007	0.173	−0.348	0.333
I2	假设方差相等	0.291	0.590	0.259	276	0.796	0.056	0.216	−0.370	0.482
	假设方差不相等			0.259	269.229	0.796	0.056	0.216	−0.369	0.481
I3	假设方差相等	0.003	0.956	0.569	276	0.041	0.132	0.232	−0.325	0.589
	假设方差不相等			0.569	267.956	0.038	0.132	0.232	−0.325	0.589
I4	假设方差相等	0.003	0.954	0.285	276	0.776	0.047	0.166	−0.279	0.373
	假设方差不相等			0.284	267.488	0.776	0.047	0.166	−0.279	0.373

独立样本检验

测量条款		方差方程的 Levene 检验		均值方程的 t 检验						
									差分的 95% 置信区间	
		F	Sig.	t	df	Sig.（双侧）	均值差值	标准误差值	下限	上限
I5	假设方差相等	0.020	0.889	0.079	276	0.937	0.016	0.209	−0.395	0.428
	假设方差不相等			0.078	267.493	0.938	0.016	0.209	−0.396	0.429
I6	假设方差相等	0.006	0.940	0.162	276	0.872	0.035	0.214	−0.387	0.456
	假设方差不相等			0.161	267.762	0.872	0.035	0.214	−0.387	0.456
J1	假设方差相等	0.060	0.806	−0.087	276	0.931	−0.021	0.241	−0.496	0.454
	假设方差不相等			−0.087	268.836	0.931	−0.021	0.241	−0.496	0.454
J2	假设方差相等	0.014	0.906	−0.423	276	0.673	−0.101	0.240	−0.574	0.371
	假设方差不相等			−0.423	268.207	0.673	−0.101	0.240	−0.574	0.371
J3	假设方差相等	0.108	0.743	0.458	276	0.647	0.108	0.237	−0.357	0.574
	假设方差不相等			0.458	267.411	0.647	0.108	0.237	−0.357	0.574
J4	假设方差相等	0.048	0.827	0.050	276	0.960	0.011	0.218	−0.418	0.440
	假设方差不相等			0.050	268.755	0.960	0.011	0.218	−0.418	0.440
J5	假设方差相等	0.012	0.914	0.029	276	0.977	0.007	0.232	−0.450	0.464
	假设方差不相等			0.029	268.130	0.977	0.007	0.232	−0.450	0.464

附录 8　本研究调查的部分企业——日本

编号	企业名称	企业所在地
1	NEC 科技静冈分社	静冈市
2	富士通	东京
3	富士通	神奈川
4	NEC 科技	神户
5	伊藤忠	京都
6	H 株式会社	东京
7	H 株式会社大阪分社	大阪市
8	日立软件工程	东京
9	日立系统与服务	东京
10	东芝	东京
11	UFIT 株式会社	东京
12	住商信息系统株式会社	东京
13	CSJ 株式会社	东京
14	INTEC 株式会社	富山市
15	TIS 株式会社	东京

附录 9　本研究调查的部分企业——中国(以杭州为主)

序号	单位名称
1	杭州 H 软件有限公司
2	浙江网盛科技股份有限公司
3	杭州自动化技术研究院
4	思诺(杭州)信息技术有限公司
5	恒生电子股份有限公司
6	浙江贝尔技术有限公司
7	浙江天正信息科技有限公司
8	浙江中控软件技术有限公司
9	智网科技(杭州)有限公司
9	杭州雷鸟计算机软件有限公司
10	杭州银润科技有限公司
11	杭州衡泰软件有限公司
12	杭州德昌隆信息技术有限公司
13	杭州中环网络技术有限公司
14	浙江浙大网新快威科技有限公司
16	浙江网新恩普软件有限公司
17	杭州方捷电子有限公司
18	杭州富友软件工程有限公司
19	杭州奕科机电技术有限公司
20	杭州伟能计算机有限公司
21	浙江创联信息技术股份有限公司
22	杭州方捷电子有限公司
24	杭州开源电脑技术有限公司

索　引